台湾と沖縄 帝国の狭間からの問い

「台湾有事」論の地平を越えて

駒込武 編

呉　叡人
張　彩薇
宮良麻奈美
加藤直樹
上里賢一
齊藤ゆずか
元山仁士郎
執筆

みすず書房

はじめに——本書を編むまで

二〇二一年一二月、安倍晋三元首相は「台湾有事は日本有事であり、日米同盟の有事でもある」と語りました（『朝日新聞』二〇二一年一二月一日付）。この言葉が象徴するように、日本社会では一部の与党政治家が「台湾有事」の可能性をことさらに煽りながら、沖縄など南西諸島の人びとを犠牲に供する施策を強引に推し進めてきました。実際、与那国、石垣、宮古、沖縄、奄美などの島々では、「台湾有事」が生じた場合に日米で連携して武力行使する想定のもと、自然や生活環境を強引に切り裂きながら島々を軍事要塞化してきました。石垣島の自衛隊基地に配備されたミサイルは当初射程二〇〇キロ程度の専守防衛のためのものと説明されていましたが、二〇二四年になって中国本土を直接攻撃できる射程一〇〇〇キロ超のミサイル配備準備が住民合意のないままに進められています。

リベラル・左翼勢力のあいだでは、このような社会的合意なき戦争準備への批判が高まるとともに、その大前提である「台湾有事」、すなわち中国による台湾侵攻の可能性への懐疑論が唱えられてきました。さらに、中国の軍事的脅威自体が虚構だとする論もあります。ですが実際、二〇二二年八月、二〇二三年四月、二〇二四年五月に中国人民解放軍は台湾を八方から海上封鎖する軍事演習を挙行し、台湾が

「籠のなかの島」であることを示しました。軍事的緊張関係のなかで、たとえ中国政府首脳にその意図がないとしても、偶発的な衝突をきっかけとして戦火が一挙に拡大する可能性も否定しきれません。それは日本という国家がかつて日中全面戦争において実際にたどった道でもあります。

「台湾有事」に備えて抑止力を高めるべきだと語る日本政府首脳の議論と、これを虚構として批判するリベラル・左翼勢力の論は対照的です。ただし、両者に共通している側面もあります。台湾の人びと自身がこの現状をどのように認識し、どのように打開しようとしているかという問題がすっぽりと抜け落ちてしまっていることです。台湾近現代史研究者としてふだんから台湾社会と接している自分には、その欠落がとても大きなものに感じられました。台湾は中国の一部であり、中国の内政問題なのだから台湾人の意向など考える必要などない、と語る人もいます。それでは、沖縄は日本の一部だからという理由で、沖縄人の意向にかかわりなく島々の軍事要塞化を進めてもよいのでしょうか？　立場を変えて考えてみる必要があります。「台湾有事」と呼ばれる状況をめぐって、台湾の人びと／沖縄の人びとが対外的・対内的にどのような問題に直面し、どのような経験をしているのかと考えたとき、日本の「本土」に暮らす者は、わたし自身を含めて実は知らないこと、分からないことばかりです。

「台湾有事」は絶対に起こしてはならない。同時に、それにとどまらず、「台湾有事」論の地平を越えて、台湾や沖縄の歴史と現在から発する問いかけに耳を傾けなければならない。そうした課題意識を共有する人びとと一緒に、二〇二三年七月八日に京都大学でシンポジウム「台湾と沖縄　黒潮により連結される島々の自己決定権」を開催しました。

本書は、このときの記録を中心としながら、各登壇者がシンポジウムのために準備した資料を改稿した文章と、その後に重ねた対話の記録から構成されています。

このシンポジウムのテーマ設定が冒険的なものであることは、主催者として自覚していました。中国に対抗するために日本やアメリカの援助を期待せざるを得ない台湾と、中国から台湾を防衛するという名目のもと、日本やアメリカによって軍事化される沖縄諸島の人びとは一見、対立しているように見受けられるからです。しかし本当にそうだろうか、ということが、このシンポジウムで考えてみたいことでもありました。重要な手がかりとなったのは、二〇二二年一月に石井信久さん、植松青児さん、加藤直樹さんが連名で発した声明文「日本の戦争に「帝国の狭間」の民衆を巻き込むな」です。そこには、日本・アメリカvs中国という「強者の秩序」を批判する立場から、次のように記されています。

三つの大国〔日本・アメリカ・中国〕が実際に戦火を交える可能性は低いかもしれない。だが重く垂れこめる軍事緊張それ自体が、その地に生きる人びとの平和に生きる権利と自己決定権を奪い、地域社会の軍事化を助長することになる。東京、ワシントン、北京のための戦争が、「帝国」の中心から遠く離れた小さな島々の人びとを脅かしている。(1)

台湾や沖縄の島々に生きる人びとは、くりかえし植民地主義的な支配を経験してきた点でも、今日にいたるまで集団的な自己決定権を否定されてきた点でも、共通した命運をたどってきました。このように考えれば、本当の対立は、「帝国」の中心（ワシントン、東京、北京）にある人びとと、中心から遠く離れた島々の人びとのあいだにこそあるのではないでしょうか。

台湾の政治学者である呉叡人さん（台湾・中央研究院台湾史研究所副研究員）は「黒潮論」という文章のなかで、台湾島、沖縄諸島、日本列島東岸を環流する黒潮の流れこそが生命を育み、歴史を切り拓き、島々を外部世界へとつないできたと論じました。そのうえで、台湾と沖縄の歴史的共通性（これを呉さんは「帝国の狭間」にある「賤民」の境遇とも表現しています）に着目しながら、台湾の独立・自立を目指す者は琉球人民の自己決定と米軍基地撤廃を支持し、「永世中立」を究極の目標とすべきだと論じてきました。(2) 自らの目的を果たすために、同じく弱い立場にある沖縄の人びとを見捨てるのではなく、連帯しようとするその姿勢は、『新沖縄文学』編集責任者であった川満信一さんがかつて、フィリピンから台湾を経て韓国済州島にいたる「黒潮ロード」を非武装地帯とする構想を提唱したことと通底するように思われます。(3)

日本「本土」中心の「一国平和主義」を越えた、本当の意味での東アジアの「平和」はそうした構想のうちに潜在しているのではないか。衰退しつつある「帝国」アメリカ、およびその「属国」ともいうべき日本と、新興の「帝国」中国との覇権争いがあたかも海を切り裂くかのように深まっているいまだからこそ、黒潮の流れが島々を連結してきた歴史を思い起こす必要があるのではないか。ロシアによるウクライナ侵攻は、こうした議論のできる空間を狭めてしまったように思えます。しかし、まずは「平和」を準備する開放的なビジョンを共有したい、そのうえで少しでもそこに近づける道を考えたいと思い、このシンポジウムを企画するにいたりました。

シンポジウムの企画にあたって留意したのは、当事者性を複数の次元に腑分けして考えることです。台湾の人びとが当事者であるのはもちろん、沖縄や八重山、奄美など、中国との戦争に備えて生活の場が軍事化されている南西諸島の人びとも当事者です。まず当事者の方々がどのように感じているのかに耳を傾ける必要がある。そうした思いから、シンポジウムのパネリストとして上述の呉叡人さんを台湾からお招きし、さらには石垣島の自衛隊基地建設の是非を問う住民投票訴訟に取り組んでいる宮良麻奈美さん、京都大学に学ぶ台湾人留学生の張彩薇さんにご参加いただきました。

他方で、台湾や沖縄の人びとの当事者性とは意味合いが異なるけれども、京都や東京を含む日本「本土」の人間もまた当事者であるといえます。日本「本土」の人間こそが、このようなジレンマに充ちた現実をつくりだしていると考えられるからです。そのことを自覚したうえで、われわれはどのように目下の状況について言葉を紡ぐことができるのか。このような問題意識から、シンポジウムでは、声明「日本の戦争に「帝国の狭間」の民衆を巻き込むな」の起草に参加された加藤直樹さんにもご登壇いただき、わたし自身も進行役として議論に参加しました。

本書の第Ⅰ部「帝国の狭間から考える」には、対話の大前提として台湾と沖縄の歴史についてわたしたが執筆した文章のほか、シンポジウムの資料として四名のパネリストにお寄せいただいた文章を改稿のうえ収録しています。呉叡人さんの「帝国の狭間の中の台湾民主」は総統選前の二〇二三年三月に台湾でおこなわれた講演をもとにしたものであり、これに対するコメントとして張彩薇さんに書いていただいたのが「悲劇の循環を乗り越えるために」の一文です。宮良麻奈美さんには、住民投票訴訟を提起するにいたった背景から現在までの経緯を、石垣島で生活する宮良さんの視点に即して記していただき、加藤直樹さんには、前述の声明を出すにいたるまでの思考の軌跡を、一九八〇年代末の加藤さんご自身と台湾との出会いにまで遡って書いていただきました。さらには「沖縄対話プロジェクト」[4]の呼びかけ人のお一人でもある上里賢一さん（琉球大名誉教授）に近世東アジア世界の国際秩序についてのご寄稿をお願いし、第Ⅰ部の結びとして収録しています。

本文をお読みいただければ分かるように、第Ⅰ部に収めた六編の文章は、論文調のものからエッセイ的な文章まで文体に差があるばかりでなく、内容のうえでも微妙な力点の相違があります。そのことは、この台湾と沖縄をめぐる対話について、出来合いの「落とし所」がどこにも存在しないことを示唆しています。しかし同時に、これらの文章がそれぞれの立場から「帝国の狭間からの問い」を表現しようとしている点において強く通底していることも、読者のみなさんにしっかりと感じ取っていただけるのではないかと思います。その問いかけの宛先は、本書を手にされたすべての方々です。

続く第Ⅱ部は「対話の試み」と題して、シンポジウムの記録を収録し、さらにその後の対話を往復書簡と鼎談の形式で収録しています。シンポジウムでは四名のパネリストの方々に加え、「沖縄対話プロジェクト」共同代表の前泊博盛さん、ナチズムの歴史を研究されている藤原辰史さん、編集者で加藤直樹さんとともに声明を出された植松青児さん、京都大学台湾留学生会の王薫鋌さんにもご発言いただいたほか、ハンナ・アーレントの政治思想を研究している森川輝一さん、パレスチナ問題に取り組まれている岡真理さんに実行委員としてご挨拶をいただきました。

往復書簡は、宮良麻奈美さん、張彩薇さんに引き続きご参加いただいたほか、シンポジウムに聴衆として参加して長文の感想を寄せてくれた京都大学大学院生の齊藤ゆずかさんに加わっていただきました。巻末の鼎談は、わたしと呉叡人さんに加えて、辺野古基地建設問題などで住民投票制度の可能性を追求してきた元山仁士郎さんにご参加いただき、東京都内でおこなわれました。

第Ⅱ部のシンポジウム、往復書簡、鼎談においても、語り手のあいだには微妙な見解の相違が存在しており、そうした不一致はかならずしも解消されるにはいたっていません。ですが、それはこの冒険的対話においては当然起こりうる事態であり、違和を覚える主張に接した際に対話の場から下りてしまうのではなく、不協和音に戸惑いながらも対話を続ける姿勢こそ、わたしが本書を編むにあたって大切にしたいと考えたことでした。編者としては、対話に臨むための知的・精神的土台を準備するという意味において、その目標は十分に達成することができたと感じています。

当事者である人びとの声を聞き、自らの当事者性を自覚したうえで、「台湾有事」論の地平を越えて、帝国の狭間にある人びとの自己決定権・生存権からこの状況を捉えなおすこと。その先にこそ対話があると考えて始まったこの試みは、しかし実験的なものです。台湾・沖縄の人びとにとっての危機は非常に切迫したものであり、その地政学的な立場の違いを超えることは容易ではありません。また、日本「本土」の人間が、台湾や沖縄の人びととの対話のテーブルにつくことも、言葉で説明するほどには簡単ではありません。なぜならわたしたちの社会的／個人的意識の裏側には、「帝国の狭間」の人びとの犠牲を当然視するような思考が拭いがたく張り付いており、それを自覚することすら今日の日本社会においては困難になっているからです。

このように困難な試みであることを知ってもなお、この対話は必要であると考えます。政治的に、あるいは軍事的に隔てられている人びとが実際に出会い、語り合う経験のなかに、すでに新しい世界の胚珠が宿っています。本書を通じてそうした確信が日本から、世界へと伝わることを願っています。

編者

注

（1）「《寄稿》声明　日本の戦争に「帝国の狭間」の民衆を巻き込むな」、「島々スタンディング」ウェブサイト(https://simazima.jimdofree.com/)、二〇二二年一月一日のブログを参照。この声明文は日本語、韓国語、中国語の各言語で発表された。亀甲括弧内の補足は引用者による。

（2）呉叡人『台湾、あるいは孤立無援の島の思想――民主主義とナショナリズムのディレンマを越えて』駒込武訳、みすず書房、二〇二一年、二七三頁、四一三頁。

（3）森宣雄・冨山一郎・戸邉秀明編『あま世へ――沖縄戦後史の自立にむけて』法政大学出版局、二〇一七年、三五頁。川満信一『沖縄発――復帰運動から四〇年』世界書院、二〇一〇年、二一四頁。

（4）「沖縄対話プロジェクト」とは、「台湾有事」「南西諸島有事」を決して起こさせてはならないと考える沖縄の市民が、政治的な立場や意見・思想の違いを超えて対話していこうとする企画である（ウェブサイトの説明を参照　https://okinawataiwa.net/）。

台湾と沖縄　帝国の狭間からの問い◆目次

I　帝国の狭間から考える

無意識の「大国主義」
——台湾処分・琉球処分を支えるもの

駒込 武

いかなる理由にせよ、国家的な大義名分の故に、特定の島弧少数民が犠牲的状況に追い込まれるということが容認されるべきではない。

——川満信一「沖縄における中国認識」
(『中央公論』一九七二年二月号)

■〈歴史〉という苦悩のなかへ

沖縄が返還された一九七二年五月、「祖国復帰」を求める圧倒的趨勢に抗して反復帰論を唱えてきた川満信一*は次のように記した。

沖縄人にとって《歴史》とは苦悩の同義語にほかならない。それをふりかえるものは自らの胸深れている。自らの意思で自らの歴史を決めていくことができない「島弧の少数民」として、台湾民衆の苦悩や屈折した感情が「この沖縄では痛いほどにわかる」。中国政府が台湾をもっぱら領土問題として位置づけるならば、それは中国政府がこれまで糾弾してきたはずの「大国主義」路線と変わらないのではないか。「もし中国側に大国主義の発想があるなら、日米国家権力へのたたかいとともに、その大国主義路線ともたたかうほかない[2]」。

それは、「すべての被圧迫人民と被圧迫民族の自由と解放」を掲げてきた社会主義中国への期待を捨てきれないなかでの、苦渋に満ちた発言だった。川満の論じたように、日本における戦争責任追及は朝鮮・中国に視野が限定されがちであり、沖縄や台湾を含めて「近代日本の植民地化の実験」を総体として批判する姿勢は弱かった。なぜなのか。戦後の日本社会における社会主義への期待ゆえの中国重視／台湾軽視という要因があるとしても、それだけではないだろう。ニクソン訪中から半世紀あまりを経た今日においても、その状況は大きくは変わらないからだ。

事実、近年の「台湾有事」をめぐる日本本土での議論には同様の構造が見て取れる。主張は概して両極に分裂している。一つは、いざとなったら中国との戦争をたたかう準備を進めることが抑止力となるとして、南西諸島の前線基地化を支持する論。もう一つは、台湾さえ独立を主張しなければ中国は戦争を起こさないし、万一起きたとしても日本はかかわるべきではないとする論である。どちらの論をとるにしても、日本本土の人間が当事者をさしおいて、沖縄の人びとの生存権や台湾の人びとの自決権を軽視したまま「そのどちらが望ましいか」をしたり顔で議論する構図には、川満が「大国主義」という言葉で表現した問題が滲んでいる。

台湾と沖縄は、今日の東アジア世界の地政学的構造からすれば客観的に対立する位置関係にある。他方で、歴史的な観点からすれば、日本と中国という二つの大国の狭間で相似した運命をたどってきた。今日において直面する脅威が中国か、日本・アメリカかという違いはあるものの、リアルな戦争に備えて生活現場の軍事化が進展している点も共通している。

そうした歴史的運命の相似性と地政学的対立というジレンマに満ちた状況をつくりだしてきたのは、台湾・沖縄の人びと自身ではなく、島々の外側からその運命を左右してきた大国の人間である。だとすれば、いまこうして台湾と沖縄をめぐって対話を試みるとき、まずは大国の歴史的責任を俎上に載せることこそがその前提条件となり、糸口となるのではないだろうか。少なくとも、台湾人や沖縄人にとっての〈歴史〉という苦悩に想像力を及ぼすことなしには、日本本土の人間がその対話のテーブルにつくことも難しい。

そこで以下では、一八九五年の台湾「割譲」、その後の半世紀にわたる日本植民地支配、一九四五年の「祖国光復」、一九七二年の日中・米中共同声明という四つの契機に即して、台湾の歴史的経験を沖縄との連関に留意しながら素描してみることとしたい。それは、裏返せば、ほとんど無意識のうちに日本の国益という観点を忍び込ませながら、台湾や沖縄の「処分」の仕方について論じてきた「大国意識」の歴史的形成をたどる作業ともなるだろう。

■一八九五年の台湾「割譲」——清国の「棄地遺民」

まず一八九五年の転換から見ていこう。

日清戦争の講和条約（下関条約）は、清国が台湾と澎湖諸島を日本に「割譲」することを定めた。日清戦争は朝鮮支配をめぐる日清間の相剋に端を発するものであり、朝鮮半島と遼東半島が激戦地とされたのに対して、台湾については南進の拠点を求める日本海軍が講和交渉のさなかに澎湖諸島を軍事占領するにとどまった。明らかに台湾は日清戦争の焦点から外れていたのである。それだけに、「割譲」の知らせは、台湾の官民にとって驚天動地の出来事であった。

講和条約締結後まもなく、台湾では在地エリート層が中心となって清国政府に血書の抗議文を提出、一八九五年五月二三日に「台湾民主国」独立宣言を発して欧米諸国の領事に通知し、列強の干渉に期待をつないだ。五月二九日には、講和条約において清国全権だった李鴻章が伊藤博文首相に電文を発し、「台湾の人民は既に独立を宣言したるに付き清国政府は該人民に対しては最早管轄権を有せさる」と記した(3)。清国が台湾の統治権を放棄したこの電文は、台湾における日本軍への抵抗が条約違反とされる事態を回避すると同時に、「後は野となれ」式に台湾住民を見棄てる宣言でもあった。同じ日、北白川宮能久親王の率いる近衛師団が台湾北東部の海岸に上陸、欧米列強による干渉も起こらず、台湾民主国はたちまち瓦解した。

ここまでは容易にみえた日本の台湾占領であったが、近衛師団が台湾中・南部への侵攻を始めるに及んで、各地で民衆が組織した義勇軍（民軍）の頑強な抵抗に直面した。義勇軍兵士をかくまっているとみなした村々を焼き払い、女性・子どもを問わず無差別に殺害する近衛師団の行為は、かえって義勇軍の支持者を増大させた。激戦地となった台湾中部の彰化・八卦山における戦闘では、清国官吏が早々に戦線離脱して大陸に逃れたのに対して、呉湯興ら義勇軍の指導者はのきなみ戦死した(4)。そのことに象徴されるように、大陸という逃げ場所のある清国官吏と、まさに自分たちの暮らしの場が蹂躙されている台湾住民との心理的隔たりは大きかった。

初代台湾総督に任命された樺山資紀が「台湾平定」を宣言したのは一一月一八日のこと、講和条約の締結から半年あまりを経ていた。この間、日清戦争とは異なるもう一つの戦争――日本側から見れば台湾征服戦争、台湾側から見れば郷土防衛戦争――が展開されていたといえる。その過程を通じて、台湾住民のあいだには「棄地遺民」（棄てられた土地に遺された民）という自己意識が深く刻まれた。

台湾が見棄てられたのは、そこが「開拓地」だったという事情も影響していたと考えられる。台湾島の西方に位置する澎湖諸島は一二世紀以来中華帝国の版図に組み込まれていたものの、台湾島が組み込まれたのは一七世紀だった。それまではマレー・ポリネシア系の先住民（今日の台湾では自分たちこそが台湾のもともとの住民であるという誇りを込めて「原住民族」と名乗っている）が居住する島であり、オランダによる占領や「反清復明」を掲げた鄭成功政権の樹立を経て、一七世紀末にようやく清国に編入されたのだった。清国は海禁政策をとって台湾渡航に厳しい制限を課したが、それでも新天地を求めて密航する漢人が増大、武力抗争を通じて先住民を山地へと追いやっていった。漢人移民のなかでも福建省出身の福佬人《ホーロー》と広東省出身の客家《ハッカ》が相互に武力を擁して角逐していた。

台湾住民のうち、清国への忠誠心を抱いていたのはエリート層のごく一部だった。ただし、忠誠心が薄いから日本への支配を歓迎したというわけでもない。新田龍希の研究によれば、台湾中部の港町鹿港《ロッガン》の秀才洪攀桂《アンパングイ》（洪棄生）*は「割譲」の報に接して「島嶼は今に于《お》いて糞壌《ふんじょう》と成り、江山は此従《これよ》り遺民を署《お》く」（「台湾哀詞」）と痛哭し、亡くなるまで台湾総督府への協力を一切拒み、「割譲」経験を

『瀛海偕亡記《えいかいかいぼうき》』と題する歴史書に書き遺した。[5]「棄地遺民」にとっての、苦悩としての〈歴史〉である。

日本による台湾占領の過程は、琉球（沖縄）の人びとの運命をも大きく左右した。時期はすこし遡ることになるが、あわせて確認しておこう。

近世の琉球王国は中華帝国（明・清）と冊封関係を結ぶ一方、薩摩島津氏の琉球侵攻（一六〇九年）以来、徳川日本にも従属していた。日中両属状態の解消をねらう明治政府は琉球国王を琉球藩王として冊封、天皇と尚泰王とのあいだに君臣関係を設定した（一八七二年）。さらに一八七四年には、宮古島民遭難事件**への報復を口実として台湾に出兵して先住民の村々を軍事的に制圧、シンヴァウジャン（牡丹社）という集落の首長らを殺害した（牡丹社事件）[6]。出兵の当初の目的は征韓論派が下野した状況で「不平士族」にはけ口を与えることだったものの、出兵準備を進める段階で、琉球・台湾の将来的な植民地化の布石とすることも意図されるようになった。

明治政府は出兵後の交渉で、宮古島の島民は「日本国属民等」にほかならないと清国政府に認めさせた。そしてこれを根拠として琉球国王に清国との関係差し止めを求め、したがわないとみるや、一八七九年に軍事力によって強制的に琉球王国を併合した。いわゆる「琉球処分」である。波平恒男の

＊洪棄生（こう・きせい）　本名は洪攀桂。一八六六年台湾中部の港町鹿港に生まれる。台湾占領当初の抗日戦争に敗れたのち、鹿港に帰って字を「棄生」と改め、台湾総督府への協力を一切拒否し、総督府の苛政を批判する詩を詠みつづけた。一九二九年没。

＊＊宮古島民遭難事件　一八七一年、宮古島の役人らが台湾最南端の恒春半島に漂着した際に意思不疎通のためパイワン（Paiwan）と称する先住民集団に殺害された事件。

研究によれば、琉球全域で血判誓約書を作成して不服従を誓う動きが広がったが、明治政府は抵抗する地方役人らを逮捕拘引、「縄を以て両手を縛縶《ばくちゅう》し屋梁に懸け、杖朴《じょうぼく》を以て痛く殴撃す」（喜舎場朝賢『琉球見聞録』一九一四年）というように、残酷な拷問が繰り広げられた。(7)

琉球処分以後も清国政府は琉球の帰属は未決定であるとの姿勢をとり、新たに設置された「沖縄県」の内部でも琉球王国を再建しようとする動きがあった。この動きにトドメを刺したのが日清戦争である。のちに「沖縄学の父」と呼ばれる伊波普猷*の回想によれば、日清戦争が勃発すると琉球の人心は動揺、琉球王国の再建を願う人びとが大礼服をつけて各処にお詣りして清国勝利を祈ったのに対し、伊波を含む沖縄県尋常中学校の生徒は、校長たる児玉喜八の意向にしたがって日本軍を補助すべく「義勇団」を組織し、清国艦隊の来襲と内通者の出現に備えて実弾射撃練習をおこなっていた。清国敗戦後「支那にいつてゐた沖縄人は大方帰つて来た。中には辮髪して支那服を着けたものもゐた。これらの人たちは母国の土を踏むや否や、監獄に連れて行かれた」という。(8)沖縄県知事を尚家の世襲制にすることで「特別自治」の実現を目指した公同会運動もほどなく挫折、これにより広義の琉球処分が完結することになった。(9)このように、台湾と沖縄の運命は相似していたばかりではなく、複雑にからまり合ってもいた。

■台湾・沖縄における植民地的状況――「奴隷解放」を求めて

行政的には台湾は「外地」、沖縄は「内地」とされたが、そこには多分に相似した植民地的状況が存在した。軍事と教育をめぐる問題を中心に確認していこう。

一八九八年、日本本土よりも二五年遅れて、沖縄県住民に徴兵令が施行された。明治政府は各府県に地元で徴兵した兵士たちで構成される歩兵連隊を置くのが一般的だったが、沖縄県には歩兵連隊を置かず、九州を本拠地とする第六師団・第一二師団に沖縄出身兵士たちを分散配置した。もともと琉球王国を軍事的に併合した土地であるうえに、徴兵忌避者も多かったために、軍の中央に沖縄出身の兵士への不信感があったとみられる。(10)

台湾では住民に徴兵令を適用せず、日本本土出身の兵士たちが台湾守備混成旅団を構成して抗日武装勢力の鎮圧にあたった。帝国議会から特別立法権を委ねられた台湾総督は、一八九八年に台湾住民を対象として「匪徒刑罰令」を制定、「暴行又は強迫」という手段によって目的を達するために「多衆結合」する者は死刑に処すと定めた。予防法的性格はのちの治安維持法（一九二五年）と同様だが、「暴行又は強迫」という手段だけを問題として目的を問わない点で、治安維持のための弾圧法規としての性格がさらに顕著だった。制定後五年間で同令による死刑執行は三二〇〇名を超えた。略式裁判で判決後数日のうちに、囚人の名前すら正確に確認しないまま死刑を執行することもあった。(11) かくして軍事的な暴力に基づく占領に「法的」装いが与えられ、植民者優位の政治構造が固定化されることになった。

軍事力を根幹とした支配体制に対して、被植民者が重視したのはハイレベルな教育の普及だった。

＊**伊波普猷**（いは・ふゆう）「沖縄学」の創始者。一八七六年那覇に生まれる。一九〇六年に東京帝国大学文科大学言語学科を卒業後、沖縄県立図書館長嘱託の職務の傍ら民俗学や言語学の知識を生かして琉球・沖縄研究に従事する。二四年に上京し、四七年に東京にて客死。

軍事に教育を対置するのはいかにも迂遠なことのようだが、実際に教育程度をあえて低レベルとする日本の政策が現地民衆を「土人」「劣等人種」としておとしめ、侮辱し、差別することを正当化する仕組みとなっていた以上、これはゆるがせにできない問題であった。

伊波普猷の回想によれば、日清戦争当時、児玉喜八校長が「気味の悪い笑ひ方」をしながら学校に来て、「私は皆さんに同情をよせる。皆さんは普通語〔日本語のこと〕さへ完全に使へないクセに英語まで学ばなければならないといふ気の毒な境遇にゐる」として、英語を必修科目から外す方針を示した。[12] これに対して、『琉球新報』は「英語科を廃さうとするのは、とりもなほさず沖縄人に、高等教育を受けさせまいとするのだ、沖縄を植民地扱ひにするのだ」と批判の論陣を張った。生徒たちは児玉の退職を求めるストライキに参加、伊波を含む五名が首謀者として退学処分とされた。

伊波普猷は曲折を経て東京帝国大学言語学科を卒業、沖縄県立図書館長嘱託に就任し、琉球固有の文化や歴史のなかに沖縄の苦境を脱する方途を探ろうとした。一七世紀以来の薩摩藩の支配のもとで「自分の国でありながら、自分で支配することが出来ず、甘い汁は人に吸はれるのだから、責任感が薄らぎ、依頼心が強くなり、奴隷根性が出来た」[13] と考える伊波は、琉球処分を島津支配からの「奴隷解放」と受けとめていたが、同時に、解放された奴隷の前途には日本資本主義の底辺という「新しい牢屋」が待ち受けていることも認識していた。[14]

沖縄と同様に、あるいはそれ以上に、台湾の教育は低レベルなものとされた。総督府は、ハイレベルな教育は「権利義務の論」に走る風を養ってしまうという危惧から、台湾住民を対象とした中学校を一校も設立しようとしなかった。一九一〇年代前半、台湾の名門・霧峰林家の林献堂*ら全島の有力者が連携して中学校設立運動を展開し、学校設立にかかる費用をすべて負担した結果、ようやく公立中学校が設立された。

一九二〇年代には世界的な民族自決主義の風潮を追い風としながら台湾議会の設置を求める運動を展開、「台湾人唯一の言論機関」を標榜する新聞『台湾民報』を創刊した。林献堂を総理として結成された台湾文化協会では「台湾人」として自治を担う者を養成するための夏季学校を開催。東京帝国大学哲学科を卒業した林茂生**は講師としてカント哲学における self-determination（自己決定）の重要性を説いた。[15]「西洋哲学史」講義に名を借りて、政治的・経済的にも、そして道徳的にも「奴隷」に近い境遇に置かれていることへのプロテストを表明したものと考えられる。林茂生はまた、キリスト教系私学である台南長老教中学の講師・後援会長に就任、台湾人が管理運営して台湾語や台湾史も教える「台湾人の学校」として発展させていこうとしていた。

しかし一九三〇年代になると、自己決定を求める風潮は暴力的に圧殺された。総督府は台南長老教中学教職員生徒一同の神社参拝を要求、日本人大衆が前面に立って、神社参拝をしない林茂生らは

＊林献堂（りん・けんどう）　台湾抗日運動の指導者、実業家。一八八一年台湾中部の名家霧峰林家に生まれる。一九二一年に自治の担い手たる台湾人の養成を目的として台湾文化協会を結成、総理に就任。実業家としては二六年に大東信託株式会社を設立し、社長に就任した。四九年、病気を理由として日本に渡り、五六年東京にて客死。

＊＊林茂生（りん・もせい）　台湾の知識人、教育者。一八八七年台南で儒者の家に生まれる。父にしたがってキリスト教の洗礼を受け、キリスト教系の台南長老教中学を卒業後に日本に留学して、一九一六年に東京帝国大学文科大学を卒業、帰台後は台南長老教中学の教務主任と、台南商業専門学校の教授を兼任した。戦後は台湾大学教授、『民報』社長に就任するが、四七年、二・二八事件の鎮圧過程で処刑される。

「非国民」「スパイ」だと攻撃し、学校から追放させた。三六年には「台湾始政記念日」祝賀会で日本の民間人が林献堂を殴打する事件が発生。理由は林が上海訪問時に中国を「祖国」と呼んだことだった。台湾憲兵隊長は林献堂の上海での発言について、「一朝有事の際に反国家的態度に出る危険が包蔵されて居る」以上「軍機保護」の点から看過できないと排撃ムードを煽り、一切の公職から退かせた[16]。一方、戦時下に台湾人男子青年対象の志願兵制度実施（一九四二年）、さらに徴兵制実施（一九四五年）が課題となると、今度は林献堂や林茂生を戦時動員組織たる皇民奉公会の「顔」として引っ張り出した。政治的主体化を否定して無力化したうえで、殺すのではなく生かして共犯構造に巻き込んでいくという方式をとったわけである[17]。

　排撃運動の主体は台湾在住の日本人民間人だったが、背後では現役軍人もかかわっていた。十月事件（一九三一年）と呼ばれるクーデタ計画で全閣僚を殺害する役割を担っていた長勇《ちょういさむ》は、三三年に台湾歩兵第一連隊長に異動して以来、「台湾ファッショ」を拡大するための極秘活動に従事した。その後、日中戦争のさなかに南京虐殺事件の引き金を引き、四四年には沖縄第三二軍の参謀長に異動して「軍人軍属ヲ問ワズ標準語以外ノ使用ヲ禁ズ（沖縄語デ談話シアルモノハ間諜ト見做シ処分ス）」という軍令を発した[18]。兵士のなかには、「沖縄人はみんなスパイだから殺せという命令が上から出ている」と述べる者さえもいた[19]。

　沖縄や台湾の民衆を帝国日本における「間諜」「スパイ」、いわば「内部の敵」とみなす猜疑心は、「琉球処分」や「台湾割譲」のころから伏流水のように流れつづけていた。それが一九三〇年代に軍事的緊張の高まりにともなって台湾で地表に露出し、戦争末期の沖縄で奔流となって多くの人の命を呑み尽くしていったとみることができる。

■一九四五年の「祖国光復」――「生き地獄」からの叫び

一九四三年、ルーズベルト米国大統領、チャーチル英国首相、蔣介石中華民国政府主席がカイロで一堂に会して対日占領政策について協議した。アメリカはヨーロッパ戦線に兵力を割くために、極東における蔣介石の抗戦を必要としており、カイロ宣言で戦後台湾を中華民国へ「返還」するという方針を認めた[20]。その後、フィリピンを拠点とした米軍は台湾を飛び越えて沖縄に上陸、苛酷な地上戦の末に占領した土地に軍政を施行した。アメリカは当初、自国の若者の血を流して獲得した「戦利品」を保有しつづけるために、国連による信託統治を経て米国保護下に沖縄を「独立」させる構想をもっていた[21]。しかしこの目論見が困難とみるや、対日講和条約では日本の潜在的主権を認めながら施政権を行使する形式をとる方向へ転換した。「第二の琉球処分」ともいわれるこのサンフランシスコ講和条約は、日本が独立国となるのと引き換えに、沖縄における軍事占領の継続を認めたものだった。

一九二〇年代に東京に居を移していた伊波普猷は、「地球上で帝国主義が終わりを告げるとき、沖縄人は「にが世《ゆ》」から解放されて、「あま世《ゆ》」を楽しみ十分にその個性を生かして、世界の文化に貢献することが出来る」という言葉を遺して一九四七年に客死した[22]。亡くなる直前、総司令部の許可を得て、故郷沖縄に書籍五万冊、鉛筆七万本を送ったという[23]。最期まで教育の普及に希望を託していた、あるいはそうせざるをえなかったと考えられる。

だが、帝国主義は終わらなかった。「帝国」という言葉こそ使われなくなるものの、かつて帝国だった大国中心の国際秩序のもとで、台湾ではまたしても住民の意向にかかわりなく帰属の変更がおこなわれた。一九四五年一〇月二五日、中華民国への「祖国光復」を祝う式典が開催された。『台湾民報』の系譜を引く新聞『民報』の報ずるところによれば、式典への参加者は孫文遺影に敬礼したのち、抗日戦争の死者に哀悼の意を捧げた。中華民国の成立（一九一二年）は台湾割譲よりも後だったために、台湾民衆の大多数はそれまで孫文遺影と接する機会はなく、「抗日戦争」も中華民国の「敵」たる日本軍の側で経験していた。中国語による演説は通訳なしには理解できず、「これは何語だ？」「北京語だ。中国の国語だよ」というヒソヒソ話がなされていたという。(24)

発言者の多くは中国国民党の幹部だったものの、林献堂が議長として開会の辞を述べ、戦後台湾大学教授に就任した林茂生が「台湾省民代表」として演説した。林茂生は演説で、台湾「光復」がなされたのは「失陥」があったからであり、「失陥」がなされたのは国民の団結がなく、「敵人」につけいる隙を与えたからであると語った。(25) この場合の「失陥」とは清国による台湾割譲、「敵人」は日本人を指す。大陸から来た新たな支配者集団に対して、「祖国光復」をいうならば「棄地遺民」として台湾人を見棄てた責任にも向き合うべきではないか、そうした問いかけをはらむ演説だった。

林茂生は『民報』の社長に就任し、社説で日本の台湾植民地支配責任を繰り返しとりあげた。蔣介石や毛沢東が軍国主義者と一般民衆を区別する論を「あまりに寛容」と批判し、「我々の同胞を侮辱し、我々の民衆に暴行を働いた直接の下手人は日本の大衆自身ではないだろうか？　試みに日本の人民、民衆の手を検査してみるがいい。多くの場合、血痕と血生臭い匂いがまだ残っているだろう！」と論じた。(26)

蔣介石の率いる国民党政府は台湾人を見棄てた責任に向き合うどころか、台湾人を総体として「中華民族」の裏切り者、日本人により「奴隷化」された存在とみなして参政権を制限し、中華民国憲法の適用を先送りとした。台湾人からするならば、帝国日本からの解放の喜びもつかの間、脱植民地化どころか、新たな植民地的状況に直面させられたわけである。これに加えて極度のインフレ、大陸から渡った政府官吏の汚職などが頻発することで、台湾人の憤怒は暴発寸前となっていた。

一九四七年二月二八日、政治改革を求めるデモに対して衛兵が発砲したことを引き金として、全島的な反政府叛乱が勃発した。台湾中部では台湾共産党のリーダーたる謝雪紅[*]らが国軍の武器を奪って台中市を占拠した。事態収拾のために有力者が組織した二・二八事件処理委員会は米国領事館に要請書を提出、米国大統領も参加したカイロ宣言が自分たちを「生き地獄」(Living Hell) に追いやってしまったとアメリカの責任を問い糾しながら、「数年間にわたって中国本土との政治的経済的な関係を断ち切り、連合国による共同統治に服し、しかるのち台湾が独立する (Formosa becomes independent)」ことを求めた。国連の信託統治を経ての独立というのは沖縄をめぐるアメリカの方針を逆手に取ったた要求だったが、在南京米国大使は「法的形式を備えた権力」、すなわち国家だけを相手にすればよい

*謝雪紅(しゃ・せつこう) 台湾における共産党の指導者。本名は謝阿女。一九〇一年台湾彰化の貧困家庭に生まれ、養女として売買される。二五年に上海に渡って中国共産党に入党、二八年上海において台湾共産党の結党に参加、三一年の台湾共産党員一斉検挙の際に逮捕されて獄中一〇年。戦後二・二八事件に際して台中で武装闘争を指揮、中華人民共和国に逃れるが、五〇年代後半の反右派闘争で「地方民族主義者」として粛清される。七〇年、文化大革命で紅衛兵により攻撃されるなか、北京で没す。

としてとりあわなかった。[27]

三月八日、蔣介石の派遣した援軍が基隆に上陸、全島で苛烈な鎮圧作戦を展開した。実際に叛乱に関与したか否かにかかわりなく、社会的影響力のある知識人に狙いを定めて処刑、犠牲者は二万人近くに及んだ。林茂生も「米国領事館に接近し、国際的な干渉を企図し、台湾独立を妄想した」という「罪」で自宅から連行され、失踪した（後日、連行後すぐに銃殺されたことが判明）。

林茂生とも近い関係にあった廖文毅*は二・二八事件当時たまたま大陸に滞在していたので難を免れ、香港において謝雪紅ら左派とも連携しながら「台湾再解放連盟」を組織した。しかし住民投票による台湾の帰属決定という方針が謝雪紅らの同意を得られなかったために袂を分かち、東京に移動して台湾独立運動を展開、一九五六年二月二八日に台湾共和国臨時政府の樹立を宣言した。[28] 林献堂も病気療養を理由に東京に脱出、台湾帰還を求める蔣介石政府の要求を拒絶したまま五六年に東京で客死した。

中国大陸では一九四九年に中華人民共和国が成立した。若林正丈の研究によれば、中国共産党は、四三年のカイロ宣言までは台湾人民の独立闘争を支持していた。だが、カイロ宣言が出てからは国民党と同様に「台湾は中国の一部」とする失地回復主義を掲げ、戦争によって過去に奪われた自国の領土（失地）を奪い返すことを優先するようになった。[29] 謝雪紅は四八年に中国共産党に改めて入党し、中国全国人民代表大会における台湾代表などに選ばれたが、台湾固有の歴史をふまえた政策の必要を主張したため「地方民族主義者」として批判され、反右派闘争のさなか、五七年に党籍を剝奪された。[30]

国共内戦に敗北した蔣介石は一九四九年に中華民国の首都機能を台北に移転、一党独裁体制を構築した。同じ年に戒厳令を再度布告、台湾独立運動や共産主義のシンパとみなした者を処刑し、あるいは孤島の政治犯収容所に送り込んだ（白色テロ）。日華平和条約（一九五二年）では、賠償を避けようとする日本の思惑と東アジアの共産化阻止を最優先するアメリカの意向に押されて、中華民国は約五〇〇億ドルと見積もっていた対日賠償請求を放棄した。[31] かくして日本は、中国大陸での戦争責任も、台湾・沖縄支配にかかわる責任も問われることなく「朝鮮特需」に湧き、「高度経済成長」を経験することとなった。

■一九七二年の日中・米中共同声明——凍結された植民地支配責任

一九五二年のサンフランシスコ講和条約発効にいたる過程で、台湾・沖縄の脱植民地化および日本の脱帝国化を目指す動きは存在したものの、行政組織の解体や資産接収など制度的次元にとどまり、社会構造や価値観をめぐる脱植民地化／脱帝国化という課題は未完のまま凍結された。[32] とりわけ朝鮮戦争勃発以後、台湾と韓国を冷戦の最前線、沖縄の米軍を司令塔、日本を後方兵站基地とする地政学的秩序が構成され、沖縄では米軍の「銃剣とブルドーザー」による政治、台湾では国民党政府の恐怖政治が展開されていた。成田千尋の研究によれば、蔣介石は戦前から台湾・琉球はともに古来中国の

＊廖文毅（りょう・ぶんき）　台湾独立運動の指導者。一九一〇年に台湾中部の西螺でキリスト教徒の家庭に生まれる。日本内地留学を経て南京金陵大学およびミシガン大学を卒業。戦後台湾の高度自治を目指したが、二・二八事件後に台湾独立を目指す方向に転換、香港で台湾再解放連盟を組織。その後、謝雪紅ら左派と袂を分かって日本に亡命、五六年に東京で台湾共和国臨時政府樹立を宣言。六五年に国民党政府に投降し、長年の軟禁生活の末に八六年に没した。

領土であり日本からとりもどす必要があると豪語し、沖縄返還交渉が動きはじめてからも、共産主義への対抗という点から沖縄の基地機能の存続を日本政府や米国政府に強硬に要求していた。[33]

このように、戦後から冷戦時代にかけて、帝国日本による国家暴力の歴史的責任を問うことのできる政治空間がほとんど見出しえない状況が形成されていた。それに加えて、一九七二年の沖縄返還と同年の日中・米中共同声明は相互に連関しながら、脱植民地化/脱帝国化という凍結された課題を地表に押し出すのではなく、むしろさらに地中深く押し込め封印する役割を果たした。

米中共同声明(一九七二年二月)で中国は「すべての被圧迫人民と被圧迫民族が自由と解放をかちとる闘争を断固支持する」と謳いながら、台湾は「中国の一省」だとする立場を改めて鮮明にした。アメリカは「台湾は中国の一部」という主張を「認識する」、さらに台湾駐留米軍を漸進的に削減する方針を表明した。[34] 七九年の米中国交正常化に際して、アメリカは台湾駐留軍を撤退させる代わりに中華民国への武器援助は続けるという形で、台湾をめぐる米中間の妥結が成立した。

アメリカには、泥沼化したベトナム戦争の局面打開を図るために、北ベトナムを支援する中国との関係改善を図りたいという思惑があった。中国側では、国境紛争で対立するソヴィエト連邦を封じ込めるとともに、台湾駐留米軍を撤退させることで台湾「解放」の条件を整える意味があった。中国にとっての「核心的利益」たる台湾問題の重要さは、日中共同声明(一九七二年九月)で中国が対日賠償請求権の放棄を表明したことにも示されている。その対価として中国側が得たのは、沖縄からの核兵器撤去の言質と、台湾は「中華人民共和国の領土の不可分の一部」という主張を日本政府が「十分理解し、尊重」するという言質だった。[35] それは外交文書に特有の玉虫色の表現であり、この声明をもって台湾の国際的地位が確定したといえるわけではない。だが、今日にいたるまで、この声明は台湾問題をめぐる思考に大きな拘束力を及ぼしている。

一九七二年当時、こうした日中の駆け引きを「台湾処分」として指弾したのが、林景明*であった。六二年に台湾の恐怖政治を逃れるために渡日した林は、強制送還の恐怖に怯えながら台湾にかかわる日本社会の無知と無関心を告発しつづけた。たとえば、「世界革命」を目指す「日本のふしぎな正義漢」への反駁の言葉を次のように記している。

台湾問題を勉強する前に、台湾人は中国人と同一民族だから中国人によって解放されるべきだといったり、そうでなくても世界革命のために中国の支配を受け入れるべきだといったりしているのは、いずれにしても、日本の国益のために台湾を中国への賠償物にしようという野望をカムフラージュするへりくつにすぎないのではないか。[36]

当然ながら、日中共同声明にかかわる交渉の当事者が台湾を「中国への賠償物」としたと公式に言明したわけではない。それは受け取り方の問題である。それにしても、台湾人のあいだに「中国への

＊林景明（りん・けいめい）　台湾の人権運動家。一九二九年、台湾北部の山脚に教師の子どもとして生まれる。台北第二中学校三年修了時に学徒特設警備部隊に召集される。戦後、六二年に日本に渡って台湾独立運動に参与、入国管理局からの退去命令に対して政治犯送還は正義に反するとして提訴したほか、台湾人元日本兵への補償を求める運動など正義と人権の回復を求める運動を展開。二〇一六年没。

賠償物」にされることへの不安が広がっていたのは確かだった。台湾基督長老教会は一九七一年末に台湾島内で発表した「国是声明」で、自分たちの運命を「北京政権」に委ねるつもりはないと宣言した。[37] アメリカでは二・二八事件で処刑された林茂生の息子・林宗義ら*が台湾人民自決運動を組織、『ワシントン・ポスト』(一九七五年)掲載の意見広告において「北京政府」への要求を次のように記した。「私たちの自決権は、すべての被抑圧者の解放という、あなた方が公言する政策とも一致している。私たちは、あなた方の脅威からも解放されることを望んでいる。台湾人があなた方に統治されることを望むか否かを決するために、台湾における自由な住民投票の結果を受け入れることを求める」[38]。林茂生が一九二〇年代に台湾文化協会夏季学校で self-determination の重要さについて語ったことを思い起こすまでもなく、それは、〈歴史〉という苦悩のなかから生まれるべくして生まれた言葉であった。

だが、「世界革命」を目指す日本の左派は、こうした自決権を求める動きを「アメ帝の手先」として切り捨てがちであった。林景明はそれらの「日本のふしぎな正義漢」に対して「どうしてあなた方は、イデオロギー次第で民族の独立を承認したり、民族を滅亡させたりする権利があると考えることができるのか」と素朴な質問を提起したが、「反米の声がひとつもきかれない台湾人には、自己解放の能力がない」と断定する人物とのあいだでは対話は成立しようもなかった。[39] 日本人たる自分には正確な判断をして「自己解放」をする能力があるのに対して、台湾人にはその能力がないと決めつける傲慢さは、植民地支配下の構造的差別を正当化した「優等人種」「劣等人種」というロジックを彷彿とさせる。

林景明による「台湾処分」糾弾に正面から応答した人物はごく少数であった。そのなかに、この小文の冒頭に掲げたように、「島弧の少数民」として台湾民衆の苦悩への共感を表明した川満信一がいる。林景明は自らの著書で川満の論を長々と引用したうえで、「これこそ、本物の良心の発露」と記した。両者に共通しているのは、右派と左派、体制派と反体制派とを問わず、戦前の帝国意識がそのまま大国意識に横滑りしていることへの憤怒であった。川満はそれを近代史の過程で日本本土の人間が植民者としての経験しかもちえなかったことの帰結とみなして、次のように論じている。

相手を知ろうとする意欲の背後に、国益的感性をべったりくっつけたまま、もみ手の対応に出るか、高慢に臨むかを打診するような関心の持ち方は、近代史の過程で、植民者としての体験しか持ち得てこなかった日本（本土）国民の無意識の感性として、国外に向かうときの、とくにアジアに向かうときの視角を呪縛してしまっている。(40)

日本本土の住民の、ほとんど無意識の大国主義を的確に浮き彫りにしている点に着目するならば、

＊林宗義（りん・そうぎ）　台湾の精神医学者。一九二〇年に林茂生の次男として生まれる。東京帝国大学に留学して精神医学を学び、卒業後に松沢病院に勤務するが、四六年に帰台して台湾大学の精神科に勤務。六五年に世界保健機関の精神衛生研究主任に就任して北米大陸に活動の拠点を移すとともに、家族を伴い事実上の亡命。七三年にアメリカで台湾人民自決運動を組織した。戒厳令解除後、二・二八事件にかかわる受難者家族の代表として政府に謝罪と補償を求める運動のリーダーを務めた。二〇一〇年没。

林景明と川満信一との出会いは、歴史の必然であったとさえいえる。

沖縄からの応答は川満だけではない。林景明は、一九七一年ごろに「オキナワ学生二〇名ばかりに、離島社というところに招かれた」と記し、「しいたげられた者同士とは、言外の言で相通じる」という印象も書きとめている。[41] 離島社は、当時中央大学の学生だった松島朝義ら沖縄闘争委員会のうちのノンセクト・メンバーの集まりだった。松島は林景明ら台湾独立運動のメンバーと接触し、台湾は「こみ入っていて」、台湾人は「みんな入り乱れていて、いいんじゃないかな」と感じたと回想している。[42] 軍隊式の整然とした秩序ある行動よりも「こみ入り」「入り乱れる」人間模様を歓迎する身体性において、沖縄と台湾に「相通じる」ものがあったということであろう。

川満信一・松島朝義と林景明のかかわりは、人数的には小規模な、小さな世界での接触である。だが、その思想的な意味は決して小さくはない。資本主義か社会主義か、親米か反米かという対立軸から独立して、帝国の歴史を引きずる大国とこれに抗する島々という対立軸の存在を浮き彫りにしているからである。

■結：破壊したものの一切の修復

台湾では一九八七年にようやく戒厳令が解除され、九〇年代には民主化と台湾「本土化」が進められた。本土化とは、中華民国では「中国語」が国語、「中国史」が国史とされてきたのに対し、「中国語」「中国史」ばかりでなく「台湾語」「台湾史」も教えるなど、台湾を自分たちの「本土」と位置づける変化を指す。戒厳令解除直前の一九八六年、国民党に批判的な「党外」勢力が結集して民主進歩党（民進党）を結成した。当初その党綱領には「台湾共和国の建設」という台湾独立条項が含まれていたが、一九九九年以降長らく凍結している。二〇世紀末に急速に大国化した中国政府の意向が立ちはだかっているためである。

中国政府は二〇〇五年に反国家分裂法を制定し、「台湾独立」を目指す勢力が台湾を中国から切り離そうとした場合には「非平和的方式」、すなわち軍事力に訴えても阻止すると定めた。強硬な態度の背景には目下の政治的・経済的・軍事的必要性ばかりでなく、アヘン戦争以来の屈辱、とりわけ帝国主義列強による中国分割の引き金となった台湾「割譲」の歴史を逆回しすることで「中華民族の偉大なる復興」を成し遂げたいという願いがあるともいわれる。

だが、「台湾は中国の一部」という主張は、沖縄を日本の一部とすることと同様に、歴史それ自体の内には根拠をもたない。国境が線として画定され、民族的な帰属が重要な位置を占めるのは近代以降のことである。したがって、かつて台湾は清国の版図に組み込まれていたという中国の主張は、台湾民衆が清国の「棄地遺民」とされた経験を発端として、近代という時代に繰り返し「台湾処分」を経験させられるなかで「台湾人」という意識を育んできたその歴史的経験を無視するものと評せざるをえない。あるいは、本来ならば、東アジア世界における帝国主義的世界分割のお先棒を担いだ日本人に向けられるべき中国人の怒りや憎しみが、世界分割の結果として生み出された台湾人、とりわけ「台湾独立」を主張する人びとに向けられてきたとみることもできる。

他方、日本政府はといえば、「二つの中国」の対立につけいることで、中国侵略戦争にかかわる責任を巧みに逃れてきた。蔣介石政府による台湾再植民地化とアメリカによる沖縄軍事占領を追認することで、植民地支配責任をも免れてきた。そして今日の「台湾有事」をめぐる構図もまた、その延長上にある。戦争責任・植民地責任を回避したまま、いまなお沖縄や台湾の犠牲の上に相対的平和を享受しつづけている日本本土の人間は、その「無意識の大国主義」とでも呼ぶべきものを、どのようにして自らの意識にのぼらせることが可能であろうか。

一つの方法として考えうるのは、いまさらではあっても、中国大陸での侵略戦争にかかわる損害賠償を支払うことだ。中華民国政府は賠償金額を約五〇〇億ドルと試算した。中華人民共和国政府との交渉では、日本側がやはり約五〇〇億ドルと見積もっていた。[43] 今日の貨幣価値にすれば一〇兆円は軽く越えるだろう。それを支払うことで、遅ればせながらも本来的な償いを実現するという考え方である。もっとも、仮に日本政府がそうした方向に向けて動き出したとしても、中国に対してはこれまで長期にわたって政府開発援助（ODA）をしてきたのだから帳消しだという声や、財政的な破綻を懸念する国内の声に押し戻されるだろう。また仮に損害賠償が成立したとしても、中国が台湾にかかわる方針を変えることはないだろう。それでも、こうした試み自体が、右派と左派とを問わず、日本本土の住民がほとんど無意識のうちに「日本の国益」を前提として「東アジアの平和」を論じてきたことを自覚する契機とはなりうる。今日の中国の対台湾政策が「大国主義」にほかならず、台湾・沖縄に対して中国・日本・アメリカが共同の抑圧の体制を築いていることも、こうしたプロセスのなかで明確となるだろう。

台湾と沖縄に対しては、一八七四年の「台湾出兵」（牡丹社事件）以来、一五〇年間というあまりにも長い期間にわたり国家暴力を行使してきたため、賠償金額を試算するのも困難である。だが、沖縄戦における民間人殺害や台湾人「慰安婦」の強制労働など、個々のケースに即して対応することは必要であり、可能でもある。

対応のモデルは台湾にある。近年の台湾では組織的な暴力や人権侵害など過去における不正義を克服するために、歴史の真相究明、被害者への謝罪と補償を核とする「移行期正義」*の試みが積み重ねられてきた。主な対象は戦後の二・二八事件と白色テロにかかわる被害だが、日本植民地支配下に先住民を大量に殺害した太魯閣《タロコ》戦争（一九一四年）や霧社事件（一九三〇年）の問題もとりあげられている[44]。さらに、一九九五年に行政院によって設立された財団法人二二八事件紀念基金会が事件にかかわる被害の認定と賠償をおこなうにあたって、沖縄人を対象に含めていることも着目される。台湾基隆市社寮島で二・二八事件に遭遇して失踪した青山恵先の死について息子・恵昭が台湾政府に損害賠償を求めたところ、台北高等行政法院は二〇一六年に二二八事件紀念基金会に賠償を命じる判決を下した。基金会の理事長はこの判決を受けて次のように語っている。「人権に国境はなく、平等互恵の原則により日本政府は不平等な補償を考え直して欲しい。台湾は青山さんの願いに応えました。今度は

＊**移行期正義**　英語ではtransitional justice、台湾では「轉型正義」と呼ばれる。一九八〇年代以降、中南米、東欧、南アフリカなどにおける独裁体制下の人権侵害を明るみに出し、克服するための概念として普及した。かつては「合法的」であり「正義」とされた行為も転換後の社会においては「不正義」にほかならない。こうした観点から正義にかかわる新たな社会的合意を形成し、正義の更新を求める政治的・倫理的実践として展開されている。たとえば、台湾民間真相與和解促進会は「轉型正義」の内実として、①政治的迫害を受けた者に正義をもたらし、肉体・生命・自由の損失について当事者あるいは遺族に賠償を実現すること、②迫害に従事した者に対して法的・道義的な責任を追及すること、③迫害にかかわる真相と歴史を明らかにすること、という三箇条をあげている。

日本が応えるときです」[45]。日本「本土」の人間を主体とした「移行期正義」の実践への呼びかけは、膨大な不正義がそのまま放置されていることを示唆するものでもある。

無意識の大国主義的感性の解体も、「移行期正義」にかかわる具体的な取り組みのなかでこそ可能となるのではないだろうか。「台湾処分」も「琉球処分」も二度と起こしてはならないという決意のもとに台湾民衆、沖縄民衆との対話を重ね、〈歴史〉という苦悩のもとで怨恨を呑んできた民衆の存在を感じながら、現実的な解決策を見出す努力を重ねなくてはならない。大切なのは独りよがりな自己反省ではなく、どこまでも対話である。呉叡人のいうところの「対話を通じた修復」も、そうした関係性のなかで初めて可能となるだろう。

加害者は、破壊したものの一切の修復と、修復作業の担い手の養成を両面から推し進めなければならない。日本は、民主的で平和な東アジアをつくる責務を世界に対して負っており、過去に失われた民主主義と平和の芽をとりもどすべく、それが育っていく土壌を未来に向けて耕さなければならないのである[46]。

注

(1) 川満信一「沖縄祖国復帰の意味」『中央公論』一九七二年五月号。のちに川満信一『沖縄・根からの問い――共生への渇望』(泰流社、一九七八年)に収録。

（2）川満信一「沖縄における中国認識」『中央公論』一九七二年二月号。のちに川満信一『沖縄・自立と共生の思想――「未来の縄文」へ架ける橋』（海風社、一九八七年）に収録。なお、この重要な論の存在を教えてくれたのは、八尾祥平による書評「冨永悠介著『〈あいだ〉に生きる――ある沖縄女性をめぐる経験の歴史学』：菊さんとは誰で、彼女の歴史は、どこの歴史なのか？」（『日本台湾学会報』第二二号、二〇二〇年）である。

（3）桧山幸夫『日清戦争の研究』下巻、ゆまに書房、二〇二三年、七〇九頁。原文はカタカナ。

（4）黄昭堂『台湾民主国の研究』東京大学出版会、一九七〇年、八二頁。

（5）新田龍希「台湾」、山口輝臣・福家崇洋編『思想史講義　明治篇2』ちくま新書、二〇二三年、三二八―三二九頁。

（6）牡丹社事件とその記憶をめぐる問題について、宮岡真央子「重層化する記憶の場――〈牡丹社事件〉コメモレイションの通時的考察」（『文化人類学研究』第八一巻二号、二〇一六年）を参照。

（7）波平恒男『近代東アジア史のなかの琉球併合』岩波書店、二〇一四年、二八一頁。

（8）伊波普猷「中学時代の思出」一九二六年、『伊波普猷全集　第七巻』平凡社、一九七四年、三六九頁。

（9）公同会運動について、松永歩「沖縄公同会運動と早熟な「自立」構想――「特別制度」の「自治」をてがかりに――」（『政策科学』一六巻二号、二〇〇九年）、森宣雄「琉球は「処分」されたか」（『歴史評論』六〇三号、二〇〇〇年）を参照。

（10）林博史「日本軍と沖縄社会」、林博史編『地域のなかの軍隊6　九州・沖縄　大陸・南方膨張の起点』吉川弘文館、二〇一五年、一五八頁。遠藤芳信「陸軍六週間現役兵制度と沖縄への徴兵制施行」『北海道教育大学紀要第1部　B　社会科学編』第三三巻二号、一九八三年。

（11）桧山幸夫「台湾総督の律令制定権と外地統治論」『台湾総督府文書目録　第4巻』ゆまに書房、一九九八年、四九七頁、五〇四頁。

（12）前掲伊波「中学時代の思出」。亀甲括弧内の補足は引用者による。

（13）伊波普猷『琉球古今記』刀江書院、一九二六年、二六頁。

（14）『沖縄朝日新聞』一九一九年六月一七日（鹿野政直『沖縄の淵――伊波普猷とその時代』岩波現代文庫、二〇一八年、一五六頁より重引）。

（15）「一九二四年八月一三日第一回夏季学校上課筆記（林茂生「倫理哲学」課）」（中央研究院文化中心「典蔵台湾」http://digitalarchives.tw/所蔵）。
（16）『台湾日日新報』一九三六年六月二三日付。林献堂殴打事件（祖国事件）については何義麟「台湾知識人の苦悩——東亜共栄会から大亜細亜協会台中支部へ」（松浦正孝編著『昭和・アジア主義の実像——帝国日本と台湾・「南洋」・「南支那」』ミネルヴァ書房、二〇〇七年）を参照。
（17）台湾における軍事と教育をめぐる問題について、詳細は駒込武『世界史のなかの台湾植民地支配』（岩波書店、二〇一五年）参照。
（18）玉木真哲『沖縄戦史研究序説——国家総力戦、住民戦力化、防諜』（榕樹書林、二〇一一年）を参照。また、沖縄戦をめぐる軍事的規律の日常生活への浸透をめぐる問題について、冨山一郎『増補　戦場の記憶』（日本経済評論社、二〇〇六年）を参照。
（19）浦添市史編集委員会『浦添市史　第5巻資料編4　戦争体験記録』浦添市教育委員会、一九八四年、一九五頁。
（20）カイロ宣言について、戴天昭『台湾　法的地位の史的研究』（行人社、二〇〇五年）参照。
（21）森宣雄『沖縄戦後民衆史——ガマから辺野古まで』岩波書店、二〇一六年、九頁、一〇〇頁。
（22）伊波普猷『沖縄歴史物語』平凡社ライブラリー、一九九八年（原著は沖縄青年同盟中央事務局、一九四七年）、一九四頁。
（23）前掲鹿野『沖縄の淵』三九七頁。
（24）林景明『日本統治下台湾の「皇民化」教育』高文研、一九九七年、二二〇頁。
（25）『民報』一九四五年一〇月二六日付。
（26）『民報』一九四六年一〇月一四日付。詳細は、余姿慧「戦後初期台湾における皇民化教育の克服——新聞紙面の対日観に見る脱植民地化への志向」（『教育史フォーラム』第一三号、二〇一八年）を参照。
（27）The Ambassador in China (Stuart) to the Secretary of State, March 3, March 6, 1947, in *Foreign Relations of the United States 1947, vol. VII*, (Washington D.C.: U.S. Government Printing Office, 1972), pp.429–430, pp.434–435.
（28）張彩薇「廖文毅の「台湾再解放」構想——戦後初期（一九四五—一九四八年）における中国民主同盟とのかかわりに着目して」『歴史学研究』第一〇一三号、二〇二一年九月。

(29) 若林正丈『台湾抗日運動史研究 増補版』研文出版、二〇〇一年。
(30) 陳芳明『謝雪紅・野の花は枯れず――ある台湾人女性革命家の生涯』森幹夫・志賀勝訳、社会評論社、一九九八年。
(31) 川島真ほか編『日台関係史 1945-2020 増補版』東京大学出版会、二〇二〇年、四八頁。
(32) 川島真「戦後初期日本の制度的「脱植民地化」と歴史認識問題――台湾を中心に」(永原陽子編『植民地責任論――脱植民地化の比較史』青木書店、二〇〇九年)。
(33) 成田千尋『沖縄返還と東アジア冷戦体制――琉球/沖縄の帰属・基地問題の変容』人文書院、二〇二二年、三四頁、五七頁、一六七頁、二七八頁。
(34) 「ニクソン米大統領の訪中に関する米中共同声明」一九七二年二月二七日発表。https://www.mofa.go.jp/mofaj/gaiko/bluebook/1972/s47-shiryou-6-5.htm(二〇二四年八月七日確認)
(35) 「日本国政府と中華人民共和国政府の共同声明」一九七二年九月二九日。https://www.mofa.go.jp/mofaj/area/china/nc_seimei.html(二〇二四年八月七日確認)
(36) 林景明『台湾処分と日本人』林景明氏支援の会、一九七二年、八四頁。
(37) 「国是声明」について、藤野陽平「戦後台湾の民主化運動における長老教会――三つの宣言と美麗島事件にあらわれた政教関係」(櫻井義秀編『アジアの公共宗教――ポスト社会主義国家の政教関係』北海道大学出版会、二〇二〇年)を参照。
(38) 『ワシントン・ポスト』一九七五年五月二七日付。
(39) 前掲林景明『台湾処分と日本人』八三―八五頁。
(40) 前掲川満「沖縄における中国認識」。ここで川満信一が「無意識」を強調している点は、野村浩也『増補改訂版 無意識の植民地主義――日本人の米軍基地と沖縄人』(松籟社、二〇一九年)と通じるとともに、思想史家・子安宣邦が日本本土の人間としての立場から「アジア問題といった国際問題を考えるときに、私たちは無自覚に日本という国家を前提にし、あるいは日本人として考えているのです」と指摘していることにも響き合う(子安宣邦『可能性としての東アジア』現代書館、二〇二四年、一〇七頁)。
(41) 前掲林景明『台湾処分と日本人』、二六二―二六五頁。

(42) 松島朝義「戦後の沖縄戦を生き抜く」(森宣雄・冨山一郎・戸邉明編『あま世へ――沖縄戦後史の自立にむけて』法政大学出版局、二〇一七年)九一―九六頁、一〇五頁。日本における台湾独立運動について、森宣雄『台湾/日本――連鎖するコロニアリズム』(インパクト出版会、二〇〇一年)、家永真幸『台湾のアイデンティティ――「中国」との相剋の戦後史』(文春新書、二〇二三年)参照。

(43) 竹入義勝「歴史の歯車が回った　流れ決めた周首相の判断」、石井明他編『記録と考証　日中国交正常化・日中平和友好条約締結交渉』(岩波書店、二〇〇三年)二〇一頁。

(44) 中村平「台湾先住民における轉型正義/移行期正義と日本の植民地責任:太魯閣戦争/戦役と霧社事件をめぐる「和解」の動きから」『比較日本文化学研究』第一三号、二〇二〇年。

(45) 青山惠昭『蓬萊の海へ――台湾二・二八事件　失踪した父と家族の軌跡』ボーダーインク、二〇二一年。青山惠昭「沖縄人犠牲者訴訟:「逆転判決」で示された台湾の良識と良心」Nippon.com 二〇二二年二月二六日。https://www.nippon.com/ja/japan-topics/c11002/(二〇二四年八月七日確認)

(46) 呉叡人『台湾、あるいは孤立無援の島の思想――民主主義とナショナリズムのディレンマを越えて』駒込武訳、みすず書房、二〇二一年、一八〇―一八一頁。

帝国の狭間の中の台湾民主

——永続する危機の克服に向けて

呉 叡人

Ⅰ 問題

第一列島線の要衝に位置する台湾が、地政学的な圧力のもとで、民主主義の後退を防ぎ、さらに自由民主主義体制を強化するためには、どうすればよいでしょうか？ この問いから出発して、最初に台湾の地政学的状況について述べたいと思います。

1 まず、概念を整理しましょう。いわゆる「第一列島線（first island chain）」とは、冷戦期に初めて登場した概念です。アメリカ国務長官のダレスが一九五一年に提起したもので、樺太・日本・沖縄・台湾・フィリピン・ボルネオ島を結ぶラインを指します。その際、主眼が置かれていたのは、ソ連と中国をいかにして封じ込めるかという点です。それはまた、帝国の狭間にある台湾の運命の冷戦期における表現でもありました。

「帝国の狭間」とは一種の地政学的境遇のことで、二つ以上の強権国家の狭間に身を置く小国を指しています。その運命は常に強国の采配に左右され、自主性の低い状態にあります。台湾、ウクライナ、香港がそうであり、リトアニアもこれに当てはまります。台湾についていえば、「台湾は四百年にわたり外来政権の統治を受けた」というのが、帝国の狭間に置かれたその運命の表現です。一九五一年当時の台湾島は、国民党と共産党の衝突に翻弄されていました。また、国共の衝突は米ソ冷戦にも吸収され、台湾人の主体性は完全に抑圧されていました。冷戦後、東西陣営が大いなる和解を遂げると、第一列島線という古い勢力区分は次第に重視されなくなります。二〇一八年の米中貿易戦争以降、徐々に「新冷戦」と呼ぶべき状況が形成され、再び第一列島線が提起されるようになったわけです。帝国の狭間にある台湾の運命は、またもや「第一列島線」という位置によって表現されるようになりました。

ただしこれは強権政治《パワーポリティクス》の見方であって、主にアメリカの東アジアに対する地政学的定義を体現したものです。台湾人や沖縄人のような弱小者の見方や主体性がそこに反映されているわけではありません（われわれはパワーゲームの駒にすぎません）。この点には注意が必要です。

2

ここで、台湾の状況に目を向けてみましょう。現在、台湾が直面している地政学的な圧力は、中国による侵略と米中対立に由来しています。それぞれの性質や起源は完全に同じではありませんが、一つにつながった問題となっています。中国による台湾侵略は、中台の地域的な歴史の衝突（台湾の国家化と中国の帝国化という二つの歴史的運動の衝突）に由来しています。一方、現在の米中対立は、ポスト冷戦期におけるアジア太平洋地域の覇権をめぐる構造的衝突から発展したものです。

さらに具体的にいえば、中台の衝突の本質は、中国と台湾における二つの国家形成運動の衝突です。「一辺一国」*の状況はすでに少なくとも百年（あるいは四百年）にわたって続いており、本来的には「第一列島線」の戦略とは無関係であったものの、第二次世界大戦後、米ソ冷戦と米中貿易戦争の二度にわたって米中の衝突に吸収されたことで、「第一列島線」の構造に組み入れられました。現在、中国による台湾侵略は米中対立の要因の一つとなっており、同時に米中対立をエスカレートさせる主要な導火線ともなっています。実際、これらは相互に絡み合い、一つのグローバルな衝突の二つの側面となっています。

3

したがって台湾は、米中衝突に巻き込まれた無辜の第三者などではありません。一個の独立した、中台衝突の当事国です。仮に米中衝突が存在せずとも、台湾人が独立自主へ向けて前進しつづけ、いまある生活を堅持し、一国二制度による支配を受けずにいるかぎり、中国は早晩、台湾を侵略するでしょう。

なぜか？　一つはイデオロギー的な要因です。中国共産党は一九四九年以後、内部洗脳と自己催

＊一辺一国　台湾側から提起された両岸関係を規定する表現で、台湾と中国はそれぞれ別の国であるという意味。

眠によって「台湾の回復」を政権の正統性《レジティマシー》に結びつけてきました。これを逸脱する勇気のある指導者はいません。これは中国北方におけるロシアへの領土割譲をめぐる状況とは異なります。*

もう一つには、中国は四〇年に及ぶ改革開放によって対外拡張のための巨大なエネルギーと推進力を蓄積し、二〇〇〇年以降は膨張主義的な帝国主義路線を歩みはじめていることがあります。それはいくつかの側面に表れています。第一に失地回復主義の台頭。台湾と香港が拡張の最初のターゲットです。第二に資本輸出。つまりは世界規模でのハイテク産業の買収です。第三に、諸外国に戦略的に債務を負わせることによって中国の「勢力範囲」をつくりだすこと。「一帯一路」計画がそうです。

さらには、目下の中国国内における経済崩壊の危機が、よりいっそう共産党政権の台湾への戦争発動の誘因を強めていることがあります。つまりは問題のすり替えです。

4　もう一度いいます。中国の台湾侵略と米中衝突は、互いに関連してはいるものの、それぞれ異なる地政学的衝突です。冷戦後、両者は一度は分離しましたが（アメリカはかつて、西太平洋の秩序の維持を中国に委ねることさえ考えていました。オフショア・バランシング、その最たるものが台湾放棄論です）、この一〇年でまた徐々に合流し、ウクライナ戦争によってさらにグローバルな衝突の一環に押し上げられました。

5　したがって、台湾危機を米中対立に還元することはできません。もう一度いいます。台湾は強国の衝突に巻き込まれた無辜の第三者ではなく、長い歴史のなかで地域的衝突の当事者となってきました。この認識は重要です。というのもそれは、このグローバルな衝突においてわれわれがとるべき立場にもかかわってくるからです。つまり、一部で議論されつづけている台湾中立論**や等距離外交***の問題です。

6

米中の狭間にある目下の状況において、台湾に中立という選択肢はあるのでしょうか？――ありません。

第一に、前述したように、台湾は衝突に巻き込まれたのではなく、グローバルな衝突へと発展した地域的衝突の当事国であり、米中衝突がなくとも中国が台湾を攻撃することに変わりはありません。米中衝突の存在は、かえって台湾が中国に抵抗するのに有利に働きます。アメリカという盟友が得られるからです。つまり、「帝国の狭間」とはいっても、目下の状況においては、台湾とこれら二つの帝国との関係は等距離ではないのです。中国の侵略に抵抗するためには、台湾はアメリカと同盟を結ばなければなりません（ただし、台湾は主権国家として承認されていないため、わたしのいう

---

*中国は一九世紀以降にロシアが併合した中国領について、二〇〇一年の中露善隣友好協力条約において「中露は歴史的に残された国境問題を完全に解決し、互いに領土要求が存在しない」と言明し、その返還を放棄している。ロシアが併合した領土の面積は約一五〇万平方キロメートルとされ、台湾の面積の約四〇倍に及ぶ。

** **台湾中立論**　台湾が米中のいずれにも依存せず、独自の外交政策を実践すべきだとする立場。

*** **等距離外交**　台湾が米中双方とのあいだでバランスを保ちながら外交を展開すべきだとする考え。

「同盟」とは国際法的な意味での同盟ではありえず、あくまで非公式的な協力関係を指しています)。

第二に、帝国の狭間にある小国には、帝国から逃れることなどできません。戦略的中立という選択肢はありえません。これは、「帝国の狭間」にある小国が自主を追求する際にしばしば直面する構造的な困難です。台湾とウクライナはこの点で同様です。しかし、自らの依って立つ価値観に基づいて、同盟する帝国を選ぶことはできます。

軍事的(防衛の整備)にも、政治的(自主の維持)にも、価値観(民主の堅持)という点でも、台湾が中国による侵略に有効に対処するには、アメリカ主導の中国包囲網に加盟するほかありません。

7

アメリカ主導の世界民主主義同盟に参加する目的は何か? 同盟を結ぶことで実力を強化し、それにより中国による侵略を効果的に抑止し、平和を実現することです。「抑止(deterrence)」は中国の台湾侵略を阻止する唯一の方法です。中国との交渉に実効性はありません。

ボニー・S・グレイザー、ジェシカ・チェン・ワイス、トーマス・クリステンセンは『フォーリン・アフェアーズ』誌への最新の寄稿で(1)、中国を抑止する方法は台湾の武装化だけではない、アメリカによる台湾支援の意図が非侵略的なものであると中国に確信させることもまた必要であると述べています。さらに、アメリカは、中国が武力を使用したときに限り、軍事支援という手段をとるべきだとも主張しています。要するに、アメリカの台湾支援は、中国が自らが脅威にさらされていると感じ、追い詰められて無謀な行動に走るようなところまでやってはならない、基本は慎重な抑止論にとどめるべきだ、ということです。

同盟ということに関連して、沖縄人の反戦運動と台湾の関係についても少し触れておきます。台湾と沖縄の地政学的境遇は異なるため、連帯を打ち立てることは容易ではありません。しかし、対話に応じ、互いの立場を理解することで、加害者によって利用される事態を回避しなければなりません。中国や台湾内部の統一派が自らの目的を達成するために沖縄人の反基地・反戦感情を悪用するという事態を避けるためにも、米軍基地建設問題をめぐる住民投票の結果など、沖縄の民意が尊重されることがまず先決だと思います。ちなみに、中国と台湾の統一派は、パレスチナ人の抱える困難をも利用しています。沖縄の場合と同様に、パレスチナ問題をめぐる地政学も台湾の場合とは異なるため、安易にイコールで結ぶことはできません。しかしいっておきたいのは、こうした勢力はただアメリカを非難するためにパレスチナ問題を利用している面があり、エドワード・サイードをはじめとするパレスチナ人の築いてきた思想には無関心だということです。パレスチナ問題の解決においては、サイードが晩年に提唱した「二民族国家論」（ユダヤ人とパレスチナ人の二つの民族により結成された連邦）、もしくは国連とアメリカが支持する「二国家解決論」（分離独立）に立ち返る必要があります。そのいずれの場合においても、国連やアメリカの介入が不可欠です。

8

ここで、台湾の歴史において出現した中立思想にも触れておきましょう。第一に、蔡培火が一九二〇年に台湾が「東洋のスイス」となることを提起しました。当時、日本の植民地支配下にあった台湾の地位を中立化し、台湾が日本や中国のいずれの影響下にも置かれない独立した地域として認識されるべきだと主張するものでしたが、これは夢に終わりました。第二に、第二次大戦後の廖文毅による中立運動があります。国民党政府（中華民国政府）の統治下にある台湾が冷戦下で東西両陣営の一員となることに反対するもので、オーストリアの中立モデルを追求していました。非同盟運動を通じて第三勢力が国連に対し、台湾を信託統治し、住民投票で中立国として独立させて米中間の緩衝材となるように促しましたが、最終的には周恩来に阻止され、またアメリカにも裏切られました（アメリカは蔣介石を選びました）。そして第三に、「党外」勢力による民主化運動以来の大衆的な永世中立国への要求があります。

ただし、永世中立はスローガンではなく、国際政治の現実の産物です。中立国となるためには、大国間の交渉と妥協を促せるような、地政学的に大国間の緩衝地帯となる条件を備えている必要があります。オーストリアの中立（ソ連）はフィンランドの中立（アメリカ／NATO）を交換条件としたものです。現時点で米中間には台湾と交換できるものが何ら見当たらず、有力な第三勢力の仲裁も存在しません。また、ウクライナ戦争以後、これまで中立政策をとってきた国が転換をみせはじめたことにも留意が必要です（二〇二四年七月現在、フィンランドとスウェーデンはすでに中立主義の放棄とNATO加盟を決めており、スイスでも国民発議によって中立性の維持をめぐる国民投票をおこなう動きがある）。さらには、国連の世界統治機構としての凋落という問題もあります。

9 二〇世紀の冷戦構造が北東アジアで再現され、徐々に「熱い戦争」に向かっている現在、ダレスが一九五一年に構想した「第一列島線」の要衝に位置する台湾は、再び世界的な衝突の最前線に押し上げられ、『エコノミスト』誌において「世界で最も危険な場所」と呼ばれています。[2] このような巨大な地政学的圧力、ないし戦争の脅威は、台湾の民主主義を後退させうるだけでなく、（事実上の）独立主権国家としての地位を失わせる可能性もあります。独立主権国家としての地位を失うことは、台湾の民主主義の死を意味します。偉大な社会学者であるチャールズ・ティリーが早くから指摘しているように、独立した国家をもつことは、証明を俟たずして、民主主義の成立のための自明な前提条件だからです。

ここでいっておきたいのは、往年の台湾人の運動における「民主vs独立」という命題、すなわち民主主義の推進と台湾独立の追求が対立するという見方は、偽であるということです。なぜなら民主主義とは独立を前提としたものであり、完全なる民主主義の追求とはすなわち独立の追求であるからです。

この次元でいえば、最初に掲げた問題は次のように再定式化することができます。「第一列島線に位置する台湾は、現代の地域的衝突およびグローバルな地政学的衝突の圧力のもとで、民主主義と国家主権を同時に守り、さらにこれらを強化することができるのか？」

以下において、わたしはこの問題を三つの部分に分けて論じます。第一にグローバルな民主主義の後退という危機について、第二に台湾特有の民主主義の危機について、第三に「どうすればよいのか？」です。

Ⅱ　世界的な民主主義後退の危機

1　台湾が直面している地政学的圧力は民主主義の後退を引き起こす可能性があります。ですが、民主主義の後退という危機は台湾に限られたことではなく、世界の民主主義国家に共通する現象です。具体的にいえば、それはポスト冷戦期の三〇年間にわたる世界の政治的・経済的・テクノロジー的条件の激しい変化の結果であり、地政学的な情勢の変化はその原因の一つにすぎません。

まずはこの、世界的な民主主義の後退という問題について話したいと思います。なぜならそれは、今日の台湾における民主主義の危機の世界史的文脈をなすものだからです。

2　イタリアの欧州大学院（European University Institute）が主催する国際プロジェクト「二一世紀民主主義の課題（Challenges to Democracies in the 21st Century）」の研究成果の一つである *Democracy under Pressure: Resilience or Retreat?*[3] には、世界の民主主義が直面する七つの課題が挙げられています。

（1）情報技術（ネットワーク技術）革命の予期せぬ影響（アルゴリズムの生み出す社会的分断や孤立、そのことによる公共領域の破壊あるいは公共領域形成の妨害など）

（2）国家による規制の解除を主張し、無障壁の新自由主義グローバリゼーションのなかで資本を環流させることで、主権国家がグローバル資本を統制して自国社会を守る能力を低下させ、その結果として、世界中でポピュリズムやナショナリズムに基づいた反発を引き起こし、国際政治に

おける多国間主義*を瓦解させていること
(3) 移民ブーム(とりわけ中東の紛争地域からの移民)が北米・ヨーロッパ国家の社会的、政治的統合にもたらす課題
(4) 世界的な(国内的/国際的な)経済的不平等の拡大(これはグローバリゼーションの直接的影響の一つである)
(5) 中国・ロシアを中心とした非西洋ブロックと西洋のあいだの権力バランスの変化により、新たな強国主義ないし帝国主義間競争が惹起されたこと(アメリカ一極覇権というポスト冷戦時代の一元体制から不安定な多極体制への移行にともなって引き起こされる競争)
(6) 気候変動問題の解決には長期的で安定した政策が必要であるにもかかわらず、民主制は短期的な選挙効果に重点を置いているため、温暖化問題の解決に不利であり、これにより一部の環境保護主義者の民主主義に対する信頼が低下していること
(7) Covid-19の影響。とりわけ、疫病の流行が、国家の社会に対する監視能力の大幅な向上を招いたこと

上記の七つの課題のうち、少なくとも2、3、4、5は、新自由主義グローバリゼーションの直接的結果であるか、または関連があるとされています。

*多国間主義　一つの課題について、複数の国家が共通の原則や規範に基づいて意思決定をおこない、協調して行動すること。

3　アメリカの政治学者であるレヴィツキーとジブラットは、*How Democracies Die*[(4)] という書籍のなかで、新たな形態における民主主義の後退がみられることを指摘しています。新たな形態とは、軍事クーデターではなく、民主的な手続きによって民主主義を転覆することであり、これは主に選挙で選ばれた政治家がポピュリズムを操作することにより引き起こされる危機を指しています。ただ、このようなポピュリズムの危機の出現は、先ほどお話ししたグローバリゼーションの影響という観点から説明できると考えられます。

4　台湾は、グローバルシステムに高度に統合された国家であるため、先述の危機が台湾の民主主義に深刻な影響を与えることは避けられません。この影響には、情報技術によるフェイクニュースや社会的対立の拡散、新自由主義グローバリゼーションの惹起する不均等な分配や国内のポピュリズム的反発、そして国際政治秩序の再編にともなう大国間競争などが含まれます。台湾は、このように世界各国が共通して直面している問題に加えて、独自の局地的な危機的状況にも直面しています。

Ⅲ　台湾が直面する局地的な民主主義の危機

1　台湾は、世界の民主主義国家と共通して直面している問題に加えて、「内外の困難の交錯」ともいうべき特殊な状況に直面しています。つまり、内部的には政治エリートの分裂が、外部的には強敵の圧力が存在し、内外が相互に連動する形で台湾の民主・独立の存在論的危機（existential crisis）をつくりだしているのです。

2　内部の危機：主要政党（民進党・中国国民党）間のナショナル・アイデンティティにかかわる主張の分裂

近年、台湾社会では、相対的に安定したナショナル・アイデンティティと、台湾が民主・独立を維持することを支持する世論が形成されてきました。[5] しかしながら、主要政党の一つである中国国民党は、台湾社会のアイデンティティの主流傾向から逸脱し、現在にいたるまで親中的立場を堅持しています。このような主張は、国民党を何度も国政選挙における敗北へと導いたものの、地方選挙では地方派系（血縁や地縁でつながった地方有力者集団）と連携することにより生き残り、さらには「地方から中央を包囲する［以地方包圍中央］」ことで、国政でも支配的地位を取り戻そうとしています。親中的な国民党が地方の支持によって再び政権を獲得した場合、徐々にアイデンティティが統合されつつあった台湾社会に再び分裂を招き、さらには台湾の国家体制の崩壊へとつながる可能性があります。

国民党と地方派系の歴史的な同盟関係、および台湾有権者の全国／地方における投票行動モデルの不一致は、国民党が主流のナショナル・アイデンティティから離反しているにもかかわらず政治的な周縁化を免れ、国政選挙［全国性選挙］において過剰な議席（overrepresentation）を獲得して政権に復帰する可能性を保持し、合法的に台湾の国家体制を解体する条件となってきました。現代台湾政治に特有の中央／地方関係のねじれは、ある種の特殊な内部分裂状態をつくりだしてきました。

これは、一九九〇年代の民主化によって引き起こされたナショナル・アイデンティティの分裂の残滓であり、台湾戦後政治史の経路依存的な発展（民主化以降、外来政権と在地の地方勢力の政治的同盟関係の形が変化したこと）の帰結です。台湾の国家／民族形成の歴史的プロジェクトにおける未完の課題ともいえるでしょう。

現代の重要な政治理論家の多くは、明確な境界と共通のアイデンティティをもつ自主的共同体こそが民主主義の政治的条件であることを認めています。こうした観点から見ると、台湾における民主主義の条件はいまだ完全には形成されていません（政治エリートのアイデンティティがなおも分裂したままだからです）。これが、台湾の民主主義の危機の内部要因です。

3　外部の危機：中国による台湾侵略

中国による台湾侵略は、軍事的威嚇、外交的孤立、地経学的侵略と、シャープパワーによる攻撃等を複合させた侵略です。この脅威は一九五〇年代から現在にいたるまで続いていますが、その形態は時を追って変化し、二〇〇〇年代以降、攻撃はますます激しくなってきています。

（1）軍事的威嚇

中国の台湾に対する軍事的威嚇・攻撃はいまだ停止していません。冷戦期に主要な形態をとり、*一度は緩和されましたが、二〇一三年に習近平が国家主席に就任して以降ますます強化され、いまや戦争の瀬戸際にまで近づいています。

(2) 外交的孤立

外交における台湾の孤立化の動きもいまだ停止しておらず、なおかつ状況は日々進行しており、二〇二三年七月現在で一四か国しか外交関係がありません(二〇二四年七月時点では一二か国)。馬英九総統時代(二〇〇八―一六年)に一度実施された「属国モデル」(宗主国である中国の認可のもとで国際的な参加が認められることをいい、今日でいうWHOへのオブザーバー参加のモデル)は将来的な措置を暗示するもののように思われましたが、二〇一九年以降この選択肢が消滅したことで、いまとなっては香港モデルが残るのみとなりました。

(3) 地経学的侵略

いわゆる「地経学(geo-economics)」とは、経済的手段によって地政学的目標を達成しようとする政治的・外交的行為にかかわる研究であり、地政学の一部とみなされています。このような経済的手段で隣国を侵略する方法は、アメリカの国際政治学者ロバート・ブラックウェルとジェニファー・ハリスにより「別の手段による戦争(war by other means)」と称されています。

---

*第一次台湾海峡危機(一九五四―五五年)において、福建省沖合の金門島・馬祖島など、中華民国政府が実効支配していた島々を中国人民解放軍が砲撃、アメリカが米華相互防衛条約の締結を通じて軍事介入の姿勢を示すことで一応の終息を迎えた。三年後には第二次台湾海峡危機(一九五八年)で金門島の支配権をめぐって再び武力衝突が生じたが、アメリカが空母を出動させたことで事実上の停戦状態となった。

一九九〇年代に台湾の資本家が大々的に「西進」、つまり中国大陸へ進出したことにより、台湾は中国への深刻な貿易依存に陥り、台湾内部に強大な親中派が形成されました。これを基盤として、中国は二〇〇一年にＷＴＯ（世界貿易機関）に加盟した後、「ビジネスをもって政治を囲いこみ、経済により統一を促進する［以商圍政，以經促統］」という地経学的な戦略を台湾に適用し、中国に多額の投資をおこなう台湾資本家階級を代理人として台湾政治を支配しようとしました。より分かりやすくいえば、「台湾を攻撃するくらいなら、台湾を買えばよい」という戦略です（中国の買収対象には一部の地方派系も含まれていたようですが、成果は限定的で、台湾地方派系は現在も主に現地でのレントシーキング（特に太陽光発電、風力発電等の新エネルギー産業）に注力しているようです）。二〇一二年三月に旺旺グループによる香港系メディア企業・壹傳媒の買収が阻まれ、二〇一四年にサービス貿易協定が阻止されると、第一波の攻撃（大企業の買収）は一時停止しましたが、第二波がすぐに巻き返してきて、「三中一青」（中小企業、中下層所得者、台湾中南部および青年層）を狙うようになりました。この戦略は蔡英文政権の初期には一定の効果を上げ、「韓流」*と呼ばれるポピュリズムを誘発しましたが、米中の貿易戦争や香港「反送中」運動（逃亡犯条例改正案反対デモ）により挫折しました。二〇〇〇年代以降の中国の台湾に対する地経学的侵略はすでに何度もおこなわれており、現在も継続中ですが、近年では中国経済が深刻な低迷に陥り、財政危機に直面しているために、実際のところ実行困難になっています。

（4）「シャープパワー」作戦

「シャープパワー（sharp power）」とは、全米民主主義基金が二〇一七年にSharp Power: Rising Authoritarian Influenceというレポートにおいて提唱した概念であり、中国やロシアが主権国家に対しておこなう、偽装され検出困難な悪意ある侵略的浸透行為を説明するのに用いられます。目的は、その国の世論や政策などを操作して影響力を拡散することです。ロシアの場合にはフェイクニュースを大量に流布して西側諸国の民主主義を混乱させることが主目的であり、中国の場合には学界、メディア、政界（シンクタンク）や文化界に大量に浸透して買収や再編、操作をおこない、中国に対する批判力を弱めることを目的としています。ただし、その後に中国もロシアのモデルを模倣し、大規模な情報戦（フェイスブック、ツイッター等のソーシャルメディアで大量のなりすましアカウントによりフェイクニュースを拡散するなど）を展開しています。

このような攻撃は、軍事や経済のようなハードパワーでも、文化や制度のようなソフトパワーでもなく、特定の社会に悪意をもって入り込み、貫通する（penetrate and perforate）ものであるため、「シャープパワー」攻撃と呼ばれます。グローバリゼーションに内在する非対称性（独裁国家が自国の境界を厳しく管理することで外部勢力の浸透を防ぐ一方、民主国家の境界は開かれており、容易に浸透を受けやすいこと）が、民主国家に対する「シャープパワー」攻撃の条件と誘因を、中国とロシアにもたらしました。これは、グローバリゼーションの予期せぬ結果の一つとみなすことができます。

＊**韓流**　国民党系の政治家・韓国瑜を支持する風潮。

理論上、開放的な民主社会はすべて中国・ロシアのシャープパワー攻撃の対象となりえますし、現実にもそうだといえます。台湾はおそらく最も激しいシャープパワー攻撃を受けている国の一つです。[6] また、欧州やアメリカ、カナダ、オーストラリア、日本などとは異なり、台湾が受けている中国のシャープパワー攻撃には領土の併合という明確な目的があり、事実上一種の戦争行為となっています。そのため、シャープパワーは台湾にとって、ただちに国家安全上の脅威を構成するものであり、その危険性は他の民主主義国家をはるかに超えるものとなっています。

台湾が中国からシャープパワーによる攻撃を受けていることは、呉介民ほか編 *China's Influence and the Center-Periphery Tug of War in Hong Kong, Taiwan and Indo-Pacific* という書籍で詳しく検討されています。[7] 民主主義という観点から見ると、中国が台湾に対して採用している攻撃形態は「認知戦」と呼ばれるもので、台湾の自由で開かれた環境を利用してフェイクニュースを拡散することにより、台湾社会の理想的発話状況*を破壊・歪曲して、内部対立を拡大し、あるいは中国との統一を求める台湾内部の勢力と連携して台湾社会を分断しようとするものです。これにより、台湾社会が合理的な公的討議によって民主的なコンセンサスを形成し、公共の利益を創造し、国民的結束を強化することを阻害するだけでなく、対立や衝突に陥れ、ひいては社会的・政治的な動乱を引き起こすことを目的としています。一言でいえば、民主主義を利用して民主主義を破壊し、自由を利用して自由を消滅させようとしているのです。その最終的な目標は、戦争をおこなうことなく台湾を屈服させ、内乱によって自己崩壊に導くことです。たとえそこまで至らずとも、台湾を分裂させ、抵抗の意志を瓦解させ、将来的な武力による台湾侵略への道を踏みならすという意味があります。これはもはや正真正銘の戦争行為です。
中国のシャープパワー攻撃で使用される主なツールは、これまでお話ししてきたように、情報技術により創造されたインターネットプラットフォームです。民主主義国家が直面する国家安全上の脅威は、台湾に特有の危機的状況においては社会の解体、ひいては国家の解体という存在論的な危機にまでにわかに高まっているのです。

4

最も厄介なことは、台湾の「内外の困難の交錯」という危機において、外部からの侵略と内部的な分裂が密接に連動し、互いに強化し合っていることです。シャープパワー攻撃は新たな対立を生み出すだけでなく、既存の分裂を積極的に利用・拡大しています。内部分裂したエリート、特に親中派には、外部的な圧力を利用して敵対勢力を攻撃することで個人的利益を得ることへの強い動機があり、実際にそのような手段をとっています（台湾の軍備増強を阻止することをねらいとして、中国の軍事的威嚇を批判することなしに「反戦」キャンペーンをおこなう／台湾とアメリカを離間させるために、ことさらに疑米論**を流布する／大陸との民間交流を名目として政治的取引をおこなう／台中間の事件に介入して政治的利益を得る、など）。台湾内部の親中派と外部的な脅威の連携には、政治家が個人的利益を得るという機能的な側面があるばかりでなく、台湾外部からの攻撃に内側から意図的に協力すると

＊**理想的発話状況**（ideale sprechsituation）　ドイツの哲学者ハーバーマスが最初に提起した概念。正常な民主主義的討議の必要条件とみなされる。
＊＊**疑米論**　アメリカによる台湾支援の可能性を懐疑する論。

いうケースが明らかに存在します。

5　前節で述べたような、世界中の民主主義国家が共通して直面している種々の脅威は、台湾に特有の「内外の困難の交錯」という状況においては、しばしば内部対立を深める方向へと誘導・転化され、外部からの侵略勢力と呼応して、危機をさらなる悪化へと導いています。情報技術革命によってもたらされたテクノロジーが、中国によって台湾を分裂させる意図で利用されているのがその一例です。新自由主義グローバリゼーションは資本の暴走を放任し、世界各国においてナショナリスティックな反発を誘発していますが、台湾においては左翼によるひまわり運動や、中国との経済的統合を要求するポピュリズム運動（「韓流」）をほぼ同時に引き起こしたことも、もう一つの例といえるでしょう。

6　以上で述べたように、内外の困難の交錯という危機がいままさに発生しており、ますます深刻になっています。内部的な分裂があり、外部からの攻撃があり、内外の勢力が連動している状況において、仮に民主体制下での正常な政権交代（台湾本土政党である民進党から親中政党である国民党への政権交代）が実現したならば、国家体制の危機につながります。なぜなら、民主体制のもとでは民進党が永続的に政権を掌握することは不可能ですが、国民党が民進党から政権を奪取した場合、それは通常の政権交代以上の意味をもつからです。それはすなわち、台湾本土政党が親中政党に取って代わられる、ということです。内外の困難が交錯する根本原因を取り除かないかぎり――つまり、中国による侵略を氷解させ、台湾内部の分裂を克服することを同時にやり遂げないかぎり――、この危機は持続し、繰り返し出現しつづけます。マルクス主義経済学が資本主義下で周期的におとずれる危機について述べた概念を借用すると、台湾が経験している内外の困難が重なる状況は「分裂社会の永続する危機(the permanent crisis of divided societies)」と表現することができるでしょう。

7　台湾危機とウクライナ危機は、構造的にかなり類似しています。第一に、両者とも内部的な分裂と外部的な侵略の連動であること。第二に、両者ともポスト・ポスト冷戦期(post post-Cold War)における新帝国主義の台頭・拡大により引き起こされた危機に巻き込まれる形で発生したことです。現代においてロシアが西進してウクライナに拡大し、中国が台湾に東進することは、第一次・第二次世界大戦の戦間期のナチス・ドイツの中東欧への膨張や、帝国日本の満洲(中国東北部)への膨張と非常に似通っています。これらはすべて後進帝国が隣接地域への勢力範囲の拡大を図り、既存の国際秩序に挑戦する行為です。この意味では、台湾とウクライナの危機はどちらも、地域的な歴史の衝突とグローバルな衝突が合流した結果だといえます。

Ⅳ　どうすればよいのか?

1　危機は目前に迫っているのではなく、すでに発生しています。したがって、台湾の民主主義が直面するあらゆる困難を対症療法的にでも解決していく必要がありますが、これにはメディア研究者や報道関係者、情報技術の専門家、法律家、軍事専門家、国防専門家、経済学者、社会学者、各種市民団体など、さまざまな専門家を招集し、社会全体の知恵を結集して、以上で述べてきた問題に対して民主防衛のための討論や提案をおこない、実行可能な解決策を提出して修復や補正をおこなう必要があります。実際、これらの問題に対して、過去二年間に台湾社会のあらゆる分野で広範な討論が展開され、具体的な行動も開始されています。[8] わたしはこれらの問題についての専門家ではありませんが、自らの専門である政治研究および歴史研究の観点から、台湾危機の意義について思考の方向性を提起し、台湾社会の参考に供したいと思います。危機を克服するためには、まず危機の意味を理解する必要があると信じているからです。

2

国際関係論における現実主義は、そもそも弱者が帝国の狭間に置かれること自体、侵略される危機を招きやすい地政学的状況であることを示唆しています。現在、台湾の民主主義が直面している危機は、「帝国の狭間」という境遇の現代における表現でもあります。過去数百年間においてこの「帝国の狭間」の境遇は、台湾を帝国の覇権争いの駒として扱い、台湾が継続的に外来政権による支配を受けるという形で表れました。しかし、長期にわたり支配を受ける過程で、台湾本土社会の形成、国家制度の蓄積、そしてこの三〇年間の民主化によって、台湾は徐々に民主主義国家へと変化してきました。そう、台湾の民主化と国家形成は表裏一体なのです。つまり、一九九〇年代以降の民主化は、数百年にわたる国家形成の過程の最後の一歩であり、外来の国家と台湾本土社会を結びつけ、民主的な参加を通じてエスニック・グループの分裂を克服し、新しい台湾国家を創造したのです。これは数多くの巨大な組織的な力が結合することによってつくりだされた予期せぬ結果ではありますが、われわれにとっては美しく喜ばしい驚きにほかなりません。今日においても帝国の狭間にあるという地政学的な地位は変わっていませんが、台湾は変わりました——台湾は、強権によってもてあそばれる客体から、自己決定・自治をおこなう政治主体に転化しました。政治主体としての台湾の出現は、歴史上まったく新しい出来事です。そしてこの事実は、たとえ不利な地政学的地位は変えられずとも、そうした八方塞がりの状況下で行動を起こす者には、自分自身を変革し強くすること、チェスの駒からプレイヤーへと昇格することはできるのだと証明しています。わたしたちはすでに主体性をもつ存在となりました。これは、台湾が八方塞がりの状況から抜け出し、永続する危機を乗り越えるための鍵です。台湾が民主国家として存在するようになった瞬間に、局面はすでに変化したのです。

3

しかしながら、台湾の主体形成（国家形成）の過程は、実際には荒波にさらされてきました。一九九〇年代の民主化は、内部においては同時にナショナル・アイデンティティをめぐる分裂とエスニック・グループの動員を、そして外部からは中国の軍事的威嚇（一九九六年のミサイル危機、すなわち第三次台湾海峡危機）を引き起こしました。わたしたちは内部の分断を克服するために（あるいは分断を飼い慣らすために）十数年の時間を費やしました。その後、中国はまたしても地経学的な侵略を開始し、再び台湾を分断しようとしましたが、成熟した市民社会はこれを効果的に阻止し、台湾の民主主義と主権国家としての体制を強化しました。これが二〇〇八年の野イチゴ学生運動から二〇一四年のひまわり学生運動にいたる物語です。中国は台湾を買収できなかったため、武力による征服へと原点回帰し、わずか数年のうちに台湾を「戦争の瀬戸際」というべき危機的状況に追い込んだのです。

4　過去数十年の歴史的展開を振り返れば、北東アジアにおいて平行線をたどる二つの分離した歴史的軌跡の接近、葛藤、衝突が見て取れます。一方で、社会の統合、台湾の本土化、民主化を経て、台湾は徐々に独立した民主国家を形成してきました。他方で、党国資本主義〔一党独裁の政党がリードする資本主義〕の累積と新自由主義グローバリゼーションの力により、中国は徐々に資本を輸出し、地政学的拡大を図る地域覇権国家となりつつあります。さらに、政治的改革を欠く歪《いびつ》な発展のもとで累積した巨大な社会的矛盾を抑え込むために、中国はたえず社会的統制を強化し、ついに世界史上かつてないデジタル全体主義帝国となってしまいました。言い換えると、一方では台湾が民主国家化しており、他方では中国が全体主義帝国化しています。別個の領域で並行して発生するこれら二つの東アジアの歴史的運動が真正面から衝突するようになったのは、過去二〇年間においてであり、この地域的衝突は米中の衝突と絡まり合って（さらには、地球の向こう側のウクライナ危機と連動する形で）世界的な地政学的秩序の再編といぅきわめて危険な過程の一部を構成しています。これこそが現代の世界史における台湾危機の位置づけです。台湾はすでに世界に回帰しているのです——それは不確定性に満ちた世界ではありますが。

5 過去三〇年間、わたしは何度も台湾の民主化と国家的危機について意見を述べてきました。一九九七年に発表した「民主化のパラドックスとディレンマ？[9]」では、民主化によって引き起こされたナショナル・アイデンティティの分裂に対して、民主的参加のメカニズムと包容力のある多元的な市民的ナショナリズム（civic nationalism）を通じて分裂を克服し、結束を再建すべきことを主張しました。二〇〇八年から二〇一四年にかけての中国の地経学的侵略に対する社会運動の波のなかでは「賤民宣言」[10]と「社会運動、民主主義の再定着、国家統合」[11]を、そして三・一八運動（ひまわり学生運動）のさなかに占拠された立法院で考えた「黒潮論」[12]を発表し、八方塞がりの台湾がより完全な民主とより公正なポリスを構築し、世界精神とつながるべきだと主張しました。そのなかでわたしは、台湾本土政党（民進党）が衰退し、国家的危機に瀕したときには、新しい市民的ナショナリズムを代表する台湾市民社会が立ち現れ、買弁集団を効果的に制御し、民主と国家体制を守り、強固なものとしたと論じました。そして最後に、百年の歴史を総括して、台湾国家の形成が、上から下へと力づくで国民国家建設（nation- and state-building）をおこなうという一九世紀的な経路ではなく、「社会を主体とする、下から上へ」の変化という道をたどったことを指摘しました。わたしの政治史的解釈の枠組みでいえば、台湾がたどったのは「民主的な国家建設」の道といえます。

6 過去の思考の軌跡を振り返ってみると、わたしは自分の見解と実践の方向性が常に「社会を主体とする、下から上へ」の市民的ナショナリズムの精神にしたがっているという点で一貫していることに気づきました。しかし、帝国のもたらす危機が繰り返し現れるなか、今日における帝国の侵略とエリートの内部分裂による連動的かつ複合的な危機は、わたしたちのナショナル・アイデンティティの統合がいまだ本当の意味では完了していないことを、鋭く自覚させました。今日の台湾社会政治の安定と成熟は一九三〇年代のヴァイマル共和国をはるかに上回っていますが、しかしわれわれはなお、民主主義のメカニズムの枠内で台湾の民主と独立を自壊させてしまう可能性を抱えています。一九九〇年代、中国の脅威がまだ深刻ではなかった時代、民主主義は内部統合を促進し、台湾の国家形成を推進する役割を果たしました。中国が急速に帝国化し、台湾の内部統合がまだ完全には成し遂げられていない今日においては、民主主義と国家建設の関係は、相乗的な関係から相剋的な関係へと逆転してしまったのでしょうか？

7　答えはノーです。わたしはそうは考えません。では目前の危機にわれわれはどう対処したらよいのでしょう？　危機はますます深刻になっていますが、わたしの考え方は変わりません。「民主的な国家建設」の道を進みつづけることです。ここで、わたしは市民的ナショナリズムの精神にしたがい、危機の時代の思考の方向性を三点にわたって提案または再提起したいと思います。すなわち民主、市民、国家です。

（1）民主

過去においてわたしは、民主的な参加メカニズムにより分裂を統合することは十分に可能であると主張しましたが、その後の歴史的展開がこの「参加型民主主義（participatory democracy）」に基づくトクヴィル的考察を証明しました。この精神にしたがい、わたしは、現在の危機においては、民主体制を引き続き堅持し、より成熟した民主主義（よりよい民主主義的メカニズム、社会的分配の改革、市民意識の向上などを含む）によって内外で連動した認知戦や複合的攻撃に対処し、乗り越えると同時に、成熟した社会的なコミュニケーションと公共的な熟議によって民主的な共通認識を再構築し、政治エリートの分裂を克服する必要があると主張します。わたしは民主主義が統合を促進するという命題がなおも有効であると信じていますが、より成熟した強靱な民主主義の構築に向けて民主主義を深化しアップデートする必要もあります。わたしが長らく参与している経済民主連合の仲間たちの主張を借りるならば、危機のなかにあってはますます「民主によって民主を防衛する」ことが必要です。

（2）市民

二〇〇七年の政治危機の際、わたしは「市民社会を強化すること」で国民党と民進党の対立を克服すべきだと主張しました。そして、台湾の市民社会はたしかに、台湾本土政党（民進党）の一時的な衰退の局面で、与党となった国民党への批判を代替し、公共の利益の視点から台湾を結束させ、親中的な買弁集団による経済侵略を阻止しました。市民社会は、政党の機能を完全に代替することはできませんが、公共の利益を求める提唱者、守護者、そして告発者として不可欠な存在です。現在の危機において市民社会はその批判的な統合機能（critical integration）を継続的に発揮する必要があります。進歩的な視点から現状を批判し、民主主義を深化させ、民主を経由する形で社会的結束をさらに深化・強化させるのです。先ほどお話しした「民主を深化させることで分裂を克服する」という考えにおいて、市民社会は欠かせないアクターです。市民社会が政治的プロセスに介入し、公共の利益という視座を提示し、市民参加を促し、政治エリートに圧力をかけることより、政治エリートが党派や個人的利益に基づいて民主主義のルールを破壊し、台湾の社会的結束と民主・独立を損なうことを防がねばなりません。ただし、近年では市民社会の人材が政治社会に多数流入してポストを得ており、そのことが現に一つの問題を形成しているため、わたしたちは陣容を立て直し、また新たに「市民社会を強化する」必要があります。

(3) 国家

ここでいう「国家」とは、市民の台湾に対する愛国主義または愛国心(patriotism)を指します。台湾は長いあいだ外来政権による国家暴力の圧制に苦しんできたため、「国家」という言葉には強いネガティブなニュアンスがあります。民主化以降、台湾社会は民主、自由、人権を尊重し、個性を重視してきました。外交上の困難を打開しようとする場合を除いて、多くの場合「国家」という言葉は避けられてきました。そのため、台湾国家の存在がわたしたちの享受している民主、自由、人権の前提であることを意識する人はほとんどいませんでした。また、「台湾人である」という国家的な自覚や忠誠心をもつことが台湾の民主主義の持続のための必要条件であることを意識する人は、さらに少数でした。しかし、過去二〇年以上にわたって台湾の国家意識がますます成熟してきたこと、市民が立ち上がり民主を守り抜いた経験が何度もあること、そして現在大きな危機が迫っていることから、愛国主義や市民の国家への忠誠義務などについて真正面からの公的な議論が必要になってきました。時はすでに熟しました。つまり、「台湾を愛する」という素朴で美しい感情を、自省的で意識的な市民の美徳（すなわち愛国心）のレベルまで純化・昇華させる時期が来たということです。この問題に対するわたしの立場を表現するために、ここで二〇二〇年に記した「人間の条件[13]」という文章のなかに記した一文を引用したいと思います。

国家消滅の危機という影のもとで、わたしたちは台湾市民に対し、すべての同胞と台湾国家に対する忠誠の義務を思い起こさせなければならない。市民は権利を享受する一方で、この国家および全体によって構成される国民共同体に対して忠誠義務を負う。国家と同胞に対するこのような忠誠義務は、よき市民にとって必要な市民的美徳（civic virtue）である。市民が享受するすべての権利は、一つの主権国家の存在と結びついており、安全保障、立法、行政を提供する主権国家がなければ、市民権もまた存在しえない。この意味において、「国家」とはもはや階級的抑圧のための機械ではなく、全市民が共同で創造し維持するものである。あるいは、現代の共和主義的な自由主義哲学の用語でいえば、国家とは市民全体の参加する「共同事業」（cooperative enterprise）であり、その目的は、安全、公共施設、各種の市民的権利などといった公共財を創造することである。市民は、公共財のもたらす多くの利益を享受することとなり、おのずと公共財を創造する国家に対しても忠誠義務を負うこととなる。市民の享受する公共財が自分一人で創造したわけでなく、他の市民との協力によって創造したものである以上、この国家もまた全市民が共同で創造したものであり、市民はおのずと他の市民に対し互いに忠誠義務を負うこととなる。この見方は、三〇年にわたる民主化を経験し、「主権在民」の理念が市民のコンセンサスとなっている現在の台湾にとりわけよく当てはまる。愛国心（patriotism）が民主的な台湾にとって耐えがたい重荷だと主張するのであれば、少なくとも忠誠義務が「フェアプレーの原則」の体現であると主張することだけは認めてほしい。台湾の民主と独立を守ってほしい。あなたの自由は、民主的にして独立した台湾からこそ生まれているのだから。

8

最後に、政党の問題について少し触れたいと思います。主要政党間のナショナル・アイデンティティの対立は台湾内部の危機の主要原因であり、そのため政党問題は避けて通れませんが、わたしは市民社会の立場から発言しているので、これについて深く論じるつもりはありません。ただ、本稿の主題に関連する点について、台湾の二つの主要政党に対する観察を述べたいと思います。

民進党は、そのナショナル・アイデンティティの方向性が、台湾の民主・独立を確固たるものにすることを目指しているという点は評価できますが、前・党主席である蔡英文はその任期中、国政に専念するあまり政党の指導（party leadership）を軽視ないしは放棄し、側近を放任し、党内の派閥抗争を放置し、地方勢力の浸透を放置して、政党の分裂と社会の支持基盤との断裂を招きました。これが、二〇二二年一一月の地方選挙での敗北の主な政治的要因の一つです。分裂状況下で、主要な台湾本土政党である民進党が政権を喪失し、親中的な国民党に取って代わられることになれば、台湾の民主国家体制はたちまち危機に陥ります。民進党は、台湾政治史における自らの特別な役割を再認識し、積極的に党組織を再編し、党内民主を回復し、社会的な利益代表との連結を再構築し、合理的な公共政策を提案し、優秀な人材を政治に参加させる基本的な機能を整備すべきです。

中国国民党の親中路線は台湾の民主・独立に深刻な損害を与え、台湾をめぐる「永続する危機」の主要な原因の一つともなっています。そのため、根本的な変革を実施し、台湾主体路線を基礎とする台湾本土政党へと全面的に改革する必要があります。もし国民党が改革を拒否し、あるいは党が極端な勢力によって乗っ取られて体質を変えることができなくなった場合、台湾の市民は選挙で彼らに変革を迫るべきです（ただ、いずれにせよ、今日の成熟した台湾の市民社会においては、そうした非民主的勢力は政治的舞台からおのずと淘汰されていくとわたしは考えています）。

V　結論：人間の条件

1

台湾人は蔣渭水から雷震、二・二八事件から美麗島事件、そして野百合運動からひまわり学生運動まで、百年以上にわたって民主と自由を追求してきました。その目的は、哲学者カントがいうように、自己決定をおこなう道徳的主体として生きるためです。いまや、わたしたちは主権を備えた独立した民主国家を建設し、一個人としての権利を行使し、自分で自分の運命を決定することができる政治的条件をつくりだしました。いまこうして一人間として生きることができるようになったからこそ、わたしたちは、再び人間の条件を破壊され、人間としての権利を奪われる事態を甘受することはできません。わたしたちは再び奴隷になることを望んではいません。中国の全体主義帝国は、わたしたちの人格を暴力によって剥奪し、わたしたちを奴隷にすることを望んでいますが、わたしたちはこれに抵抗し、人間の条件を守り、台湾の民主体制を守り、台湾の主権の独立を確保しなければなりません。

2

二七年前のミサイル危機のときにも、わたしたちは中国からの侵略に直面しました。今日、わたしたちは再び中国からの侵略に直面しています。一九九六年においても二〇二三年においても、わたしたちは中国による侵略にさらされる側です。わたしたちは被害者であり、加害者ではありません。わたしたちは中国を挑発したことはありません。わたしたちは中国の暗く悲惨な歴史とは無関係であり、残忍で血なまぐさい、堕落した革命とは無関係です。わたしたちはただ、この美しい島で静かに、勤勉に、自由な国家を建設し、人類全体の自由と平和に貢献することを望んでいます。しかし、中国は平和を破壊し、戦争をしかけ、何世代もかけて人びとが命と労働によって贖《あがな》った自由国家と美しい故郷を破壊しようとしています。中国は過去において一度として台湾を支配したことはなく、台湾人に対しては民族的な同胞感情をもっていません。「中華民族の偉大なる復興」という虚言のもとで、外部から戦争をしかけて中国社会に内在する矛盾を隠蔽しようとする理知的な計算と、皇帝のような功績を成し遂げたいという独裁者たちの欲望だけがあります。独裁者たちこそが挑発者であり、加害者であり、侵略者であり、帝国主義者です。

わたしたちは被害者ですが、抵抗者でもあります。わたしたち台湾人は、中国帝国主義の侵略に抗議する自由人です。わたしたちは戦争に備えて民による防御壁を建設し、心の防御を強化し、国際的な連携を拡大します。その目的はひとえに侵略戦争の勃発を阻止し、悲劇を回避することです。わたしたちは臣民（subject）ではなく、市民（citizens）です。わたしたちは自らを強くすることで、尊厳ある平和を実現しようとしています。わたしたちは中国の権威主義的な膨張に反対し、中国による侵略戦争を非難しています。わたしたちがおこなっているのは、侵略に対峙し、民主を守る平和運動です。台湾はアジアで最も自由で民主的な国であるにもかかわらず、恥知らずの親中派や左翼を自称する偽善者たちは、被害者を指差して「反戦平和」と叫ぶことで、まさにエドワード・サイードのいう「被害者への責任転嫁（Blaming the Victims）」をおこなっています。彼らの目的は、台湾人が民主と平和を守ろうとする正当性と意志を掘り崩すことであり、中国による台湾侵略の道を踏み固めることです。彼らはわたしたちが抵抗なく降伏し、人間であるために必要な条件のすべてを放棄し、自己を否定し、自発的に奴隷になることを求めています。彼らは戦争に反対しているわけではありません。それどころか、侵略戦争の先鋒なのです。もし本当に反戦を訴えたいなら、天安門広場に行って皇帝習近平に向かって反戦を叫ぶべきです。

3

二七年前のミサイル危機のとき、アメリカ、日本、ヨーロッパにいた台湾の留学生は、世界的なネットワークを構築し、初めての台湾総統選挙の日に各都市でキャンドルライト・デモをおこない、台湾の民主主義を守ろうとしました。当時、シカゴ大学に在学していたわたしは運動の声明を書くよう命じられ、声明の結びにルソーの「ジュネーヴ共和国への献辞」（一七五四年）の「わたしたちは自由であるというだけでなく、自由において恥じることがない」という一節を引用して、世界中の台湾人に台湾の民主主義を守るよう呼びかけました。今日、わたしは再度この言葉を引用し、危機に直面している台湾のすべての国民と、世界中の台湾人に、台湾の民主主義と独立を守るよう呼びかけます。わたしたちは自由を守る行動によって、自らの自由への信念を証明し、自らが自由を享受するに足ることを証明しなければなりません。わたしたちは自由に値する存在なのです。

二〇二三年の今日にいたるまで、台湾は一個の完全なる独立主権国家となるための歴史的運動を百年にわたり展開してきました。そして最終段階まで来ました。最も重要な段階です。目下の危機は、われわれの台湾が独立を勝ち取るための終盤戦（endgame）です。非常に危険でありながら希望に満ちたこの難関を、われわれは何としてでも乗り越えなければなりません。リトアニア人が命を賭してソ連に抵抗し、独立を守った、その精神を手本に台湾を守り抜いてこそ、われわれの台湾は一人前になり、真の独立を達成するのです。リトアニアの偉大な詩人 Janina Degutytė は「リトアニアへ」という詩のなかで、「われわれの掌《てのひら》の中にあればこそあなたは無敵なのだ」と詠んでいます。台湾も同じです。帝国の狭間にあるこの小国は、われわれの掌の中で大切に守られていればこそ、侵されることもないのです。それでこそ、最後の危機を乗り越えることができるのです。

最後に、このささやかではあるけれどわたしなりに誠意を尽くした講演を、帝国の狭間において圧迫されているにもかかわらず、いまだに屈することなく屹立する、台湾という民主共和国に捧げたいと思います。二三〇〇万の市民が自由と独立への意志をもち、共和国をめぐる永続的な地政学的危機を乗り越え、永遠の平和の道へと至ることを願っています。

注

（1） Bonnie S. Glaser, Jessica Chen Weiss, and Thomas J. Christensen, "Taiwan and the True Sources of Deterrence: Why America Must Reassure, Not Just Threaten, China", *Foreign Affairs* January/February 2024, published on November 30, 2023. https://www.foreignaffairs.com/taiwan/taiwan-china-true-sources-deterrence

（2） "The most dangerous place on Earth: America and China must work harder to avoid war over the future of Taiwan", *The Economist*, May 1st 2021. https://www.economist.com/leaders/2021/05/01/the-most-dangerous-place-on-earth

（3） Ursula van Beek ed., *Democracy under Pressure: Resilience or Retreat?*, London: Palgrave Macmillan, 2022.

（4） Steven Levitsky and Daniel Ziblatt, *How Democracies Die: What History Reveals About Our Future*, New York City: Crown, 2018.〔『民主主義の死に方——二極化する政治が招く独裁への道』濱野大道訳、新潮社、二〇一八年〕

（5） 中央研究院社会学研究所中国効応研究小組（ＣＩＳ）の二〇二二年七月の調査（「中國效應主題研究計畫調査執行報告（民國一一一年八月）」、非公表）によると、自分は「台湾人である」と答えた人は七〇パーセント、「台湾人であり中国人でもある」が二〇パーセント、「中国人である」は一〇パーセント以下であった。広義の独立（現状維持を含む）を求める者は九五パーセントで、統一を求める者は四〜五パーセントにとどまった。中国が戦争をしかけてこないことを前提として、台湾が独立を宣言することを支持する人は六〇パーセント以上いた。民主制を支持する人は七〇パーセント以上、専制を支持する人は二〇パーセント余りであった。中国が台湾に侵攻した場合、七〇パーセント以上の被調査者が台湾を守る意思をもつと答えた。

（6） 台湾民主実験室（Doublethink Lab）が二〇二三年三月二四日に発表したレポート「中国影響力指標（China Index）」によれば、台湾は「社会」「メディア」の二分野において、世界で最も中国の影響を受けている。https://china-index.io/

（7） Brian C. H. Fong, Jieh-min Wu, Andrew J. Nathan eds., *China's Influence and the Center-Periphery Tug of War in Hong Kong, Taiwan and Indo-Pacific*, London: Routledge, 2020. 中国語版は呉介民・黎安友編《銳實力製造機：中國在台灣、

香港、印太地區的影響力操作與中心邊陲拉鋸戰》鄭傑憶訳、台北：左岸文化、二〇二二年。

（8）たとえば、前述の台湾民主実験室（https://doublethinklab.github.io/）、経済民主連合（https://www.edunion.org.tw/）、黒熊学院（市民向けに軍事関連知識の講座をおこなう民間団体 https://kuma-academy.org/）などが主導する一連の民主防衛運動が挙げられる。

（9）呉叡人《受困的思想：臺灣重返世界》新北：衛城出版、二〇一六年〔呉叡人『台湾、あるいは孤立無援の島の思想——民主主義とナショナリズムのディレンマを越えて』駒込武訳、みすず書房、二〇二一年〕第2章。

（10）同上書、第4章。

（11）同上書、第14章。

（12）同上書、第15章。

（13）林秀幸・呉叡人編《主權獨立的人間條件：台灣如何成為一個自由平等、團結永續的新國家？》台北：經濟民主連合、二〇二〇年所収。原文は中国語。

（駒込武訳）

＊ 本稿は二〇二三年三月一八日に台湾大学でおこなわれた「2023雷震民主人権記念講座」での講演原稿を改訂したものである。文中の亀甲括弧内の補足は訳者による。

悲劇の循環を乗り越えるために
――呉叡人「帝国の狭間の中の台湾民主」を読んで

張 彩薇

■「オルタナティブな国際秩序」の想像

「台湾」について悩むとき、呉叡人さんの『台湾、あるいは孤立無援の島の思想[1]』はわたしにとって、「オルタナティブな国際秩序」、すなわち「もう一つの世界のあり方」の想像を可能にしてくれた、とても重要な一冊です。台湾から、琉球・沖縄との関係性をどう考えていくべきなのか、呉さんの文章を少し長めに引用することから始めたいと思います。

台湾独立と琉球独立には、はたして同盟を結ぶための基礎が存在するのだろうか。現実主義的に見れば、答えは明らかに否定的である。台湾が独立するには、どうしてもアメリカ・日本・台湾の軍事同盟の力を借りて中国を抑止する必要がある。それだけに、アメリカ軍が琉球に基地を設けて軍隊を駐留させることに反対するのは難しい。これは伝統的な親米・親日的な台湾独立論の主流をなす観点でもある。しかし、このようなあまりにも利己的な立場は修正されなければならない。この「隣人を犠牲にする」主張は、普遍的な正義の原則に反しており、つまるところは台湾をも傷つける。もしも台湾が自らの独立のために琉球人の独立を犠牲にしてもよいのであれば、同様に琉球人あるいはその他の民族・国家は、いずれも自身の独立のため台湾を犠牲にしてもよいということになる。この利己主義の立場こそ、まさに現実主義の心理的基礎であり、東アジア辺境の悲劇、さらには世界で帝国の狭間にあるすべての弱小民族の悲劇の根源である。弱小民族同士の共食いという悲劇の循環を乗り越えるためには、このような利己主義の立場を放棄しなければならない。〔中略〕

一つの小国・弱国として、中立台湾は権力の角逐する地政学ゲームに参加すべきではない。よって、台湾は理念的な説得と外交手段を介して、そして全世界に広がる市民社会のネットワークを通じて、琉球民族自決への支持を表明し、実践すべきである。これこそが琉球民族に対する独立台湾の誓約である。その誓約とは、正義の理念と価値に基づき、オルタナティブな国際秩序を追求する小国・弱国が共同で「道徳的な権力の平衡」を構築し、これによって大国の権力政治の横暴と不義を制するという誓約である。(2)

二〇二三年三月一八日に台湾大学でおこなわれた講演「帝国の狭間の中の台湾民主」でも、呉さんは「隣人を犠牲にする」ような「利己主義」には一貫して否定的な立場をとっています。一方で、

「弱小民族」による同盟関係や、オルタナティブな国際秩序を切り開こうとするこれまでの立場については、「帝国の狭間」で自主性を追求する小国には戦略的に帝国と同盟を結ぶ選択肢しかありえないという宿命論的な理解に転じたようにも思えます。たとえば、次のような文章です。

帝国の狭間にある小国には、帝国から逃れることなどできません。戦略的中立という選択肢はありえません。これは、「帝国の狭間」にある小国が自主を追求する際にしばしば直面する構造的な困難です。台湾とウクライナはこの点で同様です。しかし、自らの依って立つ価値観に基づいて、同盟する帝国を選ぶことはできます。

軍事的（防衛の整備）にも、政治的（自主の維持）にも、価値観（民主の堅持）という点でも、台湾が中国による侵略に有効に対処するには、アメリカ主導の中国包囲網に加盟するほかありません。[3]

「ほかありません」という表現からは、呉さんの心の苦しみを読み取れますし、手放しで方向転換をしたわけではないことが分かります。わたしも、台湾が直面している危機が一刻も早くなってほしいという気持ちは同じであり、この文章に共感します。焦りもある一方で、少なくともいまの時点では台湾はまだウクライナのような意味での戦場にはなっていないことを、思い出さなければなりません。わずかであろうとも、わたしたちには考える時間と空間が残されているのではないでしょうか。目に見える成果を求めるあまり、台湾を地政学的にしか見ない者たちの罠にわたしたちがいつのまにか嵌まってしまわないためにも、このわずかな余裕を大事にすべきだと思います。

同盟すべき帝国を選んだならば、「小国」はますます「帝国の狭間」から逃れられなくなり、「帝国」を中心につくりあげられた今日の世界の構造を強化することになるのではないか。そして「永遠の平和の道へといたる」という希求をもっと遠くへ押しやることになるのではないか。わたしは常にこのように考え込んでしまいます。なぜなら、「小国」は台湾だけではないし、すべての「小国」が帝国との同盟を選択できるわけでもないからです。仮に同盟できるとしても、その相手はかならずしもアメリカであるとは限りません。そうして小国間の連帯はますます難しくなり、「弱者の共食い」を前提とした〝帝国の競存〟が継続することになります。

わたしとしては、呉さんがこれまで述べてこられた言葉に立ち返る必要があると考えます。すなわち、「世界で帝国の狭間にあるすべての弱小民族の悲劇の根源」を見据えながら、「悲劇の循環を乗り越える」ために「利己主義の立場を放棄しなければならない」ということです。小国は同盟する帝国を選ぶことしかできないという宿命論は、強者を強者のまま、弱者を弱者のまま留めおき、現在の構造を維持してしまうのではないでしょうか。ただ、やはり断っておきたいのは、わたしは弱者が強者になる形での解決を求めないということです。

二〇二三年五月九日の『琉球新報』のインタビューにおいて、呉叡人さんは、「どうすればいいのか、沖縄の友人たちに誠意を持って聞きたい。戦争に反対することと、自分を守ることは、どうすれば両立するんですか」と問いかけています。(4)

これは切実な問いですが、同時に、ほんとうの問いなのだろうかという疑問も頭をよぎります。台湾と沖縄がそれぞれの自立を求めれば、その利益はどうしても相反するように見えます。しかしこれは台湾と沖縄の関係だけを見た場合の結論であり、このような局面まで台湾と沖縄を追い詰めた構造、そしてその構造を構築・再構築する者たちの責任は問われないままです。なぜこのようなつくりだされた構造を、まるで先天的なものであるかのように、あるいは固く揺さぶることのできない〝現実〟であるかのように捉えなければならないのでしょうか。この構造のなかには、明らかに台湾と沖縄の現状を変えることができる、また変える責任がある人たちがいます。少なくとも宿命論を語るまえに、現状を変えられる人がほんとうに変えようとする努力をしたのかを問うてみる必要があります。そうでないとしたら、それは大国の人間はもちろん（中国やアメリカ・日本のような大国は、たとえ対立しているように見えても、この点においては共犯関係にあるといえます）、台湾人である自分自身も含む多くの人にとって、まだやるべきことがあるのではないでしょうか。

■民主主義の通念を考え直す

「帝国の狭間の中の台湾民主」で呉さんは、台湾が「事実上の独立主権国家」であることを前提に、これまで強権にもてあそばれてきた「駒」から、政治的主体として能動性のある「プレイヤー」の地位に自ら昇ったと述べています。これまで自由を守ってきた、またこれからも守っていこうとする姿勢が「台湾の人びとは自由に値する存在である」ことを自ずと証明しているという筋書きは、確かに台湾を生きる人びとをエンパワーしてくれていると思います。

しかしここで、「独立主権国家」とは何かという問いを軸にして、もう一度立ち止まって考えてみたいと思います。台湾が独立主権国家であるかどうかは常に議論の種です。おそらく呉さんは、一般的にいわれる国家の資格要件——「住民」「領土」「政府」「他国との関係を取り結ぶ能力」——に依拠しているのでしょう。「台湾問題は内政問題だ」として他国からの「干渉」を拒否しつづけてきた中国共産党の論理に対抗して台湾を守るために、事実上の独立主権国家であると主張することにそれなりの効果があるのは確かです（百歩譲ってもわたしは台湾が中国の「内政問題」だとは思いませんが、内政であったとしても、人びとの意思を無視し一方的におさえつけることはもちろん許されません）。それでも、「事実上」の資格要件に着目した議論では、本来ならもっと深部から発露したはずの「台湾独立」という思想も、表層的なものになってしまいます。わたしたち台湾に生きる人間が国家をもちたいのならば、国家をめぐる既存の定義に台湾を当てはめるのではなく、いかなる内実の「国家」——それを「国家」と呼ぶべきかどうかは措くとしても——をもちたいかを問うことがより重要なのではないかと思います。

国家をもつ必要性について、呉さんは、次のようにも述べられています。

独立主権国家としての地位を失うことは、台湾の民主主義の死を意味します。偉大な社会学者であるチャールズ・ティリーが早くから指摘しているように、独立した国家をもつことは、証明を俟たずして、民主主義の成立のための自明な前提条件だからです。(5)

自立した状態が民主主義の前提条件であることは分かりますが、その状態が現存する「独立主権国家」という形態でしかありえないという論理が、わたしにはよく理解できていません。これは主権国家が一般化されている現在に限った話でしょうか。それとも、より普遍的な現象として述べているのでしょうか。下から上への市民社会を実現するために、どうして一つの国家の枠にとどまることが前提条件になるのでしょうか。ここでいわれている民主主義とはあくまでも議会制民主主義のことなのでしょうか。

民主主義の前提として独立主権国家が必要だと主張するのは、飛躍であるように思います。むしろ、現実的な戦略としてとりあえず存在する／存在してしまっている独立国家は、すでにヘゲモニーを握っている人たちにとっての常識にしたがって設計されており、常に誰かの要望が見落とされたり後回しにされたりします。だから民主主義によって国家が修正される必要があるのだ、ともいえますが、その場合に示されているのは、民主主義には国家が必要であるというよりは、国家には民主主義が必要だということです。主権国家が民主主義成立のための前提条件であるという主張に対する反論は、近年の政治学においても支持を得てきていると思われます。たとえばウェンディ・ブラウンは、政治学者のシェルドン・ウォリンを引用して「民主主義国家などというものは存在しない。なぜなら国家は人びとによって生み出された「余剰権力」を略取し、制度化し、行使する一方で、民主主義は、民主主義国のなかであっても、国家とは離れた別の場所に常にその生命を得ているからである」と述べています。[6] また、バンダナ・シヴァは、組織的な管理に基づいてできあがった西洋近代の文明との対比において、森林を中心としたインドには、森における多様性や持続性、そして常に更新される生と交渉・共存するなかで培ってきた「民主的な多元主義」（democratic pluralism）があったと、つとに指摘してきました[7]。それはかならずしも国家の枠組みに還元できるものではないでしょう。

仮に台湾がすでに独立した「主権国家」だと考えられるとしても、一般的に「主権国家」として認められていない地域はほかにも存在します。たとえばパレスチナや、ミャンマー国軍に脅かされている少数民族武装勢力の生活する地域がそうでしょう。そうした地域はこれから新たに出てくるかもしれませんし、すでに存在しているもののわたしたちが知らないだけかもしれません。たとえ主権の有無に基づく国際秩序をつくりだしたのが台湾ではないにせよ、現状を追認しつづけるなら、台湾もまた「主権国家」を前提とする国際社会のあり方を維持することになります。そこから、重層的な差別構造に加担することへの責任が出てくるのではないでしょうか。自らの利益のために他者を犠牲にすることはもちろん、自らの利益のために積極的に他者を抑圧する構造を解体しようとしないことも、「利己主義」だとわたしは思います。

呉さんは、ハンナ・アーレントのいう「人間の条件」を手がかりに、「わたしたちは自由を守る行動によって、自らの自由への信念を証明し、自らが自由を享受するに足ることを証明しなければなりません。わたしたちは自由に値する存在なのです」と呼びかけています[8]。とても勇気づけられる言葉ですが、「人間の条件」が脅かされるのは、単に強権に支配されるときばかりではないとも思います。国家の輪郭によって縁取られた「民主主義」の枠組みに安住することも、自由の享受を資格の問題として考えることも、時には「人間の条件」を失わせはしないでしょうか。たとえば齋藤純一さんは、「自由のための場所」というアーレントの言葉を次のように解釈しています。

有用か無用か、有能か無能か、人間を測るこの判断基準は、生きるに値するか否かという尺度と紙一重のものである。その冷酷さにはさすがに耐えがたく、どこかでその基準が緩められるとしても、無用な者たちにはいわば「恩恵」としての生存が付与されるだけだろう。それは、少なくとも、あなたの自由のための場所ではない。アーレントがその関心を集中するのは、あくまでも自由のための——誰もが「行為への権利」(the right to action)、「意見への権利」(the right to opinion)を奪われない政治的な自由のための——場所である。[9]

■「防御壁」による生活感覚の非常事態化

「帝国の狭間の中の台湾民主」は、中国—台湾、親中派—抵抗者といった二項対立を強調し、中間地点を排する、いわば「戦いの文章」であると思います。呉さんは対外的には台湾への共鳴を呼びかけ、対内的には人びとの団結を図ろうとしているのだと拝察します。しかしそのなかで特に気になるのは、「戦争に備えて民による防御壁を建設し、心の防御を強化」するという表現に見られる「防御壁」という言葉です。『台湾、あるいは孤立無援の島の思想』を読めば、呉さんは民主主義こそが台湾のもっている最も大事な力であり、それを外部の世界へと広めて平和に達するのが理想だと考えていることが分かります。「帝国の狭間の中の台湾民主」もそうでしょう。防御壁というのはかならずしも軍事の話ではなく、ソフトパワーとしての民主主義を指すとも解釈できます。

ただし、西洋諸国のアラブ世界に対する再三の攻撃についてジュディス・バトラーが見事に論じているように、民主主義のもとで侵略戦争が正当化されることもありえます。[10] それだけでなく、「平時」

になされる基地の維持や武器製造の過程で反民主主義的な事態が起きていることにも注意をはらう必要があります。守るべき民主主義が空洞化して独り歩きしないためにも、軍事の論理に回収されがちな防衛がもたらす暴力を見つめなければなりません。沖縄と台湾のあいだで反戦と自己防衛がどう両立しうるのかを問うにとどまらず、もっとその先に、世界の非武装化をいかにして現実にするかを問う必要があるのではないでしょうか。

わたしは、台湾がただちに非武装化すれば解決するかといわれたら、そんな単純なことではないと思いますし、圧倒的な軍事力をもっている中国や他の大国が先駆けとなって非武装化すべきだと思いますが、それでもやはり、台湾もともに非武装化する必要があると考えます。これには長い時間がかかるかもしれないし、難しい夢だと承知しています。しかしわたしにはむしろ、これこそが、台湾に限らず、あらゆる暴力の行使に際して弱い立場に置かれやすい者たちがとりうる、最も現実的な選択肢のように思えます。帝国と同盟したとして、わたしたちはあと何日生き延びることができるのでしょうか。この選択肢はほんとうに〝現実的〟だといえるのでしょうか。議論の文脈こそ異なりますが、わたしはここで上野千鶴子さんの次の言葉に強い共感を示したいと思います。「同じ非現実的なオプションのうちで、少しでも希望の持てる選択を選びたい。ここでは「非現実的」とは、あるがままの現実からの距離をいうが、フェミニストが「解剖学的宿命」〔性的役割が性器により決定されるというフロイト的な心理学説〕からの解放を唱えたとき、それは同じくらい非現実的に響いたことだろう。そして選択とコミットメントとは、「いま・ここ」にないものに向かっての投企でなくてなんであろうか」(11)。

また、宮良麻奈美さんは琉球放送のインタビューで次のように話されていました。「「中国が軍事演習をしました。怖いですね」みたいな、確かに怖いけど、自衛隊の駐屯地ができることへの住民の怖さは全然報道されていない。どんどん「基地は必要」「ミサイル攻撃能力必要」って話にどうしてもなっていくじゃないですか。それもまた怖いんですよね[12]」。わたしにはこの言葉が心に刺さりました。

状況は少し異なりますが、台湾人のわたしも同じように感じます。中国の侵略は怖いですが、同時に、日常に忍び込む軍事主義も怖いです。「防御壁」という言葉を持ち出すことにより、かつて「白色テロ」と呼ばれる国家暴力の担い手でもあった台湾の国家安全局〔政府の情報機関〕や調査局〔司法警察権を有する捜査機関〕、国軍などの責任が十分問われないまま、これらの機関がいまも昔もわれわれを守る存在なのだというイメージが振りまかれているように感じます。そのことで過去が、そして国家の暴力性が、「漂白」されてしまっているように思うのです。つまり、ある暴力から自分たちを守るための「防御壁」という考え方に捉われることで、台湾の軍事化が進み、軍と社会が地続きになって、気づきにくい形で軍事主義がわたしたちの日常を蝕みつつあるのではないか。わたしはそう考えています。防御をロマン的に考えず、それによりもたらされる暴力を見つめなければならないと思います。戦争は、侵略する側のみならず、侵略から自らを守るために武装する人びとの痛覚までをも鈍らせてしまうからです。

実際、昨年（二〇二二年）、ロシアによるウクライナ侵略のすぐ後に台湾へ帰りましたが、テレビでは、戦地とされたウクライナの状況だけでなく、戦闘機やドローン、戦車の型番やその威力といったことに関する解説がたくさん報道されていました。普段は争いごとを好まない知人たちが、怒りに満ちた表情でテレビに向かって「モスクワにミサイルでも落とせ！」と叫んでいるのを目撃しました。

つい先日、フィリピンでも米軍基地増設の話がありましたが、台湾の多くの人はこれを「朗報」と受けとめています。フィリピンの住民自身がそれをどのように受けとめているのかという報道はあまりなく、よく分からない状況です。さらに、まだ少数だと思いますが、台湾社会のなかでは「米軍基地の台湾移転は大歓迎だ」「台湾の核武装を認めろ」といい出した人もいます。このような発言の背後には、米軍が駐留するのをやめたいまの台湾では、基地を強制される沖縄の苦しみを理解しにくいという状況があります。

わたしが伝えたいのは、「ほら、台湾の人はこんなにも好戦的！」ということではありません。むしろ、いつ侵略されるか分からない、望まない戦争が鼻の先にあるという状況が、こんなにも人びとの生活感覚を非常事態化させてしまうことへの恐れと戸惑いです。台湾人にとって、「台湾有事」という言葉があらわすイメージは、ほかならぬわたしたち自身が戦争の標的とされている姿です。このようなストレスを台湾に強いているのは誰なのかを見極めないと、批判を単純化してしまいます。実際、台湾のなかには、自分たちが戦争のターゲットにされていることで沖縄にまで戦禍が及んでしまいかねない状況を、喉に刺さった小骨のように苦しく感じている人も多いと思います。

本来なら、「反戦平和」は誰もが掲げるべき目標です。しかし台湾は、独立を唱えるどころか、中国からの自立を求めるだけで「戦争になるぞ」と脅されてきました。ゆえに「反戦平和」は、時として自立を求める人を沈黙させるための言葉として利用されることがあります。平和的な自己決定を許してくれないのは誰で、実際に引き金を引くのは誰なのかを確かめる必要があるはずです。それにもかかわらず、「反戦平和」をめぐる解釈のヘゲモニーが台湾社会の内部にありながら台湾の自立を封じたい人びと――中国との経済的・政治的統合に活路を見出そうとする人びと――に握られてしまったことで、本来的な文脈における「反戦平和」の声が埋没してしまいました。

さらに、台湾の自立・独立のあり方や保ち方についての想像も多様であるにもかかわらず、生活感覚の非常事態化が進めば進むほど、一人ひとりが発した言葉の意味と文脈が余儀なく各陣営に振り分けられてしまいます。また、非常事態なのだから団結しなくてはならないという脅迫観念のもとで、お互いの違いを見せてはならない、という自己検閲が働いてしまいます。現在の台湾にはこのように、ようやく獲得した民主主義を失いたくないがゆえに「反戦平和」を語りにくい事情がありますが、こうした状況が同時に民主主義を殺してしまいかねないということにも注意すべきです。

だからこそ、改めて「反戦平和」を掲げたい。ただしその前提として、沖縄や台湾、さらに多くの小国を要石、つまり捨て石とみなして自分たちのパワーゲームを進める大国に対する批判抜きでは、呉さんが指摘されたように「被害者への責任転嫁」になりかねません。とはいえ、お互いにとって誰がより差し迫った抑圧者としてあらわれているのか（つまり敵は中国なのか、日米なのか）を確認するだけでも不十分です。どういうわけで小国が分断させられなければならないのかを見据える必要があります。だからこそ台湾は、中国ばかりでなく、アメリカや日本をも批判しなくてはならないのだと思います。そうすることを通じて、沖縄の人びともまた、アメリカと日本ばかりではなく、中国の覇権主義を同時に批判する道が開かれるかもしれません。最後に、今日の台湾でアメリカと日本を批判すること、今日の沖縄で中国を批判することがどれだけ困難なことであるか、まったく想像もつかないであろう日本「本土」の人びとに、こうした台湾の思いが伝わることを願っています。

注

(1) 呉叡人『台湾、あるいは孤立無援の島の思想――民主主義とナショナリズムのディレンマを越えて』駒込武訳、みすず書房、二〇二一年。原著《受困的思想：臺灣重返世界》新北：衛城出版、二〇一六年。
(2) 呉叡人「琉球共和国に捧ぐ」『台湾、あるいは孤立無援の島の思想』二七一―二七三頁。
(3) 呉叡人「帝国の狭間の中の台湾民主」、本書三八頁。
(4) 「沖縄犠牲の平和「利己主義」 自衛と反戦のはざまで葛藤　台湾中央研究院・呉叡人さん〈東アジアの沖縄・第1部「有事」への眼〉番外編」『琉球新報』二〇二三年五月九日。https://ryukyushimpo.jp/news/entry-1706961.html
(5) 呉叡人「帝国の狭間の中の台湾民主」、本書四一頁。
(6) ウェンディ・ブラウン『新自由主義の廃墟で――真実の終わりと民主主義の未来』河野真太郎訳、人文書院、二〇二二年、四〇頁。
(7) バンダナ・シヴァ『生きる歓び――イデオロギーとしての近代科学批判』熊崎実訳、築地書館、一九九四年。「民主的な多元主義」という言葉はシヴァによるタゴールからの引用。
(8) 呉叡人「帝国の狭間の中の台湾民主」、本書六六頁。
(9) 齋藤純一『公共性』岩波書店、二〇〇〇年、「はじめに」vi頁。
(10) ジュディス・バトラー『戦争の枠組――生はいつ嘆きうるものであるのか』清水晶子訳、筑摩書房、二〇一二年。
(11) 上野千鶴子「英霊になる権利を女性にも？ ジェンダー平等の罠」『同志社アメリカ研究』第三五号、一九九九年、五五頁。亀甲括弧内の補足は引用者による。
(12) 琉球放送「〝民意すら問えない石垣島〟自衛隊配備めぐる住民投票求め、訴える市民たちの思い」二〇二三年一月一七日。https://youtu.be/FZMq0olpmO0

軍事化に抗う石垣島の民主主義

宮良　麻奈美

幸福であるということは、人間が人間らしく生きることだと思う。人間らしさとはなんだろうかと考えたとき、それは自分自身のことを理解し、個人として尊重され、育った土地や自然環境、文化や人間との触れ合いのなかで培った個人としての良心を信じて生きることだとわたしは思う。

石垣島の土を踏み、山の水に触れ、生き物たちがつくる生態系のなかでわたしは暮らしている。わたしはこの島で生きる人たちの話す言葉を聞いて育ち、その言葉を使って物事を考えてきた。世界地図で見ればとても小さな石垣島がわたしにとっての世界であり、この島から見える世界がわたしにとっての世界である。石垣島の浜辺から地平線を見つめて、まだ降り立ったことのない土地や人びとのことを想像して、それぞれにはどんな世界があるだろうと思いを巡らせる。

わたしが人間である限り、社会から逃れることはできない。一方で社会は、わたしという人間の在り方を強制することができる。どんなものを食べて、どんな服を着て、どんな本を読んで、どんな環境で生活をして、どんな教育を受けて、どんな法律や制度のもとで生きていくかによって、わたしの感受性・人格・価値観が形成されていくからだ。だからこそわたしは、自分が何を考えてどんな人間になりたいか、どういう人生をどういった世界で生きたいかを見定め、そうなりたいと望むときには、わたしの在り方を強制する社会の在り方に向き合い、行動しなければならない。

幸いなことに、この国には個人の自由と権利を守るための憲法がある。すべての国民が生命、自由および幸福を追求し、法のもとで平等に個人が尊重されることを認めている。また幸い、石垣島にも、市民主体の自治によってまちづくりをおこなうことを認める「石垣市自治基本条例」がある。(1) そこには、市民は日本国憲法に定められた基本的人権が保障されるとともに、個人として尊重され、自治体運営のために「地域のまちづくりを主体的に行う権利」や「市政に参加する権利」が認められると記されている。

幸福であること。人間が人間らしく生きること。そのためにはやはり個人やその意思が尊重されることが必要であり、社会においてはそれが自己決定＝自治という形で表れる。自治とは、わたしの生きる世界／生きたい世界をわたしの良心にしたがって守ることだと考えている。

■石垣島の聖地・於茂登岳と自衛隊駐屯地建設計画

わたしは二〇一八年一〇月から「石垣市住民投票を求める会」の一員として活動している。この運動にかかわるようになったのは、わたしが生まれ育った石垣島において象徴的な存在である於茂登岳《おもとだけ》を削って自衛隊基地を建設するという計画が進められていることへの不安からだった。於茂登岳は、石垣市自治基本条例の冒頭で「日本最南端の石垣市は、亜熱帯気候に属し、四方を珊瑚礁に囲まれ、於茂登連山に抱かれた自然豊かなまちです」と書かれていたり、わたしの卒業した八重山高校の校歌や歴史的な伝承にも登場したりするように、石垣島の人であれば誰もが慣れ親しみ、特別であると知っている存在である。沖縄県内最高峰の山であり、石垣島の水源地として自然生態系や人びとの暮らしを支えてきた。また、古くから霊山として中心的に信仰されてきた聖地でもある。

わたしはこの石垣島の水で育った。わたしの母は幼少期に石垣島に引っ越してきたのだが、初めて島の水を飲んだときに「水道水がこんなに美味しいなんて驚いた」とよく話していた。そして、「水が美味しいのは、それだけ自然が豊かということなんだよ」と教えてくれた。これはわたしにとって石垣島のとても誇らしく思えるところだ。水は誰にとっても命の源だ。わたし自身だけでなく、わたしの家族や島の動植物、もしかしたらいつかできるかもしれない新しい家族にとっても、安心して飲める石垣島の水であってほしい。切実にそう思っている。

そんな「島の心臓」ともいえる於茂登岳麓に陸上自衛隊石垣島駐屯地を設けるという計画が明らかにされたのは、二〇一六年のことだった。於茂登岳周辺の四地区（開南・於茂登・嵩田・川原）公民館は二〇一六年末までに同計画への反対決議を可決。駐屯地建設計画を新聞紙面で知ったという地権者もいるほど、石垣の住民はこの計画について何も知らされていなかった。さらには、絶滅危惧種の動植物の生息域であり優良農地でもあるこの一帯の自然環境汚染も、強く懸念された。

住民たちが二〇一八年八月に陸水学や環境学の専門家を現地に招いて環境調査を実施した結果、駐屯地建設予定地には上水道の水源地や農業用水の取水堰があり、自衛隊施設から流れ出す有害物質で汚染されてしまえば元に戻すのは大変困難であるため、環境アセスメントが不可欠だという結論にいたった。[2] 専門家らは石垣市に対して防衛省に環境アセスメント実施を要請するよう提言したものの、市はこの提言に取り合わなかったうえに、市議会で指摘された市条例に基づく生活環境・自然環境保全のための独自調査をおこなうこともなく、駐屯地建設工事への着手を許したのであった。

本来であれば、この駐屯地建設事業は「沖縄県環境影響評価条例」に基づく県の環境アセスメントの調査対象に入るはずだった。[3] しかし防衛省沖縄防衛局は、この改正条例が適用されるのが二〇一九年四月以降に実施する事業であることを見越してか、その直前の三月一日に、経過措置に便乗する形で一部の造成工事に先行着手した。これにより、駐屯地建設事業は適用対象外となった。公共事業であるにもかかわらず制度の抜け穴をくぐるような法令軽視の態度に、わたし自身もより強い不安を感じるようになっていった。

■「島で生きる、みんなで考える」

駐屯地建設計画が本格化する前年の二〇一八年一〇月、駐屯地に隣接する畑でマンゴー農家を営む金城龍太郎さん（当時二八歳）が代表となって、一〇代後半から二〇代の若い世代を中心とした「石垣市住民投票を求める会」が結成された（以下、「求める会」という）。政治運動にかかわったこともなければ、特にイデオロギーらしい考えをもっているわけでもない若い島の人びとが主体となった運動は、島の内外の関心を集めた。学生時代の先輩後輩、部活動仲間や地域行事の実行委員など、地元に根ざした横のつながりで輪が広がっていき、いままでの市民運動とは違った地域活動の延長のような空気感が「求める会」の特徴だった。また、「辺境の離島」とはいっても、現在の石垣島には地元出身者だけでなく、若い移住者も多く、駐屯地の開設以前から人口増加を続ける活気のある島だ。いわゆる過疎に悩む地域の「経済振興」目的で駐屯地を誘致したと理解する人も多いが、一部の利害関係者を除いては、石垣島においてこの議論はそれほど重要ではなかった。

島の変化に向き合おうとする若い人びとの動きは、島内で多くの共感を得ていった。国政与党・自民党の推薦を受ける中山義隆市長は、「国防・安全保障は国の専権事項」であるとして、配備について自身の立場を表明せず、市長選挙でも大々的に争点に掲げることはしてこなかった。その一方で、市長は、計画が浮上した後の二〇一八年三月の石垣市長選挙で自身が一万三八二二票を獲得して当選したことを根拠に「自衛隊配備についての民意は〝賛成〟で明らかになった」とも主張した。しかしこの選挙では、駐屯地建設計画に賛同しないことを表明して出馬したほか二名の候補者の得票数の合計（宮良操九五二六票、砂川利勝四八七二票、合計一万四三九八票）が中山市長の得票数を上回っており、配備計画について選挙で民意が示されたわけではないことは明らかだった。「求める会」は、選挙で民意を問うことが必要だと考える有志の市民によって結成されたのである。運動のスローガンは「島で生きる、みんなで考える。大切なこと、だから住民投票」だ。(4)

石垣市自治基本条例の前文には「市政の主権者である市民が地域のことを自ら考え、自らの責任の下に自ら行動して〔中略〕市民自治によるまちづくりを行う」と記されている。わたしたちはこの理念を信じて、自治基本条例第二八条第一項の住民投票条項が求める「有権者総数の四分の一の署名」を目標に、休みの日も仕事終わりにも毎日署名集めに奔走した。その結果、条例で定められた要件を上回る有権者の三分の一の署名を集めることができた。

実をいえば、わたし自身、島への配備計画を知った当初はそれほど抵抗感をもってはいなかった。二〇一一年三月の東日本大震災が特に印象に残っているが、当時の報道で見る自衛隊の災害救助活動には頼もしさを感じていたからだ。同じような感覚の市民も少なくなかったはずだが、集まった署名の数を見て、やはり於茂登岳の麓への駐屯地建設が自分たちの理解も追いつかないままに展開されることへ疑問をもつ市民は多くいたのだと確信した。

■実施されない住民投票

日本の住民投票請求では「地方自治法」第七四条の発議要件を参照するのが一般的だ。同法では必要署名数を有権者数の五〇分の一に設定しているため、市条例よりも要件は緩い。それにもかかわらず、わたしたちがあえて「有権者の四分の一」という高いハードルを課す自治基本条例に基づいて住民投票を求めたのは、署名数の要求を満たせば必ず住民投票が実施されるものであると確信できたからだった。実際、この条例の第二八条第四項には「市長は、第一項の規定〔有権者総数の四分の一以上の連署〕による請求があったときは、所定の手続を経て、住民投票を実施しなければならない」と明記されており、この条項の逐条解説にも「第四項は、第一項の規定による市民からの請求を拒むことができず、その請求があった場合は、所定の手続を経て、住民投票を実施しなければならないことを定めています」と書かれている。

一万四二六三筆という署名数は、地域での安心できる暮らしや健全な自治の重要性に共感した多くの市民が行動を起こした結果だ。しかし、住民投票はおこなわれず、いまなおおこなわれないままである。

市民による住民投票請求は、選挙管理委員会による審査を経て、石垣市議会に付議された。二〇一九年二月一日、臨時議会で住民投票条例案の採決がおこなわれ、賛否同数となったが、平良秀之議長が否決を決定した。中山市長はこれを理由に、署名の効力は消滅したとして、住民投票を実施しないこととしたのだ。その後、住民側は市長や担当部署との面談を重ね、条例に明記されている市長の実施義務を繰り返し主張した。しかし市長は、今回の請求は地方自治法に基づく直接請求にあたり、同法による手続きで議会が否決したので、すでに処理は終わっているという見方を堅持した。また、自治基本条例の要件を満たしたとしても住民投票の実施義務は生じないとも主張し、議論は最後まで折り合わなかった。

「求める会」は署名の有効性と市長の住民投票の実施義務を明らかにするために、二〇一九年九月、石垣市を相手に「住民投票義務付け訴訟（石垣市平得大俣地域への陸上自衛隊配備計画の賛否を問う住民投票の実施義務付けを求める訴訟）」を那覇地裁に提起した。提訴から約一年後の二〇二〇年八月二七日、裁判所が下した判断は、「行政訴訟の対象案件ではない」として訴え自体を却下するものだった。石垣市においてはそもそも住民投票を実施する場合に必要な手続きを規律する条例や規則の定めがされておらず、投票日や投票資格者も確定していない、前提を欠いている以上住民側の訴えはいずれも不適法であって「その余の争点につき判断するまでもな」いとして、住民側の争点であった市長の実施義務については踏み込んだ議論はなされなかった。これに対し、わたしたち市民側は「一審判決は、石垣市自治基本条例が四分の一要件を満たした場合に市長に法的義務を課していることは明確であるにもかかわらず、権利、利益を侵害された者の救済から目を背け、市長の実施義務の有無の判断を避けた」として、(石垣の住民投票と同様の)条例や規則の制定に基づく処分が行政訴訟の対象となるとした最高裁判例を挙げたうえで控訴・上告した。しかし判決はいずれも一審の却下判決を維持しての棄却、控訴審判決の内容は「四分の一要件は住民意思を尊重するよう議会に期待するものに過ぎない」というものであった。

わたしたちは次の手段として、石垣市民が法律上の投票可能な地位にあること、つまり議会の否決によって署名の効力が失われていないことを確認するための「地位確認訴訟(石垣市民が投票可能な地位にあることを確認するための確認訴訟)」を二〇二一年四月に那覇地裁に提起した。

■「削除」された住民投票条項

住民投票をめぐる裁判のさなかに、石垣市議会では、配備推進派の議員による自治基本条例改廃の動きが起こっていた。二〇一九年一二月、与党会派・自由民主石垣の石垣亨市議の提案により、住民投票請求の根拠となった自治基本条例の廃止案が議会に上げられたのだ。

採決の結果、廃止案は一票差で否決されたが、二〇二一年六月に今度は自由民主石垣の友寄永三市議[5]から「自治基本条例改正案」が提出された。改正案は、①自治基本条例が行政運営の最高法規であることを示す文言の削除、②住民投票について定めた第二七条・第二八条の削除、③「市民」の定義を市に住民票を有する者に限定する、といった内容だった。この改正案が今回の住民投票請求を狙い撃ちしていることは明らかであり、市民からも反発があったものの、議会で可決されてしまった。市議会野党は、強行的に可決された改正案は手続き等に複数の瑕疵があるため、この改正は無効であると主張している。「求める会」の金城代表はテレビ局の取材に対して、「国防の〔対象の〕なかに僕たち周辺住民も入っているのか疑問に感じます。切り捨てられたというか、すごく残念だ」と語った。

二〇二三年五月、地位確認訴訟の第一審判決が下された。判決は再びの却下であった。「第二七条・第二八条は既に削除されているため、〔市民には〕投票することができる法律上の地位は存在せず、地位確認の利益も認められない」とする内容だった。市民側は控訴したが、二〇二四年三月に下された判決はまたも棄却。自治基本条例の制定にかかわった関係者のほとんどが「四分の一要件は市長に〔住民投票の〕実施義務を課すために設けた」と認めた資料が証拠として提出されたにもかかわらず、裁判所は「制定者たちの思惑はともかく、実施義務があるとは認められない」として、条例制定者の立法意思を否定した。市民側は二〇二四年三月に最高裁に上訴し、現在も係争が続いている。

■要塞化される島のなかで

日本政府は二〇二二年一二月に、今後五年間で防衛費を約一・六倍に拡大し、敵国の領域内を直接攻撃する能力を自衛隊に保有させることを閣議決定した。この動きを受けて、石垣市議会は同月一九日に攻撃能力を有するミサイル部隊の配備に反対する旨の意見書を可決し、「防衛省のこれまでの配備計画の説明と異なる」として国の方針に異議を唱えている。

近年、中国の台湾への軍事侵攻や台湾海峡での軍事衝突を警戒する声が高まっており、沖縄への自衛隊基地建設も中国に対しての抑止力の保持を理由に進められてきた。しかしここにきて地元から「敵基地攻撃能力は専守防衛を逸脱している。憲法違反だ」「かえって隣国を刺激する」との声が上がったのだ。また同時期に、与那国島へのミサイル配備計画も明らかになった。与那国町への自衛隊配備について、防衛省はこれまで同島に配備するのは「沿岸監視部隊」であると説明し、理解を求めてきたにもかかわらず、ここでも町民への説明なしにミサイル部隊や電子戦部隊の配備が計画されていることが分かり、住民からの反発を受けている。日本政府は、住民への説明や合意を得ることなく島々の要塞化を進めている。

二〇二二年一二月、沖縄県は、有事の際の国民保護法に基づく住民避難が必要となった場合、石垣市・竹富町の住民および観光客等約六万五〇〇〇人の島外避難完了には海路と空路を使って約一〇日が必要になるとの試算を発表した。また、島外避難が間に合わなかったときのための避難シェルターを整備する案も、にわかに出はじめている（しかし、島外避難に使用する空港や港湾が破壊されれば脱出は不可能であり、小さな島に数万人の人間が避難できる強度と機能を備えるシェルターを設置するのは現実的には不可能だとの指摘もある）。与那国町では、ミサイル攻撃を受けた場合に備えて避難訓練が実施され、武力攻撃を受けた際の応急対応に充てる町独自の基金を設けることも明らかにされた。

こうした状況があるなかで、二〇二三年三月に陸上自衛隊石垣駐屯地が開設された。アメリカの対中戦略構想のもとで中国ににらみをきかす日本政府は、南西諸島要塞化の一環として、二〇一六年には与那国島に、二〇一九年には宮古島に、それぞれ陸上自衛隊駐屯地を開設している。石垣駐屯地の開設は、この九州南部から台湾にかけて連なる島々を要塞化する自衛隊の「南西シフト」構想の最後のピースだった。

わたしたちはいまもなお、住民投票の権利と自治を求めて石垣市と対峙している。石垣市は、市民の権利や自治基本条例、その根拠となる憲法の意義と価値を矮小化して、住民投票と自治の問題を論じている。しかし、条文を素直に読めばそれが何を求めているかは明らかなはずだ。石垣市の市民は、有権者の「総数の四分の一以上の連署をもって、その代表者から市長に対して住民投票の実施を請求することができる」（改正前自治基本条例第二八条第一項）。そして市長は、「第一項の規定による請求があったときは、所定の手続を経て、住民投票を実施しなければならない」（同条例第二八条第四項）。そう書かれている。とてもシンプルな話がなぜこんなにも難しくなければならないのか。自治基本条例を制定した本来の目的は、その地域がその地域らしくいられることと、住民主体のより良い自治を推進することであったはずだ。

国家に抵抗することも、裁判で勝つことも、簡単だとはいえない。しかし、大きな流れに自らの尊厳がさらわれてしまわないよう奮闘する石垣島の住民たちによる民主主義の実践や、それを後押しした先進的な条例が、後世に受け継がれてほしい。わたしたちの運動はきっと島の未来に希望の種を残すものになると信じている。そしてその種がいつか芽吹いたときには、同じビジョンを思い描く海の向こうの人びととともつながっていくように感じている。

注

（1）「石垣市自治基本条例」の全文は下記ウェブサイトを参照。https://www.city.ishigaki.okinawa.jp/soshiki/kikaku_seisaku/4/10/jichikihon/1037.html

ただし、ここに掲示されているのは二〇二一年六月の定例会で改正された条例であり、本稿で言及している第二七条（住民投票）および第二八条（住民投票の請求及び発議）はすでに削除されている。改正前の自治基本条例（二〇〇九年一二月制定、二〇一六年三月改正）の全文は下記ウェブサイトを参照。https://www.city.ishigaki.okinawa.jp/material/files/group/9/panfureto.pdf

（2）「陸自配備計画　水質汚染回避へ環境アセス実施を」『八重山毎日新聞』二〇一八年九月二日。

（3）この条例は、改正の上、二〇一八年一〇月から施行されたもので、その主眼は土地の造成を伴う事業を環境アセスメントの対象に加えることに置かれていた。沖縄県「沖縄県環境影響評価条例の改正」（https://www.pref.okinawa.jp/kurashikankyo/kankyo/1004287/1004343/1004378.html）を参照。

（4）「石垣市住民投票を求める会」ウェブサイト　https://ishigaki-tohyo.com/

（5）石垣島駐屯地建設用地のうち約三割を占めるのが、防衛省が友寄市議から売買・賃貸した氏の所有地（旧・ジュマールゴルフ場ガーデン）であり、友寄市議は駐屯地建設事業と直接的な利益関係をもっている（「契約用地、違法開発か　石垣陸自、来月着工　市民「工事延期を」県「指導困難」」『琉球新報』二〇一九年二月九日。https://ryukyushimpo.jp/news/entry-873280.html）。なお、友寄市議は自民党会派に所属しながらも、二〇一八年の石垣市議選では立候補者のなかで唯一幸福実現党の推薦を受けており、石垣への自衛隊配備に積極的に動いているとされる同党およびその母体である新興宗教団体「幸福の科学」とも深いかかわりをもっている。同党の動きについては長周新聞によるルポ「石垣島現地ルポ　自衛隊配備の最前線に立たされる南の島から」（二〇二〇年三月二四日　https://www.chosyu-journal.jp/heiwa/16160）を参照。

東アジアの平和を「帝国の狭間」から考える

加藤　直樹

■台湾との出会い

わたしが台湾に関心をもつようになったのは、一九八〇年代から九〇年代にかけて、民主化過程の台湾の空気に触れたことが大きかった。初めて台湾を訪れたのは一九八六年夏のことだ（ちなみに初めて韓国を訪れたのもこのときだった）。当時、わたしは一八歳の受験生で、ピースボートにスタッフとして乗り込んだのだった。当時のピースボートは、歴史や民衆運動にかかわる場所を訪ねることを趣旨として、若いスタッフたちで運営されていた。

最初に思い出すのは、台湾上陸前夜に乗船者全員が集められたことである。現ピースボート共同代表で、当時は確か事務局長だった吉岡達也さんが、壇上から「入港時に役人が乗船してきて、持ち物をチェックする可能性がある。たとえば蔣介石の写真が掲載されている本や雑誌などをもっている人は、見えにくいところに隠すように」と注意を呼びかけた。野党の存在さえ許されない戒厳令下の台湾の現実を突きつけられる場面だった。

翌日に上陸すると、基隆の港には大きな蔣介石の銅像があった。また、役所や警察署には必ず蔣介石の息子で当時の総統であった蔣経国の肖像画が掲げられていた。何か陰気な印象をもったことを覚えている。一方で台湾の街には緩い空気が流れていて、わたしはその雰囲気をすぐに好きになった。

それからわたしは、バックパッカーとして台湾を何度も訪れるようになった。そして台湾の民主化が始まると、その様子に少しでも触れることが旅の目的になった。わたしは台湾の政治的表現における創意と多様性に魅了されていた。それは、街をランダムに歩けばいくらでも目に飛び込んでくるものだった。

たとえば、台北の街に貼ってあったステッカーを覚えている。紙幣をそのままコピーした大胆なものだが、そこにこういう文字が載せられている。「買票！　一票百万元！」。バラマキ選挙に対する風刺である。地下道の壁には「台湾是台湾人之台湾」というスタンプが至るところに押されていた。台湾は台湾人のものだ、という意味だろう。

書店にはマルクスや（なぜか）マルクーゼの本が並んでいた。台南で買った『給我報報』というタイトルのミニコミめいたパロディ雑誌は、広告まで全部よく作り込んだおふざけという傑作だった。「北平を探せ」という特集があったのを覚えている。中華人民共和国の正統性を否定するために北京を北平といいつづける国民党政権への皮肉を数ページの記事に仕立てていた。

台湾における民主化は、同時に台湾化だった。九〇年代前半は台湾語によるポップスやフォークが続々と登場していた。わたしは深夜のテレビで見た羅大佑の「火車」のミュージックビデオに衝撃を受けた。内容はよく理解できなかったが、台湾人の苦難の歴史を汽車の旅になぞらえたものであることはうかがえた。レコード屋でさまざまなカセットを買いあさった。ラップユニット「黒名単工作室」もかっこよかった。「我要抗議！　我要抗議！」（わたしは抗議する）と連呼する「民主阿草」は、台湾民主化のアンセムのように響いた。

デモや集会もいくつも見た。特に、あるとき遭遇した「台湾の国連加盟」を求めるデモは圧巻だった。国連加盟とは、事実上の独立を意味するわけで、これは台湾独立を訴えるものといってよいだろう。デモのなかにいるのは、多くが町工場か個人商店にいそうなラフな姿のおじさんたちだった。実際、中小企業や個人商店の経営者が多いのではないかと推測した。というのは、さまざまな自作のスローガンを張りつけたたくさんの軽トラがデモの事実上の主役だったからだ（一台だけ、労働者党派と思しきトラックもあった）。トラックは軍歌調の「台湾魂」といった曲や、さらには「軍艦マーチ」そのものを大音量で流している。そして政府庁舎の前に来ると、なんと、門の向こうに次々と爆竹を投げ込みはじめるのである。いつ警察が飛び出してくるかとヒヤヒヤしたが、おとがめなしであった。

デモ終了後は集会があった。会場の周囲には露店が並び、そこには食べ物や飲み物のほかに、政治評論家の本や、運動を記録したビデオなどが売られている。集会では何人もの人が壇上でスピーチする。途中、一人の中年男性が現れて演説を始めると、会場全体が割れんばかりの歓声や拍手に包まれる場面があった。男性は五分もしないで舞台を去った。その場では意味が分からなかったが、宿に帰ってからテレビニュースを見たところ、亡命していた台湾独立連盟の活動家が秘密裏に帰国し、集会で公然と登場したということだった。彼は舞台裏に引っ込むと、そのまま逮捕され、連行されていったのである。ニュースには、胸を張って連行されていく意気軒高な彼の姿が映っていた。

学生運動は、わたしが何度か見た印象では、台湾独立や民主化といった大文字のテーマよりも、社会的なテーマに比重があるように感じられた。台湾大学では、先住民支援や障害者支援の集会に遭遇した。直接見たもの以外にも、当時は運動のビデオや新聞、テレビニュースなどを通じて、台湾のさまざまなデモや行動の情報に触れては、大きな刺激を受けていた。民主化を要求して広場に座り込んだ九〇年の野百合学生運動、蘭嶼島での先住民の核廃棄物投棄反対運動、道路を占拠して行われた借家人(?)の抗議行動。日本製の台湾第四原発(核四)建設への反対運動もあった。さらにはダンプ運転手による板橋《バンチャオ》区役所包囲の直接行動だとか、高雄の地下街閉鎖に抗議する露天商のデモなども報道で目にした。

同時代の日本では考えられない自由で創意工夫に満ちた行動があり、その根底にやはり日本では考えられないような、自らの権利のために堂々と声を上げる人びとの気風があることが感じられた。わたしはそんな台湾に強く魅了された。それは、台湾の歴史への関心につながった。清朝の辺境で「難治の地」と呼ばれていた時代のなかに、台湾の人びとの権利意識のルーツを見た気がしたし、彼らがアジア最初の共和国ともいえる「台湾民主国」を宣言し、日本の苛烈な侵略に激しく抵抗した事実、そして日本への抵抗のなかから「台湾人」意識が生まれていったことを学んだ。さらに、二・二八事件から始まる民主化の長い苦闘の歴史。そこには、異なる言語や異なるアイデンティティの複雑なせめぎ合いがつくる、日本とは全く違う歩みがあった。

■東アジアについて知るということ

台湾について学ぶことは、外部からの一方的で安易な二項対立(親日/反日、親中/反中)では見えない「他者」としての、「主体」としての台湾に目を凝らしていく作業だった。

これはもちろん、朝鮮にもいえることだ。たとえば朝鮮の歴史について学ぶことは、趣味的に隣国の歴史知識を詰め込むことではないのはもちろん、日本の侵略について主観的な「反省」意識をもつことだけでもない。反省は前提だが、さらに朝鮮からの視線によって日本中心的な視線を相対化していくことに意味がある。日本の既知の観念に回収するのではなく、他者として向き合い、観念の再編を行うことで、わたしたちは日本中心的な視野を編み直すことができる。それは中国についても同じである。

「知る」ということには二種類ある。一つは、既知の観念のなかで知識量を増やしていくこと。もう一つは、「知る」ことで自分の側の既知の観念や視界が変わってしまう「知る」である。一般的にいっても外国について「知る」ということは後者であるべきだが、特に日本のわたしたちが東アジアを「知る」ことにおいては後者が重要だと思う。

わたし自身の東アジア観も、ピースボートで台湾を訪れた一八歳のときから今日まで、経験と学習、挫折を重ねるなかで次第に変わっていった。特に二一世紀に入って以降は、中国、韓国、台湾のそれぞれで内在的な変革を模索する知識人や運動の議論を聞き取ろうと努めてきた。そのそれぞれに歴史的文脈があり、それぞれの社会が、それぞれの文脈のなかで模索を続けている。それはまた、東アジアを横断する文脈の一部をなしている。根底には、日本をはじめとする帝国主義と冷戦がつくった歴史の傷がある。それは歴史の推移のなかで縦横に複雑な断層として走っている。

東アジア各地で人間的で平和な社会を求めるそれぞれの模索が、互いに他者として向き合いながらつながっていくことはできないのだろうか――わたしはそうしたことをぼんやり考えるようになった。実際、二一世紀に入って以降、そうした模索は至るところで行われていた。「アジア」というテーマを考えつづけた戦後の思想家・竹内好が中国の読書人の間で読まれるようになり、主に新左派系の中国知識人たちと日本、韓国、台湾の知識人たちの交流と対話も盛んに行われた。二〇〇六年に中国の孫歌と韓国の白永瑞、台湾の陳光興の編集でまとめられた『ポスト〈東アジア〉』（作品社）は、その到達点だったと思う。わたしの身近なところでは、韓国の友人が当時、北京の農民工の運動に研究者の参与観察として参加していたことを、のちに知った。

■「東アジア新冷戦」にどう向き合うか

だが気がつくと、東アジアの空には暗雲が垂れ込めるようになってきた。中国では強国志向の習近平政権のもとで変革の可能性は狭まり、香港の抵抗は封殺された。また海洋進出の力を増大させる中国に対して、米国と日本は軍事的手段によって封じ込める路線を選択し、東シナ海を軍事緊張の海として固定化する地域秩序をつくろうとしている。こうした「東アジア新冷戦」と呼ぶべき構図は、朝鮮半島においては南北和解を挫折させ、沖縄をさらなる「軍事植民地」状況へと投げ込みつつある。台湾は、こうした東アジア情勢の焦点となっている。そこには、中国と米国・日本の思惑が向けられている。

新冷戦構図は、人びとの想像力をもその二元論に回収しようとする。米国・日本の側からは、米国・日本・台湾・韓国を「民主主義陣営」とし、中国を「専制主義国家」とする平板な構図に東アジアを塗り込める。だがこれは、日本（さらにいえばアメリカ）とは歴史的な文脈が異なる韓国・台湾の「民主主義」を空疎な一色に塗りつぶす行為であり、同時に、中国革命以来のさまざまな変革の運動や模索をはらむ中国社会を「専制主義」として単純化し、客体化してしまうものだ。

一方、台湾を「奪還」しようとする中国がよって立つのは、帝国主義に蚕食された失地の回復という中国革命の大義である。これを普遍的な言葉でいえば「反帝国主義」「民族解放」ということになるだろう。だがこれでは、中国本土とは別の文脈で帝国主義と闘って自らを形成してきた台湾という、もう一つの反帝国主義の主体が否定されてしまう。台湾の地で生き、闘ってきた人びとの主体性を「解放」の名のもとに否定する「反帝国主義」に、果たして普遍性はあるだろうか。

こうした二元論は、誰かを切り捨てることに帰結する。「民主主義陣営」を守るという大義によって沖縄の人びとの尊厳と自己決定権を否定し、彼らの暮らしをますます軍事的重圧で締めつける。あるいは逆に、日中友好という大義のために「これは中国の内政問題だ」などとして台湾の人びとの自己決定権を無視する。冷戦が暴力的に深まれば深まるほど、人びとの東アジア観は、このいずれかに回収されて単純化し、さらにいえば戯画化されていくだろう。

この二元論とどう向き合うべきなのか。「米国も中国も悪い」「是々非々で」などと一般論による批判を対置すればいいのだろうか。だがそれだけではこの二元論がもつジレンマを超えることはできなさそうだ。「米国も中国も日本もそれぞれに悪い」というためには、そのための足場が必要だ。

■呉叡人と白永瑞が指し示した「帝国の狭間」

力強いヒントをくれたのが、台湾の政治学者・呉叡人の『台湾、あるいは孤立無援の島の思想』(1)だった。呉は、台湾が置かれた境遇を「帝国の狭間」と呼び、台湾ナショナリズムを重層的な植民地主義からの解放を目指す運動と捉えて、その内部にいくつも走る断層に積極的な意義づけを図った。

さらにわたしは、同書にもその名前が登場する韓国の歴史学者・白永瑞《ペクヨンソ》の著書『共生への道と核心現場』(2)にも多くの刺激を受けた。白は、朝鮮半島の分断を他のさまざまな「分断」とともに東アジアの「重層的分断構造」の一部として位置づける。そして、「東アジア秩序の歴史的な矛盾、すなわち帝国と植民地と冷戦が絡み合う影響のもとで、空間的に大きく分裂して葛藤が凝縮された場所」を「核心現場」と名づけた。

東アジアは平面的で均質的な国家の組み合わせというよりは、重層的な中心と周辺で構成された立体的で不均質な地域である(3)。

〔こうした〕時空間の矛盾が凝縮された場所、それが核心現場である。沖縄以外にも、分断体制下の朝鮮半島、台湾などが核心現場に属する。それは、中華帝国—日本帝国—米帝国へとつながる中心軸の移動によって位階づけられた東アジア秩序の歴史的矛盾が凝縮され、植民地と冷戦が重なり合う影響のもとで、空間的に大きく分裂し葛藤が凝縮された場所である(4)。

わたしは、彼らの議論からようやく、二元論を超える「足場」を見出した。朝鮮半島―沖縄―台湾と連なる「帝国の狭間」こそが、それである。

東京やワシントンの指導者は、「民主主義台湾」を守るために沖縄に犠牲になれといい、北京を擁護する人びとは「日中友好」のために台湾という躓きの石を黙殺せよという。だが、こうした新冷戦構図のもとでますます軍事的重圧下に置かれるのは、南北朝鮮、沖縄、台湾の人びとである。戦争の危険に最もさらされるのも彼らである。そして、大国間の軍事対決の圧が高まれば高まるほど、巨大な軍事均衡の狭間で、彼ら自身の自己決定権は奪われていく。かつての冷戦下においても、韓国は軍事独裁政権下に、沖縄は米軍政下に、台湾は国民党独裁下にと、いずれも強権支配のもとに置かれ、民衆は主権を十分に行使できなかったことを想起すべきだ。冷戦の力学こそが強権を生み、支えていたのである。

ワシントン製の「民主主義」も、北京製の「反帝国主義」も、彼らを踏み台にするだけだ（そして東京にはそうした理念的建前すらなく、「利益」しかない）。東京、ワシントン、北京が互いに直接にミサイルを撃ち込む可能性は、現時点では極めて低いだろう。東アジア新冷戦の被害者は、一方的に「帝国の狭間」の人びとなのだ。

「狭間」は一貫して、植民地支配と冷戦の被害者だった。いずれも日本の侵略を受け、冷戦期には東西両陣営がつくる冷戦秩序のなかで分断と抑圧を押しつけられた。それぞれの地域ごとの構図をよく見れば、事態はさらに複雑だ。

しかし同時に、「帝国の狭間」は受動的な被害者であるだけではなく、東アジアにおける「進歩」の担い手でありつづけてきた。呉叡人は「台湾ポストコロニアル・テーゼ[5]」において、重層的な植民地支配が台湾内部に創り出した台湾原住民族解放運動／台湾ナショナリズム／中国ナショナリズムの対立という矛盾を克服する「非本質主義的で開放的な台湾という主体を再構築する」というビジョンを示している。それは、「原住民と漢民族の対等な同盟によって構成される〔中略〕市民的ネイションである」という。呉はその先に、沖縄などとの「自主の民の平和的結合」の実現を構想する。

こうした呉の台湾論とどこかで響き合っているのが、白永瑞の東アジア論である。白は、東アジアの分断構造を、排他的な主権だとか国民国家の完成といった何らかの本質主義的な観念の完成によって「解決」することはできないとする。また、「東アジア共同体」のような平板な地域共同体にも批判的である。そうではなくて、「他者との差異を認めながらも、その差異の連結を模索する試み」「共同性の中にありながらも、共同性を超える共生的な生き方」を目指すべきだと語る[6]。

〔分断構造解体の原動力は〕東アジア分断線のあちこちを行き来する地域レベルの大和解とともに、小分断〔体制〕内部の交流と協力、そして民主化の拡大を通じて行われるものだろう[7]。

分断構造解体の原動力として、この地域の矛盾を集中的に経験している核心現場での小分断の克服によって確保されるべき躍動性とその波及効果に注目したい[8]。

「核心現場での小分断の変革」、つまり、東アジアの亀裂の上に置かれた「帝国の狭間」における変革こそが、分断構造を解体する原動力になる。さらに白は、すでにそれは「進行中である」という。

実際、「帝国の狭間」はこの半世紀、東アジアの「進歩」を牽引してきた。内部に重層的な分断を抱える台湾は、民主化とともに多様性を尊重する多文化主義の社会を生んだ。韓国の民主化は、南北の「分断体制」を克服する闘いと一つであった。いずれも、本質主義的な解決ではない変革の途を歩んだものだ。沖縄は、日本・米国の軍事植民地支配によって最も困難な状況に置かれつづけているが、それと対峙する独自の民衆運動の伝統がある。

■「帝国の狭間」の平和を価値とする

「帝国の狭間」は、東アジア分断の被害者であり、同時に、東アジアにおける「進歩」の原動力であり、いつの日か、軍事対立を激化させる分断構造を解体して平和を実現する原動力なのではないか。

わたしは、米国、中国、日本という三つの「帝国」の狭間に置かれた人びとの存在を、東アジアを考える上での価値として、目的として、基準として考えたい。わたしたちは、「帝国の狭間」諸地域が軍事的圧迫から解放されることを平和運動の目標と考えるべきなのである。「狭間」の視点からこそ、日米中という三つの「帝国」の振る舞いを、それぞれに、そして一般的にではなく具体的に批判することができる。そこでこそ、「民主主義」も「反帝国主義」も、歴史のなかで生きた意味をもちうる。

この視点によって、わたしたちは中国にも米国にも回収されない東アジア思想を獲得できるのではないか。もちろん、現実の政治力学や軍事的次元の葛藤が、それによって自動的に霧散したり、解決したりするわけではない。「帝国の狭間」と叫ぶことで、何らかの政策がそこから自動的に導きだされることもない。それでも、この視点を判断の価値、目的、基準とすることで、わたしたちは新冷戦への思想的抵抗線をつくることができるし、進むべき未来の方向を示すことができる。

日本のわたしたちがやるべきことは、日本政府が「帝国の狭間」への抑圧強化へと突き進むことを押しとどめるとともに、別の道の可能性を模索することだろう。さらにわたしたちは、中国のなかにカウンターパートを見出し、つながっていかなくてはならない。文字どおりの意味で「つながる」ことは、習近平政権下のいまは極めて難しいだろうが、思想の上であれカウンターパートを想像していくべきだ。白永瑞も、中国の許紀霖が提起する脱中心的な「新天下主義」構想との批判的対話を、前掲の著書のなかで展開している。その遥か先に、呉叡人のいう「自主の民の平和的結合」としての東アジアがあるだろう。

その萌芽はすでにある。五年ほど前、北京の農民工たちがコミュニティの集会で韓国の民主化闘争歌「ニムのための行進曲」を演奏する動画をユーチューブで見た。この曲は、二〇一九、二〇年の香港の抵抗運動のなかでも歌われていた。民衆が自ら運命を切り開くという意味での「民主」の実践は、「帝国の狭間」に生まれ、大国がつくる二元論を超えて広がり、人びとをつないでいくのだ。

■日本は地域大国である

ここまで読んできて、読者のなかには、中国や米国と並んで日本を「帝国」と呼んでいることに違和感を抱く方もいるかもしれない。日本は平和憲法を戴く軍隊をもたない国であり、「帝国」とは呼べない、むしろ「米国の言いなり」となって主権を失っていることが問題なのではないか、その意味では日本もまた米中という「帝国」の狭間に置かれているのではないか——というわけだ。

だがわたしはこうした認識に正面から異を唱えたい。むしろわたしたちは、日本が周囲の国や地域の命運を左右する力をもつ地域大国だという自覚をもつべきだ。

なぜ日本を東アジアの地域大国と呼べるのか。

第一に、その歴史性である。かつての大日本帝国の侵略こそが、東アジア地域に無数の傷を生み、今日の東アジアの国際環境を規定し、それぞれの地域内部の分断をつくった。戦後の日本も、朝鮮戦争の後方基地となることで米国の庇護を受け、経済大国へとのし上がることができた。日本は冷戦の軍事的ツケを韓国と沖縄に押しつける形で、戦争から「解放」されていた。この歴史がつくった東アジアに、わたしたちは生きている。

第二に、今日の日本もまた客観的に見れば経済的、軍事的大国である。衰退が著しいとはいえ、経済規模は依然として世界四位（IMF統計データによる。また、近くインドに抜かれて五位になるといわれている）。人口は一億二〇〇〇万人を超える。韓国の二倍、台湾の五倍である。軍事力は世界七位で、五位の韓国の下にあるようだが（「グローバル・ファイヤーパワー」世界軍事力ランキングによる）、韓国軍が陸軍中心で、もっぱら三八度線に張りついているのに対し、日本は軽空母を含む強大な海上戦力をもつ。中東ジブチには日本の軍事基地も置かれており、グローバルな展開にも乗り出している。G7の一員として米国主導の秩序の一翼を担ってもいる。

こういう国が、米国の「従属国」や「植民地」であるはずがない。なるほど、純軍事的な次元では従属しているといえる現実もあるが、それはあくまで日本にとってその「従属」が戦略的な利益であるからだろう。米国に世界規模の軍事展開を支える安定した拠点を提供していること自体、日本にとって他国にはない大きな「強み」である。さらに、注意深く見ていれば、日本外交が自らの利益のために時に米国と異なる選択をすることは少なくない。戦後日本は、冷戦における米軍の前方展開拠点となることで利益を得てきたわけだが、それはいわば、かつての大日本帝国の「利益線」を日米合作で維持することだったともいえる。

■「帝国の安全」を構想する日本

日本の支配エリートが台湾、沖縄、朝鮮半島に向ける「地政学」的視線は、いまも戦前のそれをなぞっている。たとえば、台湾から南西諸島にかけての島々を中国包囲網のために活用する構想は、さかのぼれば明治初年に外務省顧問の米国人リゼンドルが「帝国の安全を保障し、東亜の時局を制御する」ために提唱し、井上毅が伊藤博文に意見書を提出したのが始まりだ。(9) 朝鮮半島への関心のありようが、山縣有朋のいう「利益線」へのそれを継承していることは明らかだ。

「大国」としての力をもった日本は、いまも東アジアの状況を日本が求める方向に動かそうとしている。たとえば文在寅《ムンジェイン》政権の南北和解政策に対して、米政府内の強硬派と組んで強引に阻止しようとしたのは、日本の安倍政権であった。ハンギョレ新聞のキル・ユンヒョンは、その目的が米中新冷戦構図のなかで韓国を下位パートナーに組み込むことだったことを指摘している。(10) そのために安倍政権は、輸出規制という形で韓国経済に打撃を与えようとさえした。ここには、地域大国である日本と、そうではない韓国の非対称の力関係がある。

その非対称性は、沖縄と日本(本土)においてはさらに鮮明である。沖縄の人びとがどれほど基地押しつけに反対する民意を表明しようが、日本側は露骨にそれを無視することができる。ここに現れているのは「帝国」と「内国植民地」の関係である。

「自由で開かれたインド太平洋戦略」などの中国包囲網構築を先導して欧米諸国に呼びかけたのも、安倍政権であって米国ではない。自衛隊の南西シフトが始まったのも二〇〇〇年代のことだ。それをすべて米軍に引きずられたものとはいえない。「台湾有事は日本有事」というスローガンも、沖縄―八重山諸島―台湾が大日本帝国にとっての軍事的要衝であると主張した井上毅の意見書(一八九五年)の延長線上にあるものであって、台湾の民主主義や多文化主義への連帯の表明では決してない。さらに、二〇二二年二月にロシアによるウクライナ侵攻が始まって以降、日本は米国とともに中国との対立構図をいっそう強化しようとしている。日本はいまも、自らの安全保障を「帝国の安全」の保障として構想しているのである。

米日と中国がにらみ合う硬く鋭い対峙線を東アジアの真ん中に引いて、米日vs中国という軍事的対立と均衡の「新冷戦」秩序をつくることが、日本政府の構想だろう。すでに見てきたとおり、それは「帝国の狭間」の人びとを軍事的重圧下に置くことで成立する秩序である。

■「帝国の狭間」は思想的抵抗線

このように見れば、米国に従属しているといった批判の仕方が、大国日本の責任を見えなくさせるものであることが分かる。日本は「戦争に巻き込まれる」側ではなく、「帝国の狭間」の人びとを「戦争に巻き込む」側なのである。朝鮮半島、沖縄、台湾から見たとき、日本が米国への従属を強いられた小国であるかのような遁辞は通用しない。日本が米国の言いなりの「従属国家」だの、果ては「植民地」だなどという嘆きは、もはや傲慢である。

わたしたちは、地域大国として東アジアのなかで冷戦に利益を見出そうとしている日本国家を直視し、分析しなくてはならない。また、東アジアの諸地域の複雑な現実と、そこで交わされている議論を学ぶ必要がある。わたしたちの思考の視野を、東アジアに拡大しなければならない。

念のために言い添えれば、日本政府を批判するのは、それがわたしたち自身の問題だからであり、中国の台湾への圧迫（周囲での軍事演習やメディアや情報空間への介入など）を免罪するものではない。台湾の人びとが米日の軍事的支援を求めるのも当然だろう。

それでも、米国、中国、そして日本という三つの「帝国」を、「帝国の狭間」の平和を価値として批判する視点をもたなければ、わたしたちは米日を支持するか中国を支持するかといった冷戦思考の内面化に転落していくしかないだろうし、逆にその視点を堅持していれば、新冷戦とは違う答えを探し当てることができるのではないだろうか。たとえばそれは、風船が膨らんで、のしかかる二つの煉瓦を押し返していくようなイメージかもしれない。煉瓦と煉瓦が直接にぶつかり、挟まれたすべてのものが押し潰されていくのではなく、パンパンに膨らんだ、しかし柔らかい風船が、煉瓦の力を無化していくのだ。

もちろん、これは夢想的イメージである。現実には、すぐさま霧が晴れていくような「解決策」は存在しない。いまわたしたちが見ているのは、いわば複雑方程式の世界なのだ。それでもなお、「帝国の狭間」を価値として考えようと呼びかけるのは、わたしたちが「東アジアの平和」という言葉で何を求めているのかを明確にするためである。それは目指すべき方向を指し示す星座のようなものだ。「帝国の狭間」で育まれてきた脱植民地主義と民主主義、平和への希求を基盤として、大国中心ではない地域秩序、各地域の民衆がつながっていく東アジアをつくるという方向を示し、誤った方向への思想的抵抗線を引くための星座なのである。

注

(1) 呉叡人『台湾、あるいは孤立無援の島の思想――民主主義とナショナリズムのディレンマを越えて』駒込武訳、みすず書房、二〇二一年。
(2) 白永瑞『共生への道と核心現場――実践課題としての東アジア』趙慶喜監訳、法政大学出版局、二〇一六年。
(3) 同上書、二七頁。
(4) 同上書、二八頁。亀甲括弧内の補足は引用者による。
(5) 呉叡人、前掲書第1章、一四―三三頁。
(6) 白永瑞、前掲書、三七頁。
(7) 同上書、一八頁。亀甲括弧内の補足は引用者による。
(8) 同上。
(9) 伊藤潔『台湾――四百年の歴史と展望』中公新書、一九九三年、六五頁。
(10) ハンギョレ新聞日本語版ウェブサイトでの連載「キル・ユンヒョンの新冷戦韓日戦」二〇二〇年七月―二一年三月。https://japan.hani.co.kr/

近世東アジアの朝貢体制と「漢文の力」

――『琉館筆譚』にみる琉球詩人の漂流経験

上里賢一

はじめに

一六〇九年の薩摩藩による琉球王国侵攻を経て、琉球統治を円滑に進めるための「琉球館」という施設が、鹿児島城下に設置された。「琉球館」は中国福州（現在の中国福建省福州市）にも存在したが、明・清との朝貢貿易（朝貢体制）が琉球が自ら求めた関係であったのに対し、薩摩との関係は、同じ「朝貢」とはいっても、戦争に負けて否応なく強制されたものであった。最初は「琉球仮屋」として始まった琉球館は、琉球国の人質を留め置く施設から、次第に琉球王府の役人の居館となり、薩摩との事務調整、交渉、貿易業務を扱う施設となった。たんに薩摩との貿易を担うだけではなく、黒糖、ウコンをはじめとする琉球の物産を大坂などの市場で売るための業務も担当した。さらに、常駐する琉球王府の最上位の役人は「江戸立ち」（江戸参府）のときの副使を務めるなど、その業務内容は多彩であった。薩摩島津氏への忠誠を誓う起請文を書かされ、人質をとられた当初の強制的な関係から、薩摩の対中国貿易継続の意図を利用する形で、薩摩との関係を調整して琉球の独自性を徐々に拡大していく、こうした複雑で難しい外交を成し遂げたのが琉球王国である。

この琉球館に滞在した琉球王国の詩人・楊文鳳（楊文鳳は唐名、琉球名は嘉味田親雲上《かみだぺーちん》兆祥《ちょうしょう》・経斎、一七四四―一八〇六）と薩摩藩士である石塚崔高《いしづかさいこう》（一七六六―没年不詳）の対談を記録した『琉館筆譚《りゅうかんひつたん》』は、近代以前の東アジア世界の諸相を現前させていて、読み手の関心領域によってさまざまな表情を見せてくれる。

歴史家は、楊文鳳らの乗った進貢船（対中国交易・使節派遣に用いられた琉球王国の官船）の遭難、救助・保護、福州への護送、そして福州からの帰国、薩摩への報告という一連の流れの背景に、中国を中心とする朝貢体制のもと、近世の東アジア諸国に共有されていたゆるやかな国際秩序を見て取るだろう(1)。漢語や漢詩文に興味のある者は、近世東アジア世界に共有されていた漢語（あくまでも書き言葉としての漢文）の働きに注目するにちがいない。琉球人の漢詩を研究してきた筆者がそうであり、当時の漢文によるやりとりが「対談」ではなく「筆譚」（筆談）であることに、まず興味をひかれる。かつての東アジア世界は、中国、日本、朝鮮、越南（ベトナム）、琉球とそれぞれ言語を異にしながら、「漢文」という書き言葉を共有していた。書家で、文字や言葉にかんする幅広い評論などでも知られる石川九楊は、「漢文」がそれぞれの国の言葉を作り、国の在り方を決定づけた、と「漢文」の果たした役割の大きさを強調している(2)。

『琉館筆譚』には、清朝の朝貢国としての琉球が、中国（福州）、台湾とどうかかわったかということが、現地の人びととの詩文のやりとりを中心に記されている。それはいわば、近世の琉球と中国・台湾の交流の記録である。やがてアヘン戦争（一八四〇—四二年）という西洋の衝撃を迎える東アジアは、朝貢体制がまだ機能していた頃の『琉館筆譚』のなかで、どのように描かれているだろうか。以下では、『琉館筆譚』における琉球人・楊文鳳の台湾漂流経験の記録をたどることで、近世の東アジア世界を垣間見たい。

一　楊文鳳と石塚崔高——二人の対談者について

楊文鳳と石塚崔高の筆談は、一八〇三年（享和三年）に薩摩の琉球館で行われた。楊文鳳は一八〇二年一〇月、進貢使節の一員として清国に向かったが、嵐に遇って台湾北部に漂着したのち、琉球館のある福州へ送られて翌年帰国した。その後楊文鳳は、日をおかず薩摩へ行っており、筆談はそのときになされたものである。まず二人の人物紹介をしておこう。

楊文鳳は、一七四四年（乾隆九年、尚敬三二年）、首里の赤平村に生まれた。尚温王による教育改革を経て、琉球王国の文化的中心である久米村に匹敵する人材を輩出するようになった首里を代表する知識人・詩人として知られる。一八〇〇年に渡来した尚温の冊封使（正使趙文楷、副使李鼎元）とも交流し、特に李鼎元の信頼はあつかった。

石塚崔高は、一七六六年（明和三年）、薩摩加世田に生まれた。幼少の頃から唐通事（中国語の通訳）としての研鑽を積んだ。『琉館筆譚』ではその名が「石崔高」と記されているが、これは楊文鳳が唐名（中国名）を名乗っていることに合せたものである。島津重豪《しげひで》の命を受け、文化一一年（一八一四年）に出版された『南山俗語考』の編者の一人としても知られる。

さて、楊文鳳は一八〇二年（清・嘉慶七年）、進貢使の一人として清国に派遣された。『歴代宝案』によれば、このときは頭号船、二号船の二艘に分乗する形で合計一二〇名が派遣されている。楊文鳳の乗った二号船は、台湾北部の大武崙で座礁し大破した。巴賽（パサイ）族が居住していた地域である。基隆の西北約三・五キロメートルに位置し、現在は基隆市安楽区に属する。幸い乗組員は全員救助された。ただ、頭号船は行方不明となり、官生四人とその随伴四人の「首里の公子」と称された俊才たちを含む六二名が犠牲になった。

この時代、漂流・漂着は特に珍しいことではなかった。例えば、一八〇二年の前後一〇年（一七九四―一八〇三年）に限って見ても、三八件が記録されており、実際にはもっと多くの漂流事件があったことが想定される。また、記録によれば、その大半が出発地や目的地を宮古・八重山とした船で占められている。進貢船、護送船といった王府の官船の漂流も四件ある。[3]

二　漂流の顚末――台湾での経験

癸亥（享和三年、一八〇三年）の夏、薩摩の琉球館に滞在する楊文鳳を、石塚崔高が訪ねた。『琉館筆譚』の台湾への漂着についての記録は、石塚の質問から始まる。[4]

石塚　昨年、あなたの船が福州に向かう途中、天候が荒れて台湾に漂着されたとのことですが、本当にあったんですね。その様子を詳しくお聞かせください。

楊　おっしゃるとおりです。琉球国から福州に向けて進貢船二隻が出航しましたが、海上で嵐に遇い、一隻はいまも行方が分かりません。私たちの乗っていた船は台湾に漂着して大破し、積載していた貢物や私物のすべてを失いました。乗っていた八〇名全員は、現地の住民がやってきて救助され岸に上がることができました。筆談でようやく意思を通ずることができ、そこが台湾だと分かりました。そこでの苦労は多岐にわたり、どう表現してよいか分からないほどです。当地の役人の命令で、土地の住民の家屋を借りて居住し、飢えを凌ぎました。

私は詩を作り謝意を示しました。最初地方官は私たちのことを軽く見ており、こちらが叩頭の礼をしても、返礼をしません。その後、地方官や秀才〔科挙の受験者〕らは私と詩の贈答をするようになると、坐を下って答礼をするようになりました。初めは驕りたかぶっていた者が、後には恭順な態度に変わりました。私は、同船の者とこっそり話しました。「文なんて一銭にも値しないとは言わせないぞ、今日文字の価値を見たでしょう」と。皆はこれを聞いて笑いました。

通り過ぎた館駅〔宿場〕で出会った土地の人びとは、書を求める者が非常に多く、後にはそのすべてに応えられなくなりました。あるときは深夜まで書を認めておりますと、酒と肴を届けてくる者、笛や琴をもって慰労に来る者などがあり、経過する所はどこもこのような有様でした。僧侶で仏祖〔ある宗派の祖師〕という一六歳の青年や一八歳の謝鴻恩という秀才がおり、二人とも書を好み、日夜宿泊先に出入りし、その立ち居振る舞いは穏やかで、気持ちよくお付き合いしました。滞在は十数日に及びましたが、竹塹〔現在の新竹市〕分府に移送されることになり、一〇里あまりも離れているにもかかわらず、二人とも私たちに随行し、これまでどおり歓待してくれました。

竹塹分府の奉政大夫の吉壽という人は、北京の人で今上皇帝の親戚にあたる方です。その地に到着すると、その日のうちに館駅に慰労にやって来られました。歓談中に詩を作って献呈したところ、府官はこれを見て称賛し、袖に納めて帰られました。翌日、その息子を遣わして、私の詩に次韻した作品を寄せ、美酒一甕を恵与されました。また、翌日には孫を遣わして、銘茶を贈ってくださいました。この間、府官ご一家の三名の方に連日お越しいただきました。お孫さんはちょうど一四歳で眉目秀麗、いつも従者を十数人引き連れ、大きな駕籠でやって来て、私を呼んで書を書くことを頼みました。

それから幾日も経たないうちに、この地を離れて東へ行き、西へ転じて台湾城〔現在の台南市〕に到着しました。ある日城内の官吏がこぞって太守の正堂に集まって謁見の礼が行われました。太守の姓は慶、名は保といい、その日堂上で私たちに言いました。「琉球は海外の小邦〔小国〕だが、いまでは中華の文化を蒙って、文字にいたっては通暁している者がいると言います」と。左右を顧みて筆と硯を持って来させ、私の実力を面前で確かめようとしました。私は進み出てこたえて言いました。「海外の田舎者で礼節をわきまえておりませんが、敢えて拙作を献上して御恩に報いたい」と。そこで七言律詩を書いて差し上げました。慶保はこれをご覧になると文鳳を誉めて、詩集一函と自ら書いた対聯、衣服などを下さいました。これは、台湾漂着の逸話のほんの一部であり、とても語り尽くすことはできません。

石塚　台湾の大きさはどれくらいでしょうか。

楊　詳しくは分かりませんが、おおよそ、東西は狭く南北に長いようです。面積は琉球よりやや小さいようです。生蕃と熟蕃という二種類の住民が住んでおり、生蕃は火を通さないものを食し、熟蕃はなんとか中国の風俗を取り入れています。

台湾は中国から海路で二日ほどしか離れていません。しかし、あいだに三六島〔多くの島嶼〕があって澎湖諸島と呼ばれており、航海にはとても困難な所です。

台湾の気候はとても温暖で、冬でも春のようで、草木が青々と茂っています。土地は平坦で田畑も多いのですが、私たちが通り過ぎた所では、時おり壊れた城壁や荒れた塀があり、瓦礫の山が築かれていました。土地の人が言うには、「林爽文なるものがここを拠点にして乱を起こしたせいです。以前は高い城壁と深い濠があり楼閣が高くそびえていましたが、数年のうちに焦土と化してしまいました」。これを聞いて、私たちもため息をつくばかりでした。

楊文鳳の台湾漂着の経験は、多岐にわたり興味が尽きない。こうしたエピソードから窺い知れるのは、当時の中国を中心とする東アジアの知識人が漢詩文の教養を共有しており、楊文鳳が教養を保持する者として認められ、尊敬の対象とされていたことである。楊文鳳の語りからは、その自信と誇りが伝わってくる。

三　台湾から厦門を経て福州へ――福州での経験

台湾に四か月ほど滞在した楊文鳳は、清の官船による迎えを得て、厦門を経由して琉球館のある福州へたどりついた。以下では、福州での見聞をめぐるやりとりを見ていこう。

石塚　福州には琉球館がありますが、その敷地や建物の広さは、ここ薩摩の琉球館と比べてどれくらいですか。

楊　少し狭いだけです。福州の港への入口は五虎門といって、そこから大きな川になっています。川の幅は半里ばかりです。私たちの船が彼の地に着くと、その流れに沿って真っ直ぐ進み琉球館にいたります。琉球館の門の前は、福州の人家が密集し少しの空き地もないほどです。車が混み合い人の顔がぶつかるほどで、とても賑やかです。追いはぎが多く、道を歩いているときに少し油断すると、物をすられてしまいます。スリの技は絶妙と言えます。土地の人は特に不思議なこととは思っていないようです。

石塚　福州滞在中、土地の読書人と会いましたか。そのときの談論の様子をお聞かせください。

楊　一人二人の才子と会いました。私は官話〔中国の公用語〕ができませんので、話し言葉では通じません。字を書いて言語を通じ、そのおおよそを聞いただけです。四書五経を読むには宋の程朱の注解を用います。また諸子百家の書に及び文章を作ることを学ぶのは、中国のどこでも同じです。ただ、いまの中国では文章で官吏を採用する試験〔科挙のこと〕があり、そのため書を読むことは、もっぱら自らの官を得るための手段となっています。試験では文章の良否を判定し、それによって選ばれた者は、ある者は秀才となり、ある者は進士となります。挙人等の科目は、そのために学ぶ科目があり、その点は我が国〔琉球〕とは違うところがあります。

石塚　中国では聖人の教えを尊び、上は天子から下は庶民にいたるまで、一人も学ばない者はなく、詩文も人びとは必ず作ることができると聞いております。

楊　いいえ、そうではありません。何を証拠にそうおっしゃるのですか。先年冊封使が琉球に来ましたが、冊封使とその従者五百人中、詩文を作ることのできたのは三、四人にすぎません。このことから分かるように、詩を作るのは非常に難しいのです。

福州琉球館は福州城から一里ほどの場所にあります。このあたりは人家が密集したところで、万寿橋という場所があります。琉球人がここを通るたびに、大勢の子供が騒ぎたてからかいます。ひどいときには、馬糞を投げつける者さえおりました。瓊河の人、陳邦光は、昨年使者に随行して琉球に来られたことがあり、私も一度お会いしました。このとき、陳邦光は教授として万寿橋におられました。ある日、旧交を温めたいとのことで、私たちはその御宅に招かれました。そこで光学の宴が開かれましたが、光学の宴とは、堂に孔子様の像を掛け、学生にお辞儀をさせ、香を献じる儀式で、その後酒宴を開きました。この日陳邦光は五、六〇人の弟子を呼び、私に会わせました。陳が「この方々は琉球きっての学者として知られている。詩を作っていただくために、題を述べなさい」と学生に促しますと、一人が文房四宝〔書斎における四つの宝。紙・墨・筆・すずり〕を私の前に運びこみます。たちどころに七言律詩を書き上げて呈示すると、学生たちは手渡しで次つぎに読みます。陳は「これだけの才能を具えた方に無礼なマネなどできるはずがないであろう」としかりつけ、日頃学生たちが琉球人に非礼を重ねてきたことを責め立てました。学生たちは皆「以後は、二度といたしません」と詫びました。その後、数十日が経ち間もなく帰国という頃に、港で風待ちをしておりましたとき、福州在留官より信書が届きました。「以前は万寿橋を通るたびに子供たちの悪戯に困らされたが、いまやまったく様子が違います。子供たちに聞くと「中山国の楊先生がお通りになるので、悪ふざけはできません」とこたえましたと、こんな笑えるようなことがありました。

蔣立中という人は徽州〔現在の安徽省歙《きゅう》県〕の人で、冊封使の趙文楷と同郷です。面識はありませんでしたが、私が福州に滞在することになると聞いて、私より数十日も早く福州にやってきて備えていたそうです。私が福州に到着してからは、たびたび琉球館を訪問され、手厚いもてなしを受けました。蔣立中の外祖父は袁子才（袁枚《えんばい》）という大学士で、清朝でも有名な人です。多くの著作があり、いまも世に知られています。


ここでは主に、福州の役人との交流が語られている。福州の子供たちの悪戯の対象とされていた琉球人が、陳邦光の訓戒で尊敬の対象へと変わったエピソードは、特に印象的である。陳はかつて冊封使と一緒に琉球に来ており、楊文鳳とも面識があったので、楊文鳳の詩人としての能力を知っていたのである。楊を手厚くもてなしたとされる蔣立中は、冊封使の趙文楷と同郷で、外祖父の袁枚は『随園随筆』『随園詩話』などで知られる有名な詩人である。一連の語りからは、楊文鳳の漢文詩の能力の高さが、幅広い人物との交流を可能にしていたことが読み取れる。

中国の手厚い対応を受けた一行は、やがて帰国の途についた。その際、清の官船が、進貢使たちを護衛してくれたという。楊は、「私どもが帰国するとき、「帥」字の旗を掲げた官船が四一艘の小船を引き連れて、港から二〇里ほどの先まで護衛してくれました。海賊に襲われないようにしてくれたのです」と語っている。

楊文鳳が経験した台湾から福州への移送、そして琉球への帰国の支援といった一連の措置は、朝貢体制のもとで形成された、中国を中心とした東アジアの国際秩序に基づくものである。楊文鳳の場合と同様に、中国に漂着した琉球の船舶は、漂着地で保護され、もし原船が修理可能な場合は修理して帰国させ、修理不可の場合は福州琉球館に移送されて、琉球の船（進貢船や接貢船など）で帰国した。中国への漂流者には、毎日米一升、塩菜銀（副食費）六厘、帰国するときは行糧（旅路での食糧）一か月分が支給された(5)。また、琉球に漂着した中国船についても、琉球王国が漂着者を保護して福州に送還するなど、近代以前の東アジア地域には互助的な取り決めがあった。

おわりに

以上、『琉館筆譚』における楊文鳳の経験を簡単に紹介したが、この文章の締めくくりとして、得られた知見を三つ挙げておきたい。

第一に、楊の漂流から帰国までの経緯からは、当時の東アジア世界において漂流者の保護・送還のシステムが有効に機能していたことが読み取れる。近世東アジアの国際秩序は朝貢体制に基づくものであったが、琉球国王はこの体制を受け入れることで清国皇帝の臣下となり、新しい国王の就任に際しては中国皇帝の冊封を受け、臣下として土地の産物を進上すること（進貢）を認められた。漂流者の救済システムは、いうなれば、こうした朝貢体制の副産物であった。

第二に、漢文は、これらの地域をゆるやかにつなぐツールであった。楊と石塚は『琉館筆譚』において、通訳を通さずに「筆譚」している。琉球と薩摩のあいだには通訳を置くことが多かったようだが、彼らが筆談の形式をとっていることは、当時の東アジアにおいて書き言葉としての漢文が共通語であったことを示している。当時は、それぞれの国や地域で話す言葉は違っていても、漢文で書かれた文字を通じて意思疎通ができた。さらに、土地により話し言葉に大きな隔たりがあった中国内部でも、漢文は同じような働きをもっていた。

第三に、漢詩・漢文は、外交の手段としても機能していた。楊文鳳の事例においても、漢詩・漢文が台湾や福州での交流に生かされ、現地における彼ら漂流者の待遇改善に役立ったことが示されている。このほかにも、漢詩・漢文が外交の手段として、交渉をスムースに運んだり、宴会等の場で雰囲気を和らげるものとして役立った例は多い(6)。

『琉館筆譚』には、中国とその周辺の国々とが、国境、民族、言語の壁を越えて、ゆるやかな隣邦関係でつながっていた時代があったことが示されている。いうなれば現在のヨーロッパにおけるEUのような形で、一つの文化圏を形成していたのである。翻って、現在の東アジアの状況に目を向けると、かつての朝貢国のなかで漢字を使用するのは中国・台湾・日本のみとなり、その三者のあいだでも、字体をはじめ、「書き言葉」も互いに通じないくらいに違っている。さらに、近年の三者は、刺々しい関係を通り越して、今にも発火しそうな危うい緊張のなかにある。この状況はなんとしても克服しなければならない。

「歴史に学ぶ」とはいっても、現代にあるわれわれが楊文鳳の時代に戻れるわけはない。過去の時代において漢文がもたらしていた機能や効果も、昔のように復活させられるものでもない。また「琉球処分」(一八七二―七九年)を経て沖縄が日本の版図に組み込まれたことで、沖縄が主権的に外交を展開することも難しくなっている。しかし困難ではあっても、この「漢文の力」に代わる、東アジアをつなぐ「何か」を求めつづけたい。国の安全保障のため、あるいは国益のために、また切り捨てられるかもしれない国境の島——すなわち台湾や沖縄に生きる者としては、なんとしても生き延びる道を探らねばならないからだ。

「漢文の力」に象徴されるような文化の力は、武力よりも強いのではないか。「そんなものは空想だ」という否定的な反応が聞こえてきそうだが、武力に頼って際限のない軍拡競争に陥るよりも、相手を尊重し、共に生きる道を探ろうとする試みを、私は信じたい。かつて筆談による対話力は、会話に劣らない力があったのだ。いま目の前に横たわる分断と対立を乗りこえる力として、東アジアにおける「漢文の力」、「筆談の力」をいま一度想起したい。

注

（1） 漂流者の保護・護送については多くの研究がある。主なものは以下のとおり。兪玉儲「清代における中国と琉球の貿易についての再論——並びに中琉の漂流難民船救助活動について」、西里喜行「清代光緒年間の〈琉球国難民〉漂着事件について——救国運動との関連を中心に」（いずれも『第二回琉球・中国交渉史に関するシンポジウム論文集』沖縄県立図書館、一九九五年）、豊見山和行「近世琉球における漂流・漂着問題について——漂着民救護制度を中心に」、田名真之「琉球船の漂流・漂着——乾隆期の事例を中心に」（いずれも『第八回琉中歴史関係国際学術会議論文集』二〇〇一年）、渡辺美季「清代中国における漂着民の処置と琉球」（1）、（2）（『南島史学』一九九九年、二〇〇〇年）。

（2） 石川九楊『漢字がつくった東アジア』（筑摩書房、二〇〇七年）、『漢字の文明　仮名の文化——文字からみた東アジア』（農文協、二〇〇八年）参照。

（3）　赤嶺誠紀『大航海時代の琉球』（沖縄タイムス社、一九八八年）所収の「漂流船一覧表」を参照。

（4）　『琉館筆譚』の紹介には、次のものがある。「琉球新報」一九六一年八月一三日―一八日（『仲原善忠全集　第三巻　民俗編』沖縄タイムス、一九七八年所収）、拙稿「『琉館筆譚』――ハワイ大学宝玲文庫蔵・附属図書館仲原文庫複製本」（『琉球大学学報』第一三二号、一九七八年三月）、岩本真理「『琉館筆譚』翻字・注釈」（「人文研究」六四巻、大阪大学大学院文学研究科、衣笠忠司教授退任記念、二〇一三年三月）。本稿での訳文は岩本の訳を基本としたが、筆者が訂正したり補ったりしたところもある。なお、亀甲括弧内の補注は筆者によるものである。

（5）　豊見山前掲論文、渡辺前掲論文を参照。

（6）　村井章介『東アジア往還――漢詩と外交』朝日新聞社、一九九五年参照。

II　対話の試み

シンポジウム

台湾と沖縄　黒潮により連結される島々の自己決定権

（二〇二三年七月八日、京都大学にて開催）

パネリスト：呉叡人、宮良麻奈美、張彩薇、加藤直樹
コメント：前泊博盛、王薫鋌、藤原辰史、植松青児
挨拶：森川輝一、岡真理
司会：駒込武、藤井悦子

駒込　みなさん、こんにちは。京都大学教育学研究科の駒込武と申します。今日のパネルディスカッションの司会を担当させていただきます。

藤井　アジェンダプロジェクトの藤井悦子と申します。パネルディスカッション以外の部分の進行を担当させていただきます。よろしくお願いします。

最初に、本日の企画の実行委員であり京都大学法学研究科教員の森川輝一さんよりご挨拶いただきます。

森川　本日は台湾より呉叡人さんをお迎えすることができて、本当に嬉しく思っております。呉さん

には一昨日（七月六日）に一度お話しいただいています。その内容をあえて一言で申し上げますと、その際のご講演のタイトルのとおり、「一個の人間になること」と要約してよいのかなと思います。

「一個の人間になること」、平たくいいますと、自分のことは自分で決めるということ。すなわち、一人の人間として、誰の支配も受けずに、自分のことは自分で決めるということ。個人としても、また集団としても、自分たちの将来は自分たちで決めたいという、人間誰しもそうありたいと願うことですが、この当たり前のことが非常に難しい。それがいかに難しいかということ、だからこそ尊いのではないかということを、呉さんのご講演はわたしたちに問いかけているのだ、そう理解しております。

もう一つ大事なことは、「一個の人間になる」ということは抽象的な話ではなくて、常に具体的な経験に結びついた話だということです。呉さんご自身は傑出した理論研究者であり、思想史研究者でもある方ですが、自分は理論や抽象的な話をしているのではないのだ、経験、実践、現実の話をしているのだ、ということを一昨日のご講演で何度も強調されていました。

わたしも実は思想史研究者なのですが、そのことを非常に重く受けとめたいと思っております。具体的な実践というものは常に具体的な場所に結びついており、「一個の人間になる」という共通の課題を、その人がどの場所で果たそうとしているのか、それによって見えてくる風景も違うだろうし、直面する問いも変わってくるだろう。ゆえに、その場所にいる人にしか語ることができないことがあるのであって、その場にいない人間は、その場にいる人の言葉をまずはきちんと聞くことから始めなければならない。そして、今日はそのためのまたとない機会になるだろうと思っています。

先ほど申し上げたように、わたし自身は政治思想史を研究していて、要は抽象的な理屈をもてあそぶことを商売にしている人間なのですが、呉さんのご著書『台湾、あるいは孤立無援の島の思想』が二〇二一年に駒込さんの訳で出たときに合評会に参加させていただいて、呉さんと議論させていただきました。わたしにとってとても貴重な機会となり、今日改めて感謝申し上げたいと思います。

しかし、わたしは台湾のことを、正直申し上げてよく分かっておりません。無知な日本人の一人にすぎません。しかし、その無知を恥じつつも、無知な人間が往々にして陥りがちな、安易な答えにすがることだけはしてはならない。つまり、複雑な現実を単純化して「悪いのは誰それだ！」とか、「これが原因だから取り除けばいい！」とか、あるいは「こいつの味方をしておけばいい！」とか、そういった単純な答えにすがって自分を正当化するようなことだけはしてはならないと、常々思っているところです。

今日は、まさに台湾、沖縄、石垣それぞれの場所で「一個の人間になる」という課題を引き受けようとされている方々のお話を、まずはしっかり聞いて、わが事のように考え、悩むことができればと思います。それぞれの方々が何に怒り、何に悩み、そして何を願っているのかということを、きちんと聞くことから始めなければいけないと思っております。今日はその機会をみなさんとご一緒できることを本当に嬉しく思っている次第です。本日はどうぞよろしくお願いいたします。

藤井　森川さん、ありがとうございました。続きまして、実行委員の駒込さんに本日のシンポジウムの前提となる基本的な歴史を含めて、本シンポジウムの趣旨をご説明いただきます。

駒込　近年になって日本社会でも「台湾有事」が現実味のある形で語られるようになりました。とりわけ二〇二二年二月のウクライナ戦争以後、その傾向が強まっています。昨日（二〇二三年七月七日）のTBS系列のニュースでも、中国の習近平国家主席が台湾統一に意欲を示し、「戦争に勝つ能力の向上を加速させよ」と台湾を管轄する兵士に訓示したと報じられています。(1)

これに対して、「実際には中国軍の台湾侵攻などありえない。ありうるとしても何年も先のことだ。むしろことさらに台湾有事を煽ることが問題だ」という考えもあります。たしかに日本の与党政治家が意図的に「有事」の危機感を煽っている側面がありますので、そうした考えにも一理あると思います。ですが、日本社会の内部で完結する問題ではない以上、戦争が起きる可能性がまったくないともいいきれません。その可能性を少しでも小さくするために、「戦争を準備する」ためではなく「平和を準備する」ために、わたしたちにできることはどんなことでしょうか。

問題の焦点となっている台湾を知ることも、そのための大切な作業の一つだと考えて、今年の春に自主講座「認識台湾 Renshi Taiwan」を立ち上げました。この自主講座の企画として、今日は、台湾と沖縄をめぐる対話の場を設けました。とはいうものの、沖縄の歴史や米軍基地の問題についてはとにかく、台湾の歴史や政治はよく知らないという方も多いと思います。そこで、駆け足となってしまいますが、パネリストによる議論に耳を傾ける前提として、台湾の戦後史をざっくりとふりかえっておきたいと思います。歴史について最低限の共通認識をもたなければ、「平和を準備する」どころか、「戦争になるかもしれない」事態がなぜ生じているのかを理解することもできないからです。

一昨日の呉叡人さんの講演において、連温卿《れんおんきょう》（一八九四―一九五七）という人物に着目されました。連は、「人類人主義《ホマラニスモ》」を奉じるエスペランティストであり、日本の植民地支配からの解放を求める台湾民族主義者であり、階級解放を目指すマルクス主義者でもありました。呉叡人さんは、そうした連の活動の根底には、一個の人間として認められたいという思いがあったと論じました。その連の思想と行動が象徴するように、日本の植民地支配下において台湾の人びとは、日本人から徹底した差別を受ける経験のなかで、自分たちを「台湾人」あるいは「台湾民族」として自覚するようになりました。

一九四五年の日本敗戦を契機として、台湾は日本から中華民国に変わり、統治者は日本人から「外省人」、つまり戦後中国大陸から台湾に移住した人びとに変わりました。ところが、これは社会の支配層が入れ替わっただけで、台湾に生まれ育った人びとは相変わらず「二等国民」として差別されつづけました。経済的にも極度のインフレが昂進する状況のなかで、一九四七年に全島的規模の反政府叛乱が起きました。この叛乱は徹底的に鎮圧され、中華民国の国軍により二万人近い台湾人が処刑されました。二・二八事件と呼ばれる出来事です。

日本社会では当たり前のように一九四五年以後を「戦後」といっていますが、朝鮮半島、中国、台湾、沖縄の人びとは、いわば「戦後なき状況」に置かれてきたともいえます。韓国や台湾で軍事独裁体制が構築される一方、朝鮮半島では朝鮮戦争、中国大陸では国共内戦が勃発しました。この「熱い戦争」において北緯三八度線と台湾海峡が最前線とされ、沖縄への米軍基地の集中と拡張が生じました。後方に位置する「日本本土」は「朝鮮特需」で潤い、東西冷戦の対立構図に乗じて「戦後復興」を成し遂げ、戦争責任も植民地化責任も曖昧にしたまま「平和」と「繁栄」を享受することになりました。

これに対して、台湾では蔣介石の率いる国民党が一党独裁体制を敷きながら、対外的には「大陸反攻」（軍事的侵攻により中国大陸の支配権を奪還すること）を目指したために、準戦時体制が継続しました。日本社会では毛沢東vs蔣介石という地平で台湾を「蔣介石の島」とみなしてきたところがありますが、蔣介石と台湾社会のあいだには実は深い亀裂が横たわっていました。一九四九年には戒厳令を宣告、思想不穏とみなした人物を逮捕・投獄し、絶海の孤島の政治犯収容所に送り込んだりしました。台湾全体が「監獄島」の様相を呈するなかで、日本やアメリカに亡命した人びとが中心となって、台湾社会の歴史的経験に根差した国家を新たに樹立しようとする運動を展開しました。台湾独立運動です。中国と日本の狭間で政治的取引の材料とされてきた歴史を克服して、自分たちで自分たちの運命を決めたいという思いが、この運動のなかで繰り返し表明されてきました。

台湾独立運動の象徴的な人物は、やはり呉叡人さんの講演に登場した史明《しめい》（本名は施朝暉、一九一八―二〇一九）です。一九三七年に早稲田大学に留学した史明は、反帝国主義の立場から中国共産党に憧れて中国大陸で党員として活動しましたが、その独裁的体質や台湾人差別に幻滅し、戦後は東京で台湾独立運動のバイブルとなる『台湾人四百年史』（音羽書房、一九六二年）を出版しました。

一九八七年にようやく戒厳令解除、その翌年には李登輝が台湾人として初めて国民党主席・中華民国総統に就任し、民主化と「本土化」を推進しました。ここでの「本土化」というのは、中国史を中心としたそれまでの歴史教育に台湾史を組み込むなど、台湾を「本土」とみなす変化を指します。二〇〇〇年には総統直接選挙により民進党の陳水扁が総統に就任、初めての政権交代となりましたが、陳水扁は最終的に汚職スキャンダルの只中で退陣しました。二〇〇八年、政権交代失敗への幻滅感に支えられて国民党が政権に返り咲くと、総統に就任した馬英九は長年にわたって対立してきた中国共産党と手を結び、中国との経済統合を推進しようとしました。これに対して二〇〇八年には野イチゴ学生運動、二〇一四年にはひまわり学生運動が生じて、中国との統合に反対する市民社会の意向を示しました。このひまわり学生運動の広がりに支えられて二〇一六年に民進党の蔡英文が総統に就任。二〇二〇年に再任されていまにいたります〔二〇二四年に同党の頼清徳が総統に就任〕。

台湾の民進党は戒厳令解除の前年に台湾独立を目指す人びとを中心に結成された政党でした。その民進党が国民党を倒して政権を握ると、今度は中国共産党が独立への願いに立ちはだかる壁となりました。中国共産党が二〇〇五年に「反国家分裂法」を制定し、軍事力を用いてでも独立を阻止する姿勢を明確にしたこともあって、民進党政権は当初の目標を封印して「現状維持」に努めてきました。

日本社会では、蔡英文政権は「好戦的」である、アメリカの支援を受けて中国との戦争をしかけようとしていると見られがちです。ですが、蔣介石のように「大陸反攻」を目指しているわけではありません。国際政治の舞台で自分たちこそが「中国」を代表すると主張しているわけでもありません。いまや政治的にも経済的にも軍事的にも大国となった中国のかたわらにおいて、小国であっても「自分たちの国」を守りたい、自分たちの未来は自分たちで決めたいという姿勢を示すにとどまります。ですが、「台湾は中国の一部」という中国政府の立場からすれば、蔡英文政権が台湾を「自分たちの国」として語ること自体が「分離主義者」の「策動」であり、許しがたいということになります。

さて、ここでようやく本日のシンポジウムの主題である「台湾と沖縄」にたどり着きました。これまでお話ししたように、台湾の人びとは、中国共産党の軍事的な脅威に直面しています。香港の民主化運動の弾圧過程を顧みるならば、たとえ軍事的侵攻という形をとらないとしても、さまざまな手段で台湾に圧力をかけ、「中台統一やむなし」という方向に追い込もうとしているといえます。そのために台湾の人びとは、もう一つの大国であるアメリカに頼らざるをえないところがあります。

他方、沖縄の人びとは、アメリカ政府、およびその言いなりである日本政府による国家暴力にさらされ、米軍基地や自衛隊基地の建設問題をめぐって自己決定権を奪われてきました。そうした沖縄の人びとは、経済的自立のためにも、中国とのつながりを大切にせざるをえないところがあります。

台湾と沖縄は、客観的には対立する立場にあるといえます。ですが、この対立は中国政府の思惑や日本政府の思惑など、いわば外側から強いられた対立です。そのおかしさを浮き彫りにするためにも、黒潮により連結される島々に生きる人びとの自己決定権を中核としたつながりをつくりだしていけないでしょうか。そのために、この京都という場所を含めて日本「本土」と呼ばれる島々に住む者は、どのようなことを求められているのでしょうか。それが本日のシンポジウムのテーマです。

本日のシンポジウムは実験的な試みです。第一に、主催者としても、どのような展開になるか予測がつきません。「台湾と沖縄の連帯は結局無理だ」という展開になる可能性もあります。ですが、あえていえば、そうなったらそれでもしかたない。まず、立場の違いを浮き彫りにしたうえで、なぜそうなっているのかを的確に理解することこそ議論の出発点だと思います。

第二に、本日のシンポジウムは、専門家同士の学術的な議論の場というよりも、むしろ市民同士の対話の場です。専門的な学術研究の積み重ねをベースとしながらも、学術の世界だけではけっして解決しえない問題を市民、学生のみなさんと一緒に考えるための場です。いま、大学に対しては軍事に役立つ技術を開発せよという国からの圧力が高まっていますが、わたし自身は、こうした対話の場をつくることこそ大学の役割だと考えています。
第三に、なるべく若者に発言してもらいたいと思っています。未来は若者のものだからです。長い前置きとなってしまいました。このあと上映するひまわり学生運動のビデオクリップとあわせて、呉叡人さんのお話がどのような歴史と現状の上になされているかを理解するための手がかりとなるところがあれば幸いです。

藤井　駒込さん、ありがとうございました。
呉叡人さんのお話に先立ちまして、台湾のひまわり学生運動のビデオクリップを放映いたします。これはユーチューブにアップされている動画ですけれども、今日の集会のために日本語字幕を付けたものになっています。

ビデオクリップ「島の夜明け(2)」を上映

二次元バーコードから動画をご覧いただけます

藤井　これから呉叡人さんにお話しいただきます。呉叡人さんは、台湾中央研究院台湾史研究所の副研究員であり、台湾を代表する論客、思想家でもあります。今年三月に台湾でおこなわれた講演「帝国の狭間の中の台湾民主」のエッセンスをかいつまんでお話しいただきます。呉叡人さんの語学力に甘えまして、日本語でお話しいただきます。それでは、呉叡人さんどうぞよろしくお願いします。

呉　呉叡人と申します。台湾中央研究院台湾史研究所に勤めています。わたしは「論客」でもなく、

「思想家」でもありません。一国民、一人の市民としてここに立っています。台湾では「思想家」という職業はありません。この世の中で「思想家」のある国は、たぶん日本しかないと思います。それはいいことかどうか分かりませんが、事実だと思います。

今日のテーマに入ります。まずひまわり運動からお話ししましょう。

台湾では一九九〇年代の民主化以降、李登輝の主導のもとで台湾を領域とする主権国家が徐々に形成されました。中国はこれに焦りを覚え、当初は軍事的威嚇を試みました。これが一九九六年の台湾総統直接選挙直前に台湾の沖合にミサイルが撃ち込まれた事件、いわゆる第三次台湾海峡危機です。

二一世紀になると中国は資本を海外へ輸出し、経済的な拡大を始めました。つまりは非常に古典的な意味で帝国主義の路線を歩みはじめたということになります。台湾に対しては台湾を「攻撃する」方針から台湾を「購入する」方針に切り替えました。つまり、経済的利益を利用することで資本家階級と政治家を取り込み、経済的統合を通じて政治的統合を実現する方針に転換したということです。二〇〇八年に成立した国民党の馬英九政権は、その協力者としての役割を果たすことになりました。

中国の経済侵略はすぐさま台湾社会の激しい抵抗を引き起こしました。二〇〇八年には野イチゴ学生運動が起こり、中台の経済統合に反対する社会運動の時代が幕を開けました。二〇一四年のひまわり学生運動はその結実であり、台湾が中国とのあいだで金融、通信、出版、医療などのサービスを自由化する「中台サービス貿易協定〔海峡両岸サービス貿易協定〕」を結ぶのを阻止することが目的でした。この運動は、学生、若い社会人、市民団体、学者を主体として、立法院〔日本の国会議事堂に相当〕を占拠し、一時的に行政院の占拠にも成功しました。最終的に国民党内部で意見対立が生じたことで、協定調印の阻止に成功しました。このひまわり学生運動が生み出した強大なエネルギーは、二〇一六年に民進党・蔡英文氏を総統に押し上げました。

歴史的に見て、ひまわり運動とは何か。それは、自由貿易を通じて台湾を征服しようとする中国の帝国主義的な動きを阻止した運動でした。わたしはドグマティックな話をしているわけではありません。学問としていっているのです。この場合の「帝国主義」とは、自由貿易帝国主義（Free Trade Imperialism）です。日本へのペリー来航、イギリスのアヘン戦争と同じです。中台サービス貿易協定もまた、現代の自由貿易帝国主義です。台湾はもう少しで壊れるところでしたが、ひまわり運動は、一言でいえば、反帝国主義運動として成功を収めたのです。

要約すると、台湾は過去三〇年間の民主化を通じて、日増しに独立した主権国家として歩むようになりました。一方、中国は急速な経済発展により、資本の海外への輸出を始めました。つまり帝国主義路線へ転換しました。台湾がしだいに国家となる一方で、中国はしだいに帝国へと変容しました。台湾はその帝国拡張の最初の目標です。

ひまわり運動は、この相反する二つの歴史的な道筋が真っ向からぶつかり合う事態の発端となりました。むろん中国はいわゆる「固有の領土」を回復することをあきらめてはいません。しかしながら、経済的侵略という戦略が挫折するなかで、習近平国家主席は蔡英文政権時代に再び軍事威嚇路線へ立ち戻りました。軍事的威嚇はしだいに大胆なものとなっています。戦闘機は毎日のように台湾海峡の中間線を飛び越え、軍艦が台湾の領海に侵入し、台湾海峡を中国の内海《うちうみ》へ変容させようと試みています。習近平は二〇一九年に「一国二制度台湾案」*を発表して以来、公然と戦争準備を積極的に進め、台湾への軍事的脅威を準戦時状態にまで高めました。わたしが一人の政治学者、歴史学者として考えるところでは、その状況は、一九三九年のナチス・ドイツによるオーストリアとチェコのズデーテン地方の併合を彷彿とさせます。

過去三〇年間、台湾は「永続的な危機」の状態にあり、中国による併合、脅迫、買収の波が次々と押し寄せてきました。その波は収まるどころか、再び軍事路線に立ち戻り、その暴力性や危険性がさらに高まっています。本当にうんざりです。しかし、台湾人は帝国による侵略の脅威に屈することなく、何度も抵抗を成功させ、台湾を強力な民主主義国家へと成長させてきました。

今日の台湾と中国との緊張関係は、中国が常に台湾の併合を望み、台湾が常に併合に抵抗してきたという地域的・歴史的なルーツに基づきます。中国の国力がいまだ脆弱であったころには威嚇に依《よ》り、その国力が拡大するにつれて金に任せるようになり、その買収に失敗したとなると再び力に依る。つまり中国は何があろうと、台湾を併合してしまおうとしているのです。

このまったく理解しがたい執着は、熱狂的な中華民族主義イデオロギーと理性的な政治的計算が分かちがたく結びついたものです。長期にわたって歴史の虚構に基づくイデオロギーに洗脳され、かつて一秒たりとも統治したことのない土地と人民を勝手に「古来自国の固有の領土」だと思い込み、そ

＊二〇一九年一月二日に中国北京でおこなわれた「台湾同胞に告げる書」（米中国交正常化後の一九七九年元日に発表された、中国から台湾に平和的統一を呼び掛けるメッセージ）の四〇周年記念式典における演説で、習近平国家主席が将来的な中台関係のあり方に言及した際、「一つの中国」の原則を堅持するとの前提のもと、英国からの返還後の香港に適用された「一国二制度」を想定しうるモデルとして挙げたことを指す。

れを「取り戻す」ための戦争を起こすことも惜しまないという狂気が生まれました。その狂気の後ろには、しかしながら、国民の下り坂一方の経済への不満を外へとそらし、台湾の優れた半導体技術を奪い、あるいはチベット、新疆、内モンゴル、香港など周縁地域の分離・独立を阻止するなどといった冷徹な計算もはっきりと見て取れます。

そもそも台湾においては誰も中国を挑発しているわけではありません。蔡英文総統ほど慎重で、穏健で、臆病な人物がいるでしょうか。中国を挑発する必要もまったくありません。台湾のそのままの存在自体が、中国にとって邪魔なのです。わたしは、台湾政府が中国を挑発しているという考えは絶対に認めません。もしも台湾が中国を挑発していると感じるならば、みなさん、台湾に来てしばらく暮らし、中国の戦闘機やドローン、無人偵察機が毎日のように*頭の上を飛びかう感覚を味わってみてください。もっといいのは、いっそのこと台湾に帰化して、このエキサイティングな共同体の運命を共有することです。わたしはみなさんのために喜んで必要なお金を探し出して、「台湾経験」のためのプログラムをコーディネートします。

次に、「新冷戦」の問題についてお話しします。

いわゆる「新冷戦」、すなわちアメリカが主導し、欧州連合（EU）と日本、韓国、フィリピンなどが加わった、民主主義諸国の同盟による中国・ロシアの包囲網は二〇一八年以後に生じたものであり、中国と台湾の歴史的対立とは根本的に性格の異なるものといえます。

中国が「四面楚歌」なのは、中国自らがそれを望んだからです。中国はスパイを送り込んで先進国から技術を盗み、自国の防衛や産業を発展させてきました。民間資本を装った国家資本を使って外国企業を不当に合併してきました。多額の資金を使って民主主義国の政治家やシンクタンク、メディアを買収し、フェイクニュースを使って世論を混乱させ、選挙にまで介入してきました。さらには、「一帯一路」政策を通じて発展途上国を「債務の罠」に突き落とし、その国土をかつての香港のように永久の「租借地」にしようと試みてきました。これはスリランカのことです。**

中国はグローバリゼーションの恩恵にあずかりつつ、国際的な規範に違反しながら拡大を続け、やりたい放題でやってきました。それが明るみに出て、ハイテク技術が盗めなくなり、半導体が購入できなくなったことを中国は「挑発」だといいます。全世界を馬鹿にしているのでしょうか。中国自身が全世界を怒らせたのに、台湾を非難し、台湾を攻撃する。そんな道理が通るというのでしょうか。わたしには分かりません。

冷戦後、アメリカは中国に関与する政策をとり、中国がグローバル資本主義経済に参入するのを助け、中国の急成長をゆるしました。とりわけビル・クリントン大統領が「エンゲージ・チャイナ（Engage China）」という政策をとって、中国に友好的な態度をとりました。彼らには、中国が資本主義

＊二〇二二年一二月二五日付の『日本経済新聞』の報道では、同年八月にペロシ米下院議長が訪台して以降、中国軍機が計七一日間にわたって中間線を越え台湾側へ侵入、「二日に一日の異例のペース」と報じられている。

＊＊スリランカ政府はインフラ建設等のために中国から多額の融資を受けたものの、施設が十分な利益を生まず返済不能に陥り、債権者である中国に施設や土地を明け渡さざるをえなくなった。その結果、スリランカ南部のハンバントタ港は二〇一七年七月から九九年間にわたり中国国有企業である招商局港口控股有限公司にリースされることとなった。

経済システムに入り込めば、いつか中産階級が生まれて、そして民主化が起こるという幻想があったのです。実際、オバマ大統領の時代まで、アメリカは依然として親中的であり、ワシントンでは「台湾放棄論」まで登場しました。わたしのシカゴ大学の恩師ミアシャイマーは、二〇一三年にわたしの職場である中央研究院で「さらば台湾」という講演をしました。(3) その講演において彼は、台湾はすでに中国のものだから、アメリカは台湾をあきらめたほうがいいと公言しました。アメリカの台湾に対する無関心が頂点に達したなかで、どうして台湾海峡への介入などありえたでしょうか。

二〇一八年以降のアメリカの政策の大きな変化は、中国が自ら招いたことです。中国はウイグル人を迫害するに飽き足らず、香港をも滅ぼそうとしています。実はわたしが香港の国家安全法による海外指名手配第一号です、感無量です。わたしは二〇一四年以降、たくさんの香港人の学生と知り合って、親しくなってきました。そのなかの三分の一は海外に亡命しています。三分の一は刑務所に入っています。三分の一はいつか逮捕されると恐るおそる毎日を送っています。香港はアメリカの戦略転換と台湾海峡介入の決意の鍵であり、香港問題を通じて初めて中台対立は米中対立へと結びついたのです。アメリカを台湾海峡に呼び戻したのは、ほかでもない習近平本人なのです。

その後、習近平は世界から孤立し、中国経済はバブルから落ち込み、若者は職にありつけず、事態が悪化しました。国内の不満をそらすためにスケープゴートとなる外敵を見つけ、戦争を始めることが上等の策となりました。中国はいまや財政破綻の危機に瀕しています。軍事費用が激増したいま、財政危機は明らかです。現在の中国は、一九三一年の満洲事変前夜の日本のように、経済的行き詰まりを打開するために戦争を利用しようとしているのです。これが戦争という危機を呼び起こす、中国における社会的根源です。
最後に、沖縄問題についてお話しさせていただきたいと思います。

日本政府は沖縄県民の気持ちを無視し、県民の意向を聞こうともせず、沖縄に軍隊を駐留させようとしています。これは批判されるべきものです。当たり前のことです。しかし、わたしは日本やアメリカが率先して中国を挑発し、危機をつくりだそうとしているとは思いません。先ほど分析したように、現在の北東アジアの緊張の多くは中国、特に独裁者である習近平本人に責任があると考えています。中国が引き起こしたトラブルに対する日本の対応は、実は非常に鈍くて、数歩遅れていると思います。

さらに問題なのは、危機はすでに発生しているということです。いま北東アジア地域には二つの現実が併存しています。一つは国家レベルの地政学的な現実、つまり日、米、韓、台湾、フィリピンなどの同盟であり、優れた防衛力をもって台湾に侵攻する中国を抑止しようとしています。もう一つは民間レベルでの、現地住民をめぐる現実です。つまり台湾の人びとに対する中国の侵略の脅威と、沖縄の人びとが台湾海峡の紛争に巻き込まれる脅威です。台湾の人びとと沖縄の人びととは地政学的に異なる状況にあり、直面する脅威の性質も異なります。この点で、台湾人と沖縄人はいま、お互いに関連し合っているとはいえ、事実上別々の現実に直面させられています。「直面する」のではなく、「直面させられている」のです。非常に厄介な状況です。

わたしは一介の学者であり、政治家ではありません。国家レベルの地政学的現実、特に沖縄の人びとの状況を変える方法については、非常に無力だと感じています。いわゆる「台湾有事は日本有事」

というのは、日本の政治家の個人的な思いではなく、中国が台湾を攻撃する前に——かつて日本軍が真珠湾を奇襲攻撃するという作戦をとったように——沖縄の米軍基地を先制攻撃して無力化する、といったような戦争の起こり方として理解できます。仮にこのレベルの大事態が起これば、わたしみたいな人間にはどうすることもできません。

ウクライナ戦争が起こったために、「台湾有事は日本有事」ばかりか「世界有事」になってしまいました。台湾はもちろん「第二のウクライナ」ではありません。そうなってはなりません。ただし、地政学的な構造から見ると、非常に似たような位置に置かれていることは間違いありません。いまの台湾は第二のウクライナとして世界中から注目されて、関心を集めてきました。"Taiwan is the most dangerous place on earth"とイギリスの『エコノミスト』誌は書いています。[4] 台湾がこんなに極端な形で世界に復帰するなど思いもよりませんでしたが、「台湾問題の国際化」は間違いなく中国の冒険的な動きを多少であれ牽制するだろうと思います。When the whole world is watching the most dangerous place turns into the safest place——世界のみなさんが注目するなかでこそ、一番危険な場所は一番安全な場所に変身します。

わたしにはいくつかの個人的な原則を打ち立てることしかできません。

一つ目に、台湾の安全保障の問題については、中国が台湾人の自己決定権を尊重し、中華民族主義のイデオロギーにしたがって台湾を侵略することのないように望みます。本当に誠意をもって望みます。お願いします、習近平さん。しかしもし、中国がこれに「ノー」というのであれば、台湾人としてわたしの態度は、はっきりしています。自分の国は自分で守る。この「自分の国は自分で守る」「自己的国家自己救」」というのは、ひまわり運動の学生たちがつくりだしたスローガンです。

もちろん、政治的な同盟国による国際的な支援は必要です。事実、すでにたくさんの同盟国が台湾をいろんな形で応援してくれています。「有事」とはかならずしも戦争の形だけをとるものではないのです。みんなが動いて、いろんな形を考えて、創意のあるオリジナルな考えだとか、方策を考え出したりして、とにかく戦争を阻止することもまた「有事」です。でも一番重要なのは、やはり他人が救ってくれることを期待するのではなく、つまり「他力本願」ではなく、自国を守れるよう、より自らを強化する準備をすることです。ですので、自分たちの身の安全を守るために沖縄の人びとを戦争に巻き込もうという利己主義的な考えは毛頭ありません。わたしはここで明言できます。台湾人はそんなことは全然考えていません。自分の国は基本的に自分で守る、それがいまの台湾のコンセンサスです。

二つ目は沖縄について。日本政府は自衛隊を配置する際、まず地元の人びとに相談し、地元の人びとの意思を尊重すべきだと思います。中国やほかの国が台湾人の自決権を尊重することを期待するのと同じように、沖縄の人びとの自己決定権が尊重されることを望みます。わたしは、沖縄人の自己決定権を尊重すべきことを公に明言した、台湾では数少ない者の一人です。

最後に一言。誰も戦争なんか望んでいないと思います。しかしどうやって戦争を防ぐことができるかについて、異なる議論や意見があります。現地の人間はとにかく戦争に巻き込まれるのが嫌だと、素朴な平和への願望を叫んでいます。リアリストたち、特に国政を握っているリアリストたちは、実力によって抑止するしかないと思っています。わたしはどちらも一理ある、正当性があると考えています。

でも、一口に現地の人間といっても、それぞれにまったく異なる地政学的状況に置かれ、別々の現実に直面させられています。ある意味で分断されています。台湾人は中国に侵略される側であり、被害者です。もう一度いいます。台湾人は中国に侵略される側であり、被害者です。侵略される側の人間には、抵抗するしかない。降伏は論外です。それでも戦争は嫌ですが、かつての関東軍のようにいろいろな打算で戦争を起こそうとしている中国への説得は、もうありえないと思います。わたしは悲観的です。こんなジレンマに置かれた台湾人は、自分を強めることで敵を抑止することでしか、自己決定権、自由と自治、民主主義を守れないというリアリスト的な傾向が強いです。

でも沖縄の人びとには、日本国内で自分の自己決定権を主張しつづけることのほかに、まだやるべきことが一つあると、わたしは思います。それは、深い歴史的関係をもつ中国に「戦争をやめろ」と説得することです。わたしたちはもうだめですが、あなたたちにはできるかもしれません。でもけっして、玉城知事と習近平がいま使っている「チャイナカード」や「琉球カード」のような、危ういリアリスト的な作戦ではなく、沖縄の人びとの側から中国の人びとに交流を求めて彼らを説得する、いわば民間レベルのコミュニケーションが必要だと思います。

「社会の連帯をもって国家を制する」ということを、わたしはいいたいのです。被害者を責めるのは実にお門違いだと思います。大きく異なる状況に置かれている二つの地域の人間の連帯を築くのは、難しいと痛感します。難しいけれど、何とかしなくてはとも思います。とりあえず理解し合うことから始めましょう。台湾と沖縄は近くて遠い。これまでお互いに理解しなさすぎでした。そこからそれぞれ自分の国でがんばって、みんなのために最善の打開策を探しましょう。ありがとうございました。

藤井　呉叡人さん、ありがとうございました。

次に、琉球放送が今年一月に放送した「民意すら問えない石垣島」を流させていただきます。

ビデオ「民意すら問えない石垣島[5]」を上映

二次元バーコード
から動画を
ご覧いただけます

藤井　それでは、いまのビデオにも登場された宮良麻奈美さんにお話しいただきます。

宮良　はじめまして。石垣島から来ました、宮良麻奈美といいます。

いまのビデオを改めて見て、少し注釈させていただきたいところがあります。花谷史郎さんという議員の、「市長が住民投票を実施しないのは道義的にはありえない」という発言がフォーカスされていました。住民投票の実施を求める市の有権者の三分の一の署名を議会が無視することは、もちろん道義的にはありえないと考えています。ただ、わたしたちがいまやっている裁判で問うているのは道義の問題ではなくて、市長には実施の義務があって、石垣市の住民には投票の権利があるということです。道義とか、気持ちの問題ではないことをまず強調しておきたいです。

いまから前半で「石垣市住民投票を求める会」としてまずお話をして、後半は石垣島への自衛隊配備についてのわたしなりの見方をお話しさせていただきたいと思います。

わたしは、石垣市の自衛隊配備に関する住民投票を求めて活動する団体に二〇一八年から所属、というか、立ち上げたメンバーです。今年（二〇二三年）三月に防衛省は石垣島の中心部の平得大俣《ひらえおおまた》という地域に自衛隊駐屯地を開設しました。「住民投票を求める会」は、この平得大俣という地域への配備を問うために、住民投票を実施してほしいと市に対してずっと働きかけてきたグループです。

石垣市には、市の最高規範といわれる「自治基本条例」があって、この第二七条、第二八条には住民投票にかかわる条例が定められていました。そこには、「市長は市民が有権者の四分の一以上の署名を集めたら、住民投票を実施しなければならない」とあります。たとえば、日本の地方自治法では第七四条に住民投票について定められていて、これは有権者の五〇分の一の署名を集めて、なおかつ議会が可決したら、住民投票を実施できるというものです。つまり、二つのハードルがあります。まず署名を集めること、そして議会の可決。でも石垣市の条例は、「有権者の四分の一以上」というように、ハードルを高く設定しているのです。さらに、その場合には市長は住民投票を実施しなければならないと書いているので、だったら実施するのは義務だよね、とわたしたちは解釈しています。ですので、有権者の四分の一の署名を集めようという目標を立てて、二〇一八年当時の石垣市の一〇代後半から二〇代の比較的若いグループが中心となって、「地域のことは地域で決める。島で生きる。みんなで考える。大切なこと、だから住民投票」というスローガンのもと、約一か月の期間で、法定署名数を満たす一万四二六三筆の署名を集めることができました。石垣市長は当初、「自衛隊駐屯地建設は国の専管事項だから住民投票は馴染まない」といっていたんですけど、この年の一二月に住民投票の実施を直接請求しに出向いたときには、「実施の方向になるだろう」とお話しされていました。その後どんどん市民側と市長との議論が平行線になって、裁判闘争になる、という流れがあるのです。

市長は、「そもそも市議会が住民投票条例案を否決したので、住民投票を求める署名の効力は消失したと考えている」とおっしゃったので、わたしたちは二〇一九年九月に裁判を起こしました。住民投票を義務づけるための裁判です。住民投票の義務づけを求める行政訴訟は、実は日本で初めてだったそうです。ただし、裁判の第一審判決は、司法による判断の対象とならない、行政訴訟案件ではないとして、訴え自体を却下しました。これを受けて市長は、自分たちの主張の正当性が認められたと話されているのですけど、それは嘘です。司法は判断しないということで、「棄却」ではなく、「却下」したのです。問題は棚上げのままで、どっちが正しいか白黒つけられない、という内容でした。その後、控訴も上告もして最高裁まで争ったのですけれども、第一審の「却下」という判決を維持した形になりました。ですので、住民投票の実施義務については、司法による判断がなされなかったわけです。

行政訴訟案件ではないので実施義務を強制できないということであれば、もう一つ別の手段がある。それは「地位確認訴訟」というものです。これは、住民投票を強制はできないけれど、市民には投票する権利がある、またその地位にあって、署名の効力は消失・消滅してはいない、同時に市長には実施の義務があるということを確認するための訴訟です。

これはいま争っている最中でして、今年の五月に、同じような理由で訴えが却下されてしまいました。実は、こういった裁判闘争がされているあいだに、石垣市議会が「自治基本条例」を丸ごとなくしてしまおうとする動きがありました。市の最高規範を、です。明らかに住民投票を狙い撃ちしたものです。さすがにこれはやりすぎだろうということで、市議会の半分がそれを否定したので、「自治基本条例」自体は残ったんですけど、住民投票にかかわる第二七条、第二八条が丸ごと削除されてしまいました。裁判闘争中に。「市の最高規範」という文言も削除されてしまいました。その削除した手続きの仕方も強行的でした。

裁判所が原告の訴えを却下したのは、簡単にいえば、「なくなった条例については判断できない、だって、もうないんだから」という理由でした。市議会と行政側が一方的に条例をなくしてしまって、あとから「ないんだから判断できない」などということが成立するとしたら、行政はやりたい放題です。わたしたちもさすがにちょっと無理がある判決なのではないかと思っており、現在控訴していきます。次の期日はまだ決まってないのですけれども、裁判についてはおおよそこういった流れがありました。

なぜ石垣市民がそこまでして住民投票を求めたのか。これは「安全保障」が先に来た話ではなかったのです。そもそもの始まりは、基地の建設地が沖縄県の一番高い於茂登岳《おもとだけ》という山の麓とされたことでした。この場所は石垣の貴重な水源地エリアで、一番大事な水元といわれている地域であり、信仰の対象となる霊山でもあるのです。そんな聖地をなんでわざわざ防衛省は選んだのか、その選定のプロセスも不透明ですし、現職の市議会議員（友寄永三氏）の利権が絡んでいる土地でもありますし、本当にこれでよかったのかという疑問があって、それで住民投票の会を立ち上げたのです。これは「台湾有事」というワードが世間に出てくる前の話です。なので、中国の脅威云々という話ではなかったのです。

工事に着手する際に防衛省に水質汚染の可能性を問いただして（沖縄県では米軍だけではなくて自

衛隊による水質汚染の問題も報道されています)、せめてここに建設するならば環境アセスメントはやってほしいと、環境にどういう影響があるのかの調査を防衛省と石垣市がおこなうことを市民団体が求めたのです。それも、防衛省はアセスメントを実施しないどころか、環境アセスメントを義務づける沖縄県環境評価条例の適用開始前の期限ぎりぎり、経過措置的に適用が免除される時期に駆け込むような形で、駐屯地建設の一部の造成工事に先行着手しました。だからもうアセスメントはやらなくていいでしょう、というわけです。市民側は、防衛省はアセスメントをやらないので石垣市がやってください、石垣の「自然環境保全条例[6]」では於茂登岳一帯を保護地区に指定しているのですからやってくださいと求めましたが、石垣市はこれもあたらないとして、結局環境調査をしませんでしたし、何かあったときの補償の話もありませんでした。

こんななし崩しの配備が進められていいのかという疑問や生活の不安から、住民投票をやろうという動きになってできたのが、「住民投票を求める会」です。いまもその裁判は続いているのですけど、石垣の住民投票問題についてはほとんど報道されません。実は、石垣市の住民投票は、辺野古の米軍基地建設のための埋め立ての賛否を問う県民投票との同時実施を見込んで署名を集めました。同じ基地問題にかかわる住民投票であり、別々に実施するよりも予算を節約できるから、県民投票と一緒にやろう、という考えでした。ですが、これはいいにくいのですけど、やはり沖縄県の米軍問題が、県政の課題として、または全国的な報道としても優先されつづけていました。政治の世界で自衛隊のことが問題になっても、いまは米軍問題を突破するのが先だからということで、ずっと後回しにされてきたのです。その結果がいまの状況です。これは沖縄県が悪いというより、いろんな基地問題が沖縄にありすぎてもう処理をしきれない、本土で問題になったような案件でも沖縄では問題として取り上げられない、ということが起きているようにわたしは思います。県民投票では七割が反対という民意が示されたにもかかわらず政府は辺野古の埋め立てを強行しましたし、石垣市においてはその意思確認のための民主的手続きすら実施されていない——これが沖縄の現状です。

以上では、「住民投票を求める会」の目線からお話をさせていただきました。ここからは、自衛隊配備自体についてのわたしの個人的なお話をしたいと思います。

いま話題になっている「台湾有事」なるものが起きた場合、これが軍事衝突だった場合、日本においては、沖縄の在日米軍基地と自衛隊基地が軍事行動の拠点になるとわたしは聞かされています。ここ数年、沖縄においては米軍だけではなくて自衛隊の「南西シフト」も大きな問題になっているのですけれども、それまで基地がなかった小さい島々にも、攻撃能力を有する軍事施設が新たにつくられつづけています。それらの島々にはミサイル部隊が配備される予定で、中国に対する抑止力の作用が備わることも、一連の陸自配備計画には期待されています。

つい先日におこなわれた台湾での世論調査の結果を、わたしは新聞で知りました。さっき呉叡人さんがいわれたこととは少しずれるかもしれないんですけど、台湾世論では約半数が「武力衝突が中国とのあいだに起きた場合、米軍よりも自衛隊の参戦を期待している」という結果が出ています。台湾の方から聞いた話ですけれども、先島の島々にも自衛隊施設があること、ミサイル部隊があることに頼もしさを感じるという方もいらっしゃいました。

昨年末から大きく報道されたように、防衛予算を向こう五年間で四〇兆円まで引き上げるということが、日本では決まりました。他国への攻撃能力の保有や自衛隊の活動範囲および権限の拡大を目的とした「安保三文書」の改定が、その背景にはありました。ただ、わたしは長いこと石垣島の配備計画を見てきて、この新たな防衛体制の構築が何のためにおこなわれているのか、一貫性を感じられないんです。

というのも、先ほど紹介しましたように、配備計画が浮上した二〇一五年当初、それが「台湾有事」にかかわる配備だということは一切聞いていませんでした。話題にもなっていませんでした。防衛省はこの計画を「中国の海洋進出を食い止めるため、切れ目ない防衛体制を構築し、防衛の空白地帯を埋めるため」と石垣の住民に説明してきました。国民にもそう説明していたと思います。また世論は世論で、「日本の領土である尖閣諸島を守るために自衛隊は必要だ」という風潮が、主要メディアの報道の影響もあって、広く根づいていると思います。だからわたしが住民投票の活動をしていると、「中国に侵略されてもいいのか、尖閣がとられるぞ」といわれることも少なくないです。

尖閣をめぐる問題は、中国だけではなく、台湾もその当事者だと思うのですけど、日本においてはとにかく中国に対抗しなきゃいけないという漠然とした感覚で自衛隊の増強が——それが実際に機能するものなのかはさておいて、漠然とした増強が後押しされているとわたしは感じています。沖縄への新たな基地配備ありき、軍事機能の強化ありきで進められてきた配備なのではないかと感じます。つい最近になって、今度は「台湾有事」、台湾を守るためだという話になってきていて、本当は何のためなのかと疑っています。つまり、配備の必要性を強調したいから南西諸島一帯での緊張を過剰に演出して高めたいのかな、そう思わざるをえないような、日本の政治家のパフォーマンスやネットメディアのパフォーマンスがあったりします。

先ほど呉叡人さんは、日本が有事を煽っているように思えない、中国を刺激している責任が日本にあるとは思ってないとおっしゃっていたのですけど、そこはちょっと意見が違うところです。たとえば「八重山の漁民を守れ、尖閣近辺で漁ができなくて、追い回されて困っている」と考えている日本の人も多いと思いますが、実は八重山の漁民からは「片道六時間六万円かけて、波も荒い尖閣で漁業をしに行こうなんて、中国の脅威がなくてもいまはしないよ、それが正直な本音だ」と聞いています。これは八重山ではけっこう知られたことなんですけど、それでも「八重山の漁民を守るために」という理由で、わざわざ政治家だとかネットメディアの人が「わが国の領土だ」といいに現地まで行って緊張を煽ることが常態化していて、八重山の人たちのあいだには「また行くの、尖閣?」みたいな雰囲気もあります。

まとめに入らせていただきます。先ほど呉叡人さんがおっしゃったように、台湾が大きな戦争に巻き込まれたいわけではないのは、もちろんそのとおりだと思います。わたしもそこに疑いは全然もっていません。ただ、たとえば今回の配備計画の強行の仕方とか、そういう日本の軍備強化のあり方というものに、わたしは疑問をもっています。台湾がたとえ沖縄を巻き込みたくなくとも、それをコントロールできる立場には、台湾も沖縄もないと思っています。

もちろん、中国との対話、沖縄からの対話、沖縄から台湾との対話というのは本当に必要なもので、いま民間レベルでも活発におこなわれています。わたしも何回か「沖縄対話プロジェクト」[7]というシンポジウムでお話しさせてもらったこともあるのですけれども、沖縄にも台湾にも状況をコントロールできないことが、とても怖いんです。対話と交流によって他国との平和的な関係をつくるために、沖縄県ではつい最近「地域外交室」というものが設置されて〔二〇二四年に平和・地域外交推進課に改組〕、日本政府がやってくれないなら自分たちでその道をつくっていこうという動きがあります。それは、沖縄が中国の肩をもつという話ではなくて、「有事」になったら巻き込まれる沖縄の切実な立場として中国との交流・対話をする必要がある、ということです。やるしかないからやっていますけど、でも結局沖縄だけが説得するなんて、正直とても大変なことだと思っています。

とりあえずわたしからの発言は以上とさせていただきます。ありがとうございました。

藤井　宮良さん、ありがとうございました。それでは続きまして、台湾からの留学生である張彩薇さんにご発言いただきます。

張　こんにちは。京都大学教育学研究科博士課程の張彩薇です。

今日のテーマについてどこから話せばいいか、いまも迷っています。そして、沖縄のことについて、自分の勉強不足をすごく後悔しています。正直知らないことばかりで、分かったつもりで話すことはできません。わたしが話せるのは、いまの台湾を取り巻く状況について自分が感じていることです。だけど、自分のなかでも非常に揺れがあって、考えていることが一面的に理解されても困るので、すごく喋りにくい状態です。でも、喋ります。

中国は台湾の「仮想敵」ではありません。わたしは敵という言葉はあまり好きではないし、使っていいかも分かりません。台湾の場合、ただ中国を「仮想敵」と設定して軍事計画をしているのではありません。そうではなく、実際に中国からミサイルを向けられたり、サイバー攻撃を受けたりして、いつでも軍事攻撃の用意はできているということを日々思い知らされながら生活しているのは、台湾人にとっては本当のことなのだと、まずみなさんに分かってほしいです。

しかし同時に、台湾の同盟者のようにふるまうアメリカや日本がまさに構造の加担者であることにも戸惑っています。心のどこかで、アメリカ・日本と中国が対話や決裂を演出し、その結果への対策を口実に、境界となる地域を基地で埋めつくし、ミサイルや軍艦で一種の柵を築いたうえで、台湾と沖縄の住民をその柵のなかで分断しながら、あたかも放牧するように飼っているのではないか、という気持ち悪さがあります。いったいこの人たちは、あなたたちは、何をしたいのかと聞きたいです。

わたしはこの場で、沖縄と台湾のあいだでそれぞれを取り巻く状況に対する理解を深めるのは大賛成です。しかし同時に、現在沖縄と台湾にのしかかっている問題は、文字どおり「台湾と沖縄」の問題なのではなく、この両者のあいだで解決できる問題ではなおさらないことを、改めて確認しなければならないと思っています。この問題はどこまでもアメリカの、日本の、中国の、そしてパワーゲームのなかでゲームをしている人たちの問題です。本当は、問題の当事者であるみなさんがここに座って議論すべきです。それにもかかわらず、逆に石垣や台湾の人によるパネルディスカッションが鑑賞されているということの逆転は、奇妙な光景です。

先ほど流された琉球放送の動画のなかで、宮良さんは「中国が軍事演習をして怖いということは報道される。しかし、たしかに怖いけど自衛隊の駐屯地ができることへの住民の怖さは全然報道されない。「基地は必要」「ミサイル攻撃能力が必要」とどうしてもなっていく。それもまた怖い」、そのように話されていました。

状況は少し異なるのですけれども、台湾人のわたしも同じように感じています。中国の侵略は怖いですが、同時に日常に忍び込む軍事主義も怖いです。先ほど呉先生が、「有事」とは、戦争だけではなく、さまざまな知恵をしぼってどう戦争を回避するのかということだとおっしゃっていました。わたしはそれに強く同意します。しかし、本来ならさまざまな知恵をしぼり出さなければならないはずなのに、現状ではその解決策が軍事に傾斜していることからも、目を背けてはならないと思っています。いま、台湾では「防御壁」という言葉を持ち出すことで、かつて「白色テロ」と呼ばれる国家暴力の担い手であった国家安全局や調査局、国軍などの責任が十分に問われないままに、いまも昔もわれわれを守る存在なのだというイメージをふりまくことで、過去が、そして国家の暴力性が漂白されています。つまり、ある暴力から自分たちを守るための「防御壁」によって台湾の軍事化が進み、しだいに軍と社会が地続きになって、気づきにくい形で、軍事主義がわたしたちの日常を蝕みつつあるのです。

実際、昨年、ロシアによるウクライナ侵略が始まったすぐあとに台湾に帰りました。テレビでは戦地とされたウクライナの状況だけではなく、戦闘機やドローン、戦車の型番や、その威力にかんする解説がたくさん報道されていました。ふだん争いごとが嫌いなわたしの知人が、すごく怒った表情で、テレビに向かって「モスクワにミサイルでも落とせ！」と叫んでいました。さらに、まだ少数だと思いますが、台湾社会のなかで「米軍基地の台湾移転大歓迎」「台湾の核武装を認めろ」といい出した知人もいます。このような発言は、沖縄がこれまで強いられてきた軍事基地の圧迫に対する台湾人の無知と無理解をあらわしています。

わたしが伝えたいのは、「ほら、台湾の人はこんなにも好戦的！」ということではありません。むしろ、いつ侵略されるか分からない、望まない戦争が鼻の先にあるというこの状況が、こんなにも人びとの生活感覚を非常事態化させてしまうことへの恐れと戸惑いです。

呉先生は「帝国の狭間の中の台湾民主」のなかで、このように書かれています。「台湾はアジアで最も自由で民主的な国であるにもかかわらず、恥知らずの親中派や左翼を自称する偽善者たちは、被害者を指差して「反戦平和」と叫ぶことで、まさにエドワード・サイードのいう「被害者への責任転嫁」をおこなっています」。

本来なら、「反戦平和」は誰もが掲げる必要のある目標です。しかし台湾は独立を唱えるどころか、中国からの自立を求めるだけで、「戦争になるぞ」と脅されています。ゆえに「反戦平和」は、自立を求める人を沈黙させるための言葉として利用されることがあります。平和的な自己決定を許してくれないのは誰で、実際に引き金を引くのは誰なのかを確かめなければなりません。それにもかかわらず、「反戦平和」をめぐる解釈のヘゲモニーが台湾の自立を封じたい人びとに握られてしまったことで、いろんな文脈における「反戦平和」の声が埋没してしまいました。

さらに、台湾の自立・独立のあり方や保ち方についての想像力も、本来なら多様であるのに、生活感覚の非常事態化が進めば進むほど、一人ひとりが発した言葉の意味と文脈が余儀なく各陣営に振り分けられてしまいます。また、非常事態なのだから団結しなくてはならないという強迫観念のもとで、お互いの違いを見せてはならないという自己検閲が働いてしまいます。

現在の台湾にはこのように「反戦平和」を語りにくい事情がありますが、わたしはこのような状況が同時に民主主義を殺してしまうのではないかと不安です。それはそれで、中国の落とし穴にはまってしまうのではないかと不安です。だからこそ、「反戦平和」を掲げたいのです。

最後に、このような軍事化によって沖縄と台湾がむりやり異なる陣営に引き裂かれている状況下では、「敵の味方は敵、敵の敵は味方」という極めてシンプルで、しかし強力な原理のもとで、お互いがお互いのことを短絡的に決めつけてしまいがちです。なので、今日はこうやって実際に宮良さんのお話を聞けて、本当によかったです。そして台湾にも、「しかたない、これが現実だ」という一言で理不尽な現実を追認したくない人、あるいは「お互いがんばろう」といって自分の問題に引きこもるだけではない人がいることを、知ってもらいたいです。

藤井　張彩薇さん、ありがとうございました。続きまして、ノンフィクション作家として、関東大震災における朝鮮人虐殺問題にかかわる歴史などを問う作品を発表されてこられた、加藤直樹さんにご発言いただきます。

加藤　呉叡人さんの『台湾、あるいは孤立無援の島の思想』に大きな影響を受けた者です。台湾論として、東アジア論として、その行間に流れる思想的緊張感に、厳しい運命を背負わされた台湾の知識人の危機意識を受け取りました。現代日本の知識人の文章には絶対にないものです。

わたしはまた、中国や韓国の現代史と並んで、台湾ナショナリズムと民主化の歴史に関心をもってきました。若いころ、九〇年代初めに観光で訪れた台湾で民主化デモや集会を目の当たりにして以来、台湾についての本を読み漁りました。当時は野百合学生運動の映像の上映会もやりました。

わたしはこの間、東アジアが「中国vs日本・アメリカ」という二元的な新冷戦構図に閉じていく状況にどう対抗できるかということを考えてきました。特に、運動や知識人の「思想」そのものが新冷戦化していく可能性に危機感を覚えています。この間のウクライナ戦争は、それを一気に推し進めた感があります。

このシンポジウムの準備の過程で、登壇予定者でコメントを交換し、またオンライン会議でみなさんと顔を合わせました。そのときに宮良さんが戸惑いを感じているのがうかがえました。「台湾有事」の危機感を強調することで、だから南西諸島が基地を引き受けるべきだという話にもっていかれるのではないかと戸惑っている、そういう話には乗りたくないという気持ちだろうと、わたしは理解しました。つまり、沖縄の人からは「大変な「有事」であるから我慢しろといわれても、われわれは困る」というメッセージを、そして台湾の人たちからは「われわれの危機をみなさんの平和のために我慢してくれ、黙って静かにしてくれといわれても困るのだ」というメッセージを受け取った気がしました。そして呉叡人さんのコメントからは、沖縄の基地問題とは日本人の、日本の問題ではないか、沖縄に基地を押し付けたのは日本であって台湾ではないというメッセージを受け取りました。

台湾の問題、つまり台湾が中国の圧迫を受けている問題については、台湾の人びとにとって切迫した敵として差し迫っているのは中国ですけれども、この東アジアの国際環境をつくりだしているのは、中国だけではなくて、そこに日本とアメリカを加えた、これら三つの大国です。そういう意味でも、日本人として、日本政府に対してどうさせるのか、この国際環境に対して、日本という大国の人間としてどのように向き合うのかということが問われている。そのように考えていたら、先ほど張彩薇さんから「問題の当事者であるみなさんがここに座って議論すべきです」という厳しいコメントをいただいて、まったくそのとおりだと感じました。

「台湾有事」をめぐって、沖縄の人や台湾の人と一緒に話せたらいいという今回の企画の根底にあったのは、やはり東アジアの危機の問題を考えるときに、東アジア新冷戦という事態のしわ寄せを背負っているのは東京や京都の人間ではなくて、沖縄や台湾の人びとだということでした。これからもそうだと思います。戦争が起きれば、攻撃されるのは基地がある沖縄であり、台湾である。そう考えると、日米対中国の軍事緊張のしわ寄せは、南北朝鮮や沖縄、台湾といった「帝国の狭間」の人びとに押し付けられているともいえます。

わたしがいう「帝国の狭間」とは、第一義的には朝鮮半島―沖縄―台湾という「地域」のことです。香港を加えることもできるかもしれません。これらの地域は、日本、アメリカ、そして近年は中国という「帝国」の暴力によって、その内部に亀裂と痛みを抱えた地域です。韓国や台湾では、そこから民主主義や多文化主義が育ちました。沖縄では日本の植民地支配への拒否が生きられています。わたしは、この「帝国の狭間」で育つ「進歩」こそが東アジアのこの百年の「進歩」だと考えます。どうせ二元論になるのなら、「アメリカ・日本か、中国か」ではなく、「諸帝国か、その狭間か」の二元論で考えたい。

しかし東アジアは再び、三つの大国がつくる緊張と対峙の秩序に再編されようとしています。それは、沖縄にさらなる軍事的圧迫と危険を押し付け、南北朝鮮の和解の可能性を遠ざけ、今回いただいた呉さんの講演記録〔改稿の上、本書第Ⅰ部に収録〕からうかがえるように、台湾の民主主義に大きな試練を与えつつあります。

台湾の人びとにとって、いま差し迫った脅威として現れているのは膨張する中国の権力です。軍事的威嚇はもちろん、呉さんが指摘されている台湾の言論空間を蝕む中国の「認知戦」も、ひまわり運動に先行する運動のなかで、中国資本によるメディア支配の問題として提起されていること*を知っています。台湾の人びとに切迫した認識を迫る呉さんの主張を否定する材料を、わたしはもっていません。

しかし同時に、アメリカや日本の国家が台湾の人びとの運命に共感しているわけではなく、彼らがその帝国戦略のなかで台湾を「要塞島」として利用しようとする意図をもっているのも事実で、そうした方向に進むことが、沖縄のこれまで以上の基地負担やリスクの増大、沖縄アイデンティティへの圧迫につながる可能性が大きいことも明らかです。このままでは、「帝国の狭間」は等しく――冷戦時代がそうであったように――東京・北京・ワシントンによって軍事主義の抑圧を集中的に背負わされることになるのではないか、とも思うのです。

事態は非常に複雑だと思います。「中国か、アメリカ・日本か」という二元論に対抗するには、「どっちも悪い」では不十分です。それぞれの「悪さ」は同質でもないし、対称の関係でもない。それぞれに非対称の「悪さ」がある。そういったなかで軍事緊張が起きている。そのことを、分かりやすい話に決着させないで、そして現実の厳しさを見ながら、理念的な方向を目指して考えることができればと思っています。そんなことを思いながら、昨年の元旦に友人たちと一緒につくった声明文「日本の戦争に「帝国の狭間」の民衆を巻き込むな」(8)を今日の配布資料に載せていただきました。

先ほど呉叡人さんは、台湾が置かれている切迫した状況の話をしていたと思います。それを「いや、それは考えすぎだよ、中国と仲良くすれば戦争は起きないよ。侵攻されることもないよ」と、日本人が気楽なところからいうことはできないと思います。もし侵攻が起きたとしても、われわれは「すみません、間違っていました」で済みますが、当事者はそうではない。そういった状況のなかで、呉さんにしても、張さんにしても、宮良さんにしても、考えている。そのリアリティを受けとめながら、わたしたちも考えなくてはいけないと思います。

呉さんの言葉でわたしが非常に好きなのが、『台湾、あるいは孤立無援の島の思想』のなかに出てくる、「ニーチェ的カント主義」という言葉です。すごく面白い言葉だと思います。シビアで悲観的な現実認識と、普遍的な理想主義を、それぞれ両手に握って現実のなかを進むというものだと思います。わたしもそうでありたい。

東アジアの「進歩」は、帝国がつくった歴史の傷を修復しようとする営みのなかで実現してきたのだと考えます。しかしそれは、「本来のあるべき姿」そのままに回復することではない。だからさまざまな「進歩」を生み出す。そうした「狭間」の進歩が、多元的な秩序形成を経て、いつか帝国をも変えていくような方向を考えるべきなのではないかと、現時点では思っています。

藤井　加藤さん、ありがとうございました。

パネルディスカッションに先立って、何人かの方にご発言をいただきます。まず、「沖縄対話プロ

＊中国政府と深い関係にあるとされる食品大手の旺旺グループが二〇〇八年、台湾四大紙の一つである『中国時報』を発行する中国時報グループを買収し、その後もケーブルテレビ局を傘下に収めるなど拡大を続けたことに対し、反メディア独占の観点から反対運動が起こった。

ジェクト」の共同代表である前泊博盛さん、よろしくお願いします。

前泊　みなさん、沖縄からの発言の許可をいただいてありがとうございます。タイトルにも「台湾と沖縄」という言葉が入っているので沖縄のほうからも少し発言をということで、時間をいただきました。端的にいうと、沖縄からは「当事者としての非戦論」を訴えています。本土のみなさんの、沖縄で戦争が起こるかも、というような見方は「傍観者的な好戦論」である。沖縄からはそのように見えています。

台湾のみなさんも非常にストレートに語る方が増えて、われわれ沖縄側でも台湾や中国の当事者たちとの直接対話を展開する「沖縄対話プロジェクト」とか、沖縄を戦場にさせないために国連アジア機関の沖縄誘致やアジア地域の経済交流の促進などを進める「ハブ・プロジェクト」とか、あるいは「ノーモア沖縄戦」という沖縄を二度と戦場にしないための取り組みを強化しています。

昨日（七月七日）、玉城デニー沖縄県知事が中国から帰ってきました。先ほど石垣からの報告でも言及がありましたけれども、自治を放棄する首長がいる一方で、自治と自助を強調するために自主外交、あるいは自治体外交に力を入れている知事もいるわけです。沖縄でもやはり一つの流れではなく、たくさんの流れが出ていることに注目してほしいと思います。傍観者的な好戦論の流れのなかで「日本は核武装も辞さず」ということでいきたいのか、あるいは自分たちは戦争には巻き込まれないという根拠不明な確信はどこから来ているのかとか、そういったあたりも含めてしっかりと議論を深めていってほしいと思っています。

核の話については、台湾の何人かの軍事の専門家たちから、「核開発については九八パーセントまでいったところで、アメリカからやめさせられたんだ」という話を聞きました。[*] 沖縄が復帰する前には沖縄には一三〇〇発の核ミサイルが配備されていて、一九五八年の第二次台湾海峡危機の際にはこの沖縄からアメリカが中国に核威嚇をおこなって、ソ連が報復として核攻撃をする、アメリカは「その場合にはやむをえない、その場合にわれわれは台湾と沖縄を失うことになる」、つまり台湾と沖縄は消えると考えていました。そのことを暴露したアメリカ核戦略家のダニエル・エルズバーグ氏が先月、六月一六日に亡くなられました。われわれ沖縄県民や日本が犠牲になってもやむをえないという「アメリカの論理」がまかり通っていたことが、歴史のなかで明らかになっています。

われわれがほしいのは国家や「国体」を守る軍隊ではなく、国民を守る、安全保障戦略をもつ国であってほしいと思います。今日、呉叡人先生からとてもストレートなお話を聞かせていただいて大変勉強になりました。これを踏まえたうえで沖縄でもさらに議論を深めていきたいと思います。

藤井　前泊さん、ありがとうございました。次に、本日の企画の協力団体でもある京大台湾留学生会から、王薫鋌さんにご発言いただきます。

王　みなさん、こんにちは。京都大学台湾留学生会の副会長を務めている王薫鋌《ワンシュンティン》と申します。留学生会のみんなも、今日はたくさん参加しています。

今日は京大台湾留学生会のことではなく、自分の経験として、台湾の若者が対外関係に対してどう

＊一九六四年に中国が最初の核実験を実施したことを受けて、中華民国政府（国民党政権）が核兵器計画に着手、一九七〇年代に軍事研究所である中山科学研究院を中心として核兵器開発を進めたが、アメリカ政府の圧力により中断させられた。

考えているかについてお話ししたいと思います。

二〇一四年はわたしにとって特別な年です。先ほどビデオが上映されたひまわり運動について、呉叡人さんも話されましたが、わたしもひまわり運動の当事者です。何万人いたかは覚えていませんが、たくさんの人が集まって、みんなと一緒に旗を立てて、「貿易協定を撤回せよ」と叫ぶ光景は、いまでもはっきり覚えています。

二〇一四年は第三勢力が現れた年でもありました。いまの台湾における第三の政党・台湾民衆党の主席である柯文哲さんが台北市長選挙で勝って、初めて無所属の台北市長となりました。当時わたしはまだ一三歳、中学一年生のころですけど、学校ではみんなが政治の話をしたり、ネットでも政治家ネタの動画が流れたりしていました。あのころ、一三歳のわたしは初めて「民主主義」というものを感じました。学生運動の現場にいると、本当に自分はこの国を変えられると感じていました。台湾の未来を考えて、自分はその未来を変えられると信じて、どうすればこの土地がよくなるのかを考えるのは、とても幸せなことでした。それは「愛国心」といえるものでしょう。

しかし、ひまわり運動後の一〇年間、わたしは学生運動に参加したことはなく、政治への関心も薄くなっていて、あのときの感情は一度も現れたことがありません。短い幸せは一番気づきにくいというのは、こんなことをいっているのかもしれません。民主をめぐる闘いから離れれば離れるほど、民主の重さを感じられなくなっています。

いまの台湾の若者は「天然独（生まれながらの独立派）」と呼ばれています。「天然独」世代は生まれたときから中国と隔絶され、台湾で育てられ、台湾の教育を受けてきました。ですので、自分を台湾人と認めて、台湾は独立した国家だと自然に考えます。しかし自由な社会で育てられたわたしたちは、民主の尊さや戦争への危機感を失った世代だともいわれています。一九八〇年以降に生まれた人に聞いたならば、独立よりも「現状維持」を選択すると答える人が多いでしょう。なぜかというと、戦争さえなければ、と感じるからです。現状を維持して中国に挑発的な行為をしなければ戦争にはならないと、本気で信じる人はいまでも多くいます。十数年間、台湾の自由と民主のために闘った先輩たちがいまのわたしたちを見たならば、どんな感情を覚えることでしょうか。

最後にいいたいのは、民主は当然のことではなくて、努力して勝ち取るものだということです。自己決定権を守りたい台湾ですけれども、中国がいつ攻めてくるかを台湾人が決定することはできません。自由の時代に暮らしているわたしたちは、先輩たちによる成果に恵まれているだけだともいえます。もしも本当に当たり前の民主と自由を奪われたとき、「天然独」世代はそれを取り戻すために闘うのか、わたしには分かりません。でも、自分は闘いたいです。そしてその日が来ないように祈っています。ありがとうございました。

藤井　王さん、ありがとうございました。続きまして、本日の協力団体である「自由と平和のための京大有志の会」の藤原辰史さん、よろしくお願いします。

藤原　ご紹介いただきました藤原辰史です。二〇一五年の安保法制をめぐる闘いのとき以来、日本の社会だけではなくて、わたしたちの精神や学問全体が軍事化していくことに、ここにおられる駒込さんと一緒に、いろいろな形で抵抗の運動をしてきました。また、呉叡人さんとのつながりといえば、ご著書『台湾、あるいは孤立無援の島の思想』を、『朝日新聞』で書評させていただきました。書評が掲載されたあと、僕のところにたくさんの方から「やっぱり面白かった」と本を読んだ感想をいただきました。それで少しだけ台湾の問題に貢献できたのかもしれません。あと駒込武さんからいつも無茶ぶりを受けているということでは、「駒込武被害者の会」のメンバーとして呉叡人さんとタッグが組めるのかもしれないと思っておりました（笑）。

わたしは、ドイツや日本の「食」や、あるいは環境の歴史を研究していますので、この本を読んだときに最も印象に残ったのは「黒潮論」という章でした。黒潮の流れは、北から南ではなくて南から北へと流れていく。その流れの恵みのなかに沖縄の南西諸島から、そして日本列島までが包み込まれている、そういう恵みのなかで生きていることを改めて感じさせられました。とともに、わたしの故郷である出雲は、定期的に南からウミヘビが流れてくる場所であることを思い起こしました。そのウミヘビは台湾や沖縄の海域から流れてくるものです。これは神様のお召しになったものだとして、きっと何かをわたしたちにもたらしてくれるに違いないということで大事に祀っていると聞いています。ウミヘビは水の神様です。水は、宮良さんのお話のなかのすごく大事なテーマでもありました。石垣島の水源地が開発されてしまうので、そこでいままで恵みとしていただいていた水を、石垣島の住民のみなさんが飲めなくなってしまう。そうして、わたしたちの政治や社会や、あるいは精神ばかりではなくて、本当に生きている場所そのものが脅威にさらされている。そういう場所で育まれていく思想とは何かということを、今日改めて考えております。

先ほどの張彩薇さんと、それから加藤直樹さんのご指摘を聞いて僕もそうだと思わざるをえないのですが、今日黒潮の流れのなかでどういうふうな考えを抱いていくかというときに、この「本土」にいるわれわれが、いったい何をつきつけられているのか。いわゆる「平和憲法」と呼ばれるものをもっていて、しかしながら常に戦争責任のみならず、植民地責任をまともに受け取らずに加害の現実から逃げ回ってきた精神風土のなかで、まさに学問的・知的にいろいろなことを学んで、発言をしてきたわたしたちが、やはり圧倒的に失望にさらされている。そのなかでどんな言葉を紡げるのかを、ずっと考えておりました。

もちろんいまここでその言葉が出てくるわけではないんですけれども、わたしの研究のなかで、今日の呉叡人さんのお話とつながったところを一つだけ申し上げたいと思います。

一九三八年に、ナチスがチェコスロヴァキアのズデーテン地方の併合を要求したときのことです。ズデーテン地方はチェコスロヴァキアのなかでもドイツ人が多く住んでいる地域で、その地域を、アードルフ・ヒトラーがマイノリティであるドイツ人を救済するという理由でドイツ軍に動員をかけて、いつでも戦争を起こして奪うぞと国際社会を脅迫した事件でした。このときにイギリス、フランス、イタリアが「ちょっと待て」という形でヒトラーにブレーキをかけようとするのです。ヒトラーはそのとき十分な軍事力をもっていなかったわけですけれども、ミュンヘン会談で超大国はヒトラーとの戦争を止める代わりに、ズデーテンをドイツに譲りました。ズデーテン地方という小さな地域をチェコスロヴァキアからドイツに分け与えることによってわたしたちの平和が守られるのであればしょうがないのではないかと、とりあえず手を打ち、一応交渉は終わったわけです。ヒトラーが「これがわたしの最後の領土要求である」と述べたことも、大国がヒトラーに譲歩し、人びとが安堵した理由の一つでした。結局、それは嘘だったのですが。

この出来事をどう評価すべきか。いまだに政治学者も、歴史学者も、確固たる結論をもっていません。当時フランスの首相だったエドゥアルド・ダラディエが「チェコスロヴァキアの主権を犠牲にしてしまった以上、フランスに帰ったらみんなから袋だたきにあうのではないか」と思って帰ったら「よくぞフランスの平和を守ってくれた」ということで喝采を受け、そのときに国民に失望した、という話があります。イギリスでも首相のネヴィル・チェンバレンは歓迎されました。このような歴史から、もっとヒトラーに対して武力で圧力をかけて、彼の要求を突っぱねるべきだったという歴史家もいます。あるいは、あの妥協はあの時点では必然的だったという見解もあります。わたしは、あの時代のことを学ぼうとするときに一番足りていないと思うのは、呉叡人さんの言葉を借りるならば、「ウォッチ」です。つまり、ほかの国々がどれぐらいの関心を、そのズデーテンという地域に向けていたのか、ということにほかなりません。イギリスでもフランスでも、戦争に巻き込まれるという危機感に比して、ズデーテンやチェコスロヴァキアがどういう場所で、どんな人がどんなふうに暮らしているのかに対する関心が圧倒的に欠けていた。欠けている力が、むしろヒトラーの力を強めてしまった。やはり無関心というのは大きかったんだと、いまのわたしには思えてなりません。

わたしたちが考えるべきは、先ほどお話のありました「傍観者的な非戦論」でも、「平和憲法を守れ」というクリシェでもありません。本当に生きている場所から、今日お話しいただいた台湾や石垣という場所から、もう一回一から組み立て直していく強い言葉が必要ではないか。そう思って問題を持ち帰って、わたしも勉強していきたいと思っております。

藤井　藤原さん、ありがとうございました。続きまして『週刊金曜日』の元編集者で、自主講座「認識台湾 Renshi Taiwan」実行委員の植松青児さんにご発言いただきます。植松さんも、加藤直樹さんとともに声明文「日本の戦争に「帝国の狭間」の民衆を巻き込むな」を発表されました。植松さん、どうぞよろしくお願いします。

植松 植松青児と申します。東京から参りました。現在は清掃のバイトに従事しております。

呉さんはご著書のなかで、「賤民（パーリア）」という言葉を使って、窮境に追い込まれた者たちが美徳を育んできた歴史を語っておられます。わたしは、同じことを「傷を負った者たち」という言葉で表現したいと思いました。傷を負った者たちの民主主義、傷を負った者たちがつくりあげる豊かな世界。加藤直樹さんの「東アジアの進歩は、帝国がつくった歴史の傷を修復しようという営みのなかで、実現されてきたのだと思います」という発言にも強く共感します。

さて、日本の平和運動の片隅にいる者として、思うことを述べます。

台湾と沖縄がともに平和であること。台湾と沖縄がともに平和であるような東アジア、そのなかでそれぞれの自己決定権が保障されること。それを日本の平和運動の目標とすること。日本の平和運動がそれを第一の課題として引き受けること、第一のスローガンとして掲げること。憲法九条を最高のスローガンに置く平和運動ではなく、台湾と沖縄の未来を最高のスローガンに置くこと……これらは、日本の平和運動に可能でしょうか？

けっして不可能ではないでしょう。しかし楽観的に考えられる状況でもありません。

今後、「戦争ではなく外交」という一見正しいスローガンのもとで、日本と中国、二つの大国がいわば共犯関係を結んで何らかの合意をおこない、その結果、台湾や沖縄が見捨てられる可能性は否定できません。しかも、そのような大国間の「手打ち」を「外交で戦争を回避した」と日本の平和運動が評価し、満足してしまう可能性も小さくありません。「手打ち」とはヤクザ映画に出てくる言葉です。国家と国家、帝国と帝国のあいだで、威圧、脅し、暴力で相手にいうことを聞かせる、暴力で相手の自己決定権を奪う、そういうメカニズムがあるときに、どういうことが起きて、暴力団ではない市井の人びとにどういう犠牲がもたらされるのか。そういう観点から国家と帝国主義を見るのを、わたしたちは実は怠ってきたのではないかと思っています。

あるいは、「戦争ではなく対話を」というスローガンがあります。しかしその対話の相手、対話しましょうという呼びかけの宛先に台湾は含まれているのでしょうか？　日本の平和運動はそこから自問自答し直す必要があると思います。

そういうわたし自身も、二〇一四年のひまわり学生運動までは、台湾の人びとの歴史に向き合っていたとはいえません。反省していますし、後悔しています。

先ほど、藤原辰史さんが「ウォッチ（監視）」することの力、そしてあるいは介入する第三者の力の重要性を述べられました。この点については、個人的には少し希望を感じています。それは、この間ずっと広がってきた、入国管理法（出入国管理及び難民認定法）改悪に反対する運動の現場での実感でもあります。多くの若い方も参加されました。ここにおられる方で参加された方もいらっしゃるでしょう。この国のマジョリティである「日本国民」にとっては、入管法が改悪されても自分の身が危なくなるわけではないでしょう。にもかかわらず、広範な市民が参加されました。それは、まさに藤原さんがおっしゃった、国家権力の横暴に介入し、大きな暴力を食い止めようとする意志の表れだったと思います。

どんな人も入管体制によって尊厳が踏みにじられることがあってはならない、そういう思いと、台湾も沖縄もともに平和であってほしいという思いは、同じ「根」を共有している。わたしはそう感じます。弱い立場の人びとが踏みにじられてしまう状態は許されない、という同じ「根」です。だから日本の市民が、台湾も沖縄もともに平和である東アジアを求め、行動することは、けっして不可能ではないと思います。わたしも微力ながら行動しようと思います。

藤井　植松さんありがとうございました。〔休憩〕

これからパネルディスカッションを始めていきたいと思います。

駒込　まず、それぞれほかのパネリストの発言を聞いて考えたことについて、簡単にお話しいただきたいと思います。

参加者から、呉叡人さんが「日本が中国を挑発しているわけではかならずしもない」というのに対して、宮良さんから「いや、やはり日本が中国を挑発している側面もあるのではないか」という発言があったことについて、どのように考えるのかという質問がありました。

石垣島や宮古島への自衛隊の配備を台湾の人びとが求めているわけではない。台湾の人びとがそれは不要だと思っても、日本政府が強行しようと思えば強行される。しかし、台湾の人びとが何もいわなければ、台湾の人びとがそれを歓迎していると受け取られがちであるという現実があります。この点にかかわって「日本政府が台湾を口実に南西諸島を軍事化することで中国にとっての脅威が高まり、その中国がさらに台湾への脅威を高めるという悪循環がある。この悪循環を克服していくためにはどうしたらよいのか」という趣旨の質問が出されています。

そのことを含めて、呉叡人さんに感じたことをお話しいただければと思います。

呉　中国は、台湾に対して、沖縄に対して、そして南シナ海に対して、それぞれ違う思惑をもっていると思います。わたしが強調したかったのは、なぜ台湾に対する中国の政策がいきなり転換したのか、ということです。

わたしは二〇〇七年に中国北京の社会科学院〔中国国務院直属の哲学・社会科学研究の最高学術機構〕に招かれました。その理由は、「われわれはもう偽物の台湾人はうんざりだ。だから本物の台湾人が見たい」というものでした。それで台湾のなかで独立運動にかかわる理論家を招いて、直接話したいというわけです。それが二〇〇七年のことです。二〇一一年には――習近平政権になる前、胡錦濤政権の最後ごろです――中国の市民運動が活発で、われわれは台湾で「第三の中国」という理念を提唱しました。「第三の中国」というのは、国民党と共産党の唱える「二つの中国」以外に、国家以外の中国人社会、民間の社会があるので、それを対象として交流すべきだという考えです。台湾の市民団体がこの「第三の中国」論を提唱して、中国の人権活動家や弁護士たちの救援活動もしました。

そのときには、本当に戦争が起こるとは夢にも考えませんでした。中国は台湾が一つの独立主権国家になっていくのをいろいろ邪魔してくれて、それは非常に面倒くさい。ですが本当に、いつか戦争になるとは思わなかったんです。

だから今日のお話は、なぜ中国が「ある程度台湾の独立を抑止する」という政策から「積極的に侵攻する」という政策に転換したのかを分析したものです。わたしはこの転換点は、いろいろな国際政治上の問題もあるとはいえ、その主な理由は中国にあると、国際政治経済学の視点から分析したにすぎません。だから日本が挑発しているかどうか、たとえば沖縄に関する日本と中国とのやり取りについて、わたしは今日は触れていません。なぜかというと、尖閣諸島に対する中国の政策は、台湾に対しての政策と異なると思うからです。日本による挑発のために中国が台湾を侵攻する態度をとったという解釈は、たぶん事実ではない。わたしにいえるのはこの点だけです。

そのうえで認めなくてはならないのは、台湾の人びとが沖縄のことを、そして日本のことを、たぶん何も分かっていないということです。ですので、米軍が近くにいるなら喜んで守ってくれるだろうというような、単純で甘い考え方をもっているのです。それが世論調査に反映されたと思います。原因は、やはり台湾と沖縄は近くて遠いということです。お互いに旅行とか、美しい風景とかは知っていても、お互いの実際の状況は知らないのです。ですので、台湾人の半分ぐらいは、たぶん何も考えずに直感的に「米軍がいてくれてありがとう」と考えていることを、わたしは認めます。

どうすればいいでしょう？　台湾に帰って教育します。教育といっても、綺麗事はいいません。ただ忠実にいまの沖縄のこと、石垣だけではなく沖縄全体、沖縄の人びとの長い歴史、戦前日本の差別的統治、沖縄戦、集団自決、そして戦後のアメリカ統治、いろいろひどい経験をしたことを台湾の人びとに教えることが大切だと思います。実は前にちょっと試みたことがあります。でも、日本のとある防衛庁出身の学者に笑われました。「呉叡人さん、本当にお人好しだね。どうして沖縄の人間にまで関心をもつんだ？」といわれました。

加藤さんの話されたこと、沖縄抑圧の責任は日本人にあるということは、わたしがいいたくていえなかったことです。なぜかというと、わたしはあくまでも部外者です。また日本国民ではない。日本に来るのは四年ぶりですが、この四年間の日本にいったいどんな変化があったのか？　たとえば、連続して二回のテロ（首相襲撃事件）が起こったけれど、この社会に何が起こっているのか、実はよく分かりません。ですので、日本の重要な政治問題について軽々と口を挟まないことにしました。

ですが、自分のなかで以前からもっていた疑問、沖縄の人びとが長い歴史のなかで背負わされてきた苦痛や重荷、それは宗主国の日本帝国の責任ではないかという点については、加藤さんの話されたとおりだと思います。ですので、わたしの気持ちをいってくれてありがとう、といいたいと思います。

駒込　次いで宮良さんに、ほかの方のご発言への感想、あるいはご自身でいい足りなかったことをうかがいたいと思います。参加者からは、「宮良さんの報告のなかの世論調査というのは、誰がどのような形でおこなったのでしょうか？　自分は台湾人として石垣島などにおける自衛隊にまったく期待をかけてないし、まわりでもあまりそういう意見は聞いたことがない」という質問が出されています。

宮良　沖縄の新聞で読みました。世論調査で、米軍以上に自衛隊が参戦してくれるのではないかという期待がある、と。全国紙でも『朝日新聞』に関連記事が掲載されています(2)。それは、台湾民意基金会の世論調査に基づくものだということです。わたしはこの世論調査をした台湾民意基金会がどんな実態の組織なのかは分からないのですけど、県紙も全国紙も報道しているならそんなに怪しくないだろうという気持ちで発言しました。

わたしが今回京都に来て体験したこと、いいたいことをお話しさせてもらいます。

実は昨日、駒込先生のゼミのみなさんと夜、お食事をして、昼間はこちらにいる張彩薇さんに京都の観光案内をしてもらって、その間にやむことのない台湾と沖縄の対話みたいなことをずっと一日中やっていました。石垣ではそんな話なかなかできないので、ちょっと嬉しくなっちゃいました。というのも、わたしも本当に反省しなきゃいけないんですけど、それまでやはり台湾のことを本当に知らなかったんです。台湾の状況とか、常に中国からミサイルを向けられているのだという話を昨日聞いて、たしかに自分には想像しえない不安が台湾の人たちにはあって、その警戒心をもしかしたら自分も軽んじていたかもしれないと反省しました。

そのうえで、ここではあえて台湾の一般の方、沖縄の一般の方が、こういう論争になってしまうねという事例を、一つのエピソードとしてお話しさせてもらいたいと思います。三日前、七月四日に、台湾と与那国を結ぶ高速船に乗って台湾の游錫堃《ゆうしゃくこん》立法院長が与那国を訪問したことが地元でニュースになりました[10]。交流が促進されるのは与野党、というか、右派・左派関係なく喜ばしいことです。でもなんかちょっと引っかかるなと、基地反対派の地元の人は思ったんです。

というのも、与那国ではもともと「与那国自立ビジョン」[11]があって、この与那国という地域を国境交流特区にする構想があったんです。でもなかなか事業が具体的になりませんでした。「与那国自立ビジョン」の実現を邪魔していたのが日本政府だという背景もあって、なかなか進まなかったのです。与那国の自立と平和交流を目指してずっと地元の方々が尽力してきて、ようやく今回台湾と与那国を船で結ぶ観光ルートが実現すると思ったら、台湾立法院長を出迎えたのが日本政府与党の自民党の国会議員の方々なんです。なんで急にこの時期にお偉い方々が与那国にいるの?と思いました。おそらく最近の玉城デニー知事の訪中への牽制ではないか、という見方もされていたりします。

地元の人たちはこれまで努力して、軍事的なものよりも、文化や経済の交流を促進させようとしてきました。そういう地元の積み重ね、蓄積したものが、軍事・政治利用の目的でからめ取られてしまうのではないかと、しらけちゃいました。台湾側にその意図があったかは分からないです。分からないけれど、状況、タイミング、メンツを見たら、どうしても疑いたくなっちゃいます。疑いたくないけど……。そういうことが、つい最近ありました。最近というか、ほんの三日前の話です。

昨日張彩薇さんとお話ししたときに、台湾の人の話をもっと聞きたいな、台湾に行こう、って思いました。全然言葉は喋れません。日本語しか喋れない、英語も中一レベルなんですけど、それでも台湾に行って話を聞きたいと思って、沖縄の状況もお話ししました。その張さんから、「台湾からしたら玉城デニー知事は中国に近いように見える」「沖縄はなぜ台湾よりも先に中国に対話をしに行くの？」というところで、台湾の人たちは不信感をもっていると聞きました。

でも、沖縄も沖縄でいいたいことがある。蔡英文政権はアメリカに近くない？　アメリカで政治活動をしているとか、アメリカが台湾に対して武器の無償提供をするという報道も、最近では出てきました。日本の報道の仕方にも問題があるのかもしれないですけど、一般人レベルでいうと、やはり台湾と沖縄はどうしても対立しちゃうんです。

昨日、張彩薇さんとそういう話をしながら、わたしは不思議と安心しました。なんだ、不信感をもっているのは自分だけではないんだ、と。お互いのことを勝手に想像して疑心暗鬼になっていたけれど、お互いそうだったってことを知ってちょっと安心したんです。

沖縄の人間として玉城デニー知事にもいいたいことはいろいろあるのですけど、擁護させてほしいところもあります。これは確信をもっていえるのですけど、沖縄では、日本政府やアメリカが南西諸島の緊張を高めていると見ている人も少なくありません。「有事」という最悪の事態を避けるために沖縄ができることは、力ではなくて、対話の道を広げること。台湾だけではなく、中国とも対話を広げる。その場合に、やはり「まず中国」と、どうしてもなってしまいます。台湾の人からすれば「ムッ」と思うところがあるかもしれないですけど、やはり中国は国連やほかの国から「国」として認められているという順序があるのだと思います。ですが、玉城デニー知事はこのあと台湾にも訪問する予定があると聞いていますので、中国の肩を沖縄がもっていると捉えてほしくはない、沖縄は「親中」で、台湾を相手にしないということではないと、いっておきたいと思います。

極端に聞こえるかもしれませんが、台湾をめぐるいまの構図のなかで、台湾と沖縄の利害を一致させることはやはり簡単ではないと思います。沖縄の方と話していたんですけど、もしも台湾が沖縄の犠牲をやむなしとするならば（沖縄が台湾の軍備強化や自己決定を批判する権利はたしかにないかもしれないですが）、日・米・台が味方になってくれないなら、沖縄も中国の側について立ち回りをせざるをえなくなるときが来るのではないか、沖縄からしたらそれぐらい切実なんだ、となったんです。でもね、本当はそういうふうにしてわざわざ敵・味方に分けたいわけではない。台湾の人たちも、基地を沖縄に置いてリスクを共有してほしいとみんなが思っているわけでもないでしょう。わたしは別に中国は嫌いとか、敵国だというつもりもないです。

先ほど張彩薇さんがおっしゃったように、こういう対立をさせているのは誰なのか？　この構造をつくって固定化しているのは誰なのか？　日本も含めた大きい国ですよね。沖縄と台湾でこの問題を解決していくなんて、正直、無理だと思います。ですので、日本と中国とアメリカが「どうにかしてください」ということではなくて、沖縄と台湾からできることは「あなたたちが踏んでいる足をどけてください、あなたたちで対応してください、あなたたちがもっとがむしゃらになってください」というメッセージを出しつづけることだとわたしは思います。

駒込 ありがとうございます。続いて、いまの宮良さんのお話への応答も含めて、張彩薇さんにお話しいただきたいと思います。張さん宛ての質問として、「「反戦平和」の言説が台湾で利用されているということですが、どのような文脈においてなのか。もう少し詳しく説明してください」というものがありました。

張 いまの質問について、もしかしたらわたしより呉叡人さんのほうがよく状況を知っている、というか、直接的な被害を受けているのではないかと思います。「反戦平和」という言葉で台湾の自立を求めている人たちの声が封じられているというのは、「台湾は中国ではない、中国からの自立を求めたい」といったら戦争になっちゃうよ、あなたたちが戦争の引き金を引くことになるよ、という人が台湾にはいるということです。その人たちは「反戦平和」という批判を中国政府には向けず、台湾社会の内部で多様な自立を求めようとしている人たちにだけ浴びせています。本当に「戦争するぞっ」といって戦争を発動するのは誰なのか？　それは中国ではないかとわたしは思いますが、それは全然批判しないのです。戦争を起こしたいのではなく、ただ自分の平和的な自立を求めたい人に責任を転嫁する、責任を間違った相手に向けることが、実際、台湾で起きています。

昨日、宮良さんから聞いたのは、宮良さんも参加していた「沖縄対話プロジェクト」で、台湾の多様性への配慮として、親中派とされる国民党系の台湾人と自立派とされる民進党系の台湾人の双方を招いたけれども、民進党寄りのゲストとしては、ゴリゴリの武闘派しか招かれていなかったということです。その結果、シンポジウムを見た人は、「独立寄りの人は親米・親日的で、しかも軍備増強を強く推している」のに対し、「親中派は、戦争を起こしたくない平和主義者」だというイメージをもたされてしまったのではないかと感じました。しかし、台湾にはもっといろんな立場の人がいます。武力によるのではない自立の道を模索している人のほうが台湾では一般的なのに、そもそも色眼鏡のもとで人選がおこなわれ、それによってある種の固定観念が広まってしまっているように思います。そのように背後にある複雑な文脈を抜きにして、「こういう人たちはこの立場だよね」と単純化して短絡的に振り分けてしまうことが、わたしはすごく怖いと思っています。たとえば、わたしが「反戦平和」というと、あの親中派の人たちと同じように「反戦平和」という言葉を使っているから同類の人だ、と振り分けられてしまう。あるいはわたしが「自分は独立派」といったときに、「あなたも、軍事力を求めている人なんだね」といわれるのが怖いです。

そういうことがあったので、今日は本当に話せてよかったなと思っています。単純化するなかで、自分にとってより害のなさそうな人を味方にしようとか、そういう現実的な選択のなかで、実は本当に連帯できるはずの相手を見落としてしまうのではないかと思っています。

駒込　ありがとうございました。次に加藤さん、お願いします。加藤さんに答えていただくべき質問として、「習近平が見せる帝国主義・覇権主義に反対を示そうとする際に、日本の保守派やアメリカの帝国主義・覇権主義を支持する者たちの言説、中国だけを一方的に帝国主義と非難する言説に呑み込まれてしまうのではないかという不安があります」というものがあります。

加藤　いまのご質問に対する答えが、資料に載せた声明文「日本の戦争に「帝国の狭間」の民衆を巻き込むな」です。つまり発想を逆さにしようというか、どれに反対するか、どの国に反対するかというところから出発するのではなくて、何が価値なのか、われわれが東アジアで実現したい価値とは何かということから考えるべきだと思います。

いずれにしろこの現実のなかで、軍事的圧迫・抑圧のなかに置かれているという意味では、存在として地続きなのは、わたしの前に話した呉叡人さん、宮良麻奈美さん、張彩薇さんです。その三人とわたしのあいだに存在としての違いがある。たとえば、東京と北京が核ミサイルを撃ち合うような戦争が起きることは、ゼロパーセントとはいいませんけれども、可能性は非常に低いと思います。ですが、台湾をめぐって沖縄と台湾が戦場になる戦争は、これまた可能性は低いけれども、もうちょっと高いわけです。そして、戦争の準備、あるいはそれに対応するためだという理由で基地が押し付けられて、そのなかで抑圧を受けて自己決定権を奪われるという状況は、可能性の問題ではなく、すでに沖縄でも台湾でも現実であるわけです。

日本と沖縄・台湾のあいだにある、この非対称性から出発しなくてはいけない。われわれが何者なのか、東アジアに対してわれわれ「本土の日本人」がどういう存在なのか、そこを曖昧にしてはいけないと思います。アメリカを批判するために中国をかばうような議論になる、あるいは中国を批判するためにアメリカと一体化したような議論になる、そういう議論の構図は、これからますます強くなって、まるで強い向かい風のように、われわれの議論を蝕んでいくと思うんです。

わたしは、アメリカや日本が台湾人に同情して軍事展開しているとは思いません。若いころに愛読した『台湾』（中公新書、一九九三年）という本があります。著者の伊藤潔さんはもともと独立派の台湾人で、日本の国籍をとった方です。その第四章「台湾民主国」は、日本の「台湾出兵」から始まるのですが、そのなかで井上毅が南西諸島と台湾を大日本帝国の軍事的な生命線として重視していたということが書かれています。いまにつながる思想です。そういう軍事的な思惑が、いまも当然あるわけです。

台湾をめぐる問題をどう解きほぐすかは難しく、複雑です。その複雑さに対して、単純化してしまえという誘惑に駆られてはいけないと思います。たとえば、呉さんは中国を厳しく批判した。これを聞いて、まるで日本の右翼のいうことみたいだなと感じる方もおられると思います。でも、呉さんは台湾の人が見ている現実を語っているのです。大事なのは、呉さんの「直面させられている」という言葉です。何度もおっしゃいました。「直面している」のではなくて、「させられている」のです。沖縄と台湾について、張さんと宮良さんがこの集まりの前に二人で会って深い話をできたのは本当に素晴らしいと思います。しかし東アジアの状況を変える力は大国の側にあるわけです。そしてわれわれの日本という国は、この東アジアにおいて大国なのです。よく、日本はアメリカの言いなりになって、「右を向け」といわれれば右を向いている国だという言い方がなされていますけれども、そういう自己認識は、戦争を押し付けている沖縄や台湾の人たちの運命を、わたしたちがワシントンや北京とともに握っている事実から逃げることになると思います。

「利害」と別に、「価値」というものがあると思います。人びとが戦争の抑圧や軍事の恐怖にさらされないで暮らせる東アジアをつくるという「価値」を設定して、それを起点として、その実現という目標を共有することができれば、複雑な「利害」が矛盾し合うなかでも、僕らは何かを一緒にやっていけるのではないかと思います。

最後に、呉叡人さんのご著書の「台湾ポストコロニアル・テーゼ」を読んだ興奮のなかで書いた、「「帝国の狭間」から見よ」というテーゼを紹介させてください。

テーゼ1：東アジアにおいて指標となる価値は「帝国の狭間」の平和と豊かさである。その増大の方向こそが東アジア全体にとっての「進歩」であり、「公共性」の基準である。

テーゼ2：「中国」と「アメリカ」＋「日本」という「帝国」の行動は、これら「狭間」に対する振る舞いによって審判される。

テーゼ3：「日本」という帝国に生きつつ、東アジアの「進歩」を望む者の任務は、「日本」が「帝国の狭間」の平和と豊かさを抑圧することに抵抗することであり、帝国を降りていく方向へと「日本」を転換させることである。

軍事とか現実政治というものは、もちろん、白いキャンバスに好きな絵を描くようにはいきません。「いっせいに軍隊をなくせばいい」というわけにはいかない。安全保障政策を具体的にどう考えるかは、現実に即した慎重な議論が必要でしょう。しかし、現実に即した慎重な議論の前提には、思想的次元の「起点」がなくてはならないと思うのです。呉さんのいう「カント主義」です。わたしたちは「東アジアのカント主義」を創造し、共有すべきだと思うのです。それが、すでに悪い方向に転がりつつある東アジアで、そこからの脱出方向――「目標点」をも示すと思うのです。

駒込　加藤さん、ありがとうございました。最後に、呉叡人さんと宮良さんと張彩薇さんにも、お一人二分ずつぐらいでコメントをよろしくお願いします。

呉　先ほどの加藤さんの利害と価値の話から。わたしの思考のなかでこの二重性が非常にはっきりと共存しています。だからカントとニーチェ。なぜかというと、わたしはシカゴ大学で二種類の政治理論を学んできたからです。

一つは実証主義の政治学、ポジティブな比較政治、国際関係論と国際政治経済学です。この流れの学問の中核は権力、物質的なフィジカルパワー、そして利害です。でもわたしは一〇年間かかってレオ・シュトラウスの愛弟子のジョセフ・クロプシー先生からシカゴ学派の西洋政治理論や思想史を学んできました。台湾におけるただ一人のシュトラウス学派の弟子として、いろいろ価値の問題を考えてきました。自分のなかで、常にこの二つのレベルのあいだで揺れています。

だからわたしは、空想論はしたくありません。カントは運がよい生涯で、戦争に直面していないので、自分の頭の中でいろいろ理想的な世界の秩序を考えるだけでよかったわけです。でも、この台湾という小国に生まれて、というか、国すらもたない人間として生まれて、ではどうすればいいのか？だから一つは価値への憧れ。もう一つは現実を認め、現実を分析する能力。その二つは、たとえわたしが奴隷であったとしても不可欠だと思います。常に、とにかく価値をもちながらでも、やはり現実の実証的で厳密な分析が必要だと、わたしはそう思って歩んできました。

ですので、たとえば中国に対して帝国主義だと評価したのは、単にわたしが中国を罵ったわけではなく、政治経済学の帝国主義論の定義にしたがって中国のいろいろな現実を観察して、最後にたどり着いた結論です。矢内原忠雄は『帝国主義下の台湾』（岩波書店、一九二九年）で、戦前日本の後発的な帝国主義（Late Coming Imperialism）の特徴を書いています。いまの中国はまさに後発的な帝国主義です。資本の蓄積はそこまではないけれども、地政学的な目的をもって国家の力でとにかく外部に膨張しようとする。ナチスのドイツも同じです。中国は、昔は反帝国主義の盟主でした。毛沢東は「反帝」をいいました。ですが、もういまは立派な帝国になってしまったのです。学問的・客観的に、わたしが学んできた政治経済学の帝国主義論に合致しているのです。

台湾人として、弱者として、こんなに強大な現実をどうすればいいのでしょうか？　わたしは、あきらめたくない。だからカント主義にしがみついています。でも、どうやってしがみついたらよいかは分かりません。だからニーチェにもしがみつきます。ほかに仕方がないからです。弱者は、やはり最後に絶望してはならない。弱者にとっての希望というのは、実は根拠がないのです。根拠がない、では弱者にとっての希望は何だろう？　それが Will ――「意志」です。わたしが希望する、そういう意志です。

駒込　ありがとうございました。それでは、宮良さん、お願いします。

宮良　さっき加藤さんがおっしゃっていた「価値」について、わたしもお話ししたいことができましたので、最後にちょっと一言だけ。

いまの石垣島の駐屯地がつくられた場所、そこで反対の意思表明をしている人たちは、戦争のあとに米軍に土地を接収されて、土地がなくなって沖縄から八重山に来た人たちです。またその土地は、日本の植民地時代に台湾から沖縄や八重山に移民した人たちが切り開いた土地です。沖縄といえばパイナップル、みたいなイメージがあるのですけど、パイナップル生産はそういう人たちの苦労によって切り開かれた土地の産業です。軍隊とか帝国主義により住む場所を追いやられた人たちが、また軍隊によって「安全保障」という理由で、そのつくりあげてきたものを脅かされている。それが、いまの自衛隊配備などの問題なのだとわたしは見ています。

また、同世代の若い人たちとよく話すんですけど、「価値」について決定権をもたされていない辺境地域の人びとで、世界のパワーゲームの構造とか舞台とか、その人たちがつくったルールの枠組みとかから飛び出した新しい価値観をつくりあげていきたい、それを共有していきたい。まだ手探りではありますけど、若い人たちのあいだでよくそういう話をしています。国家を無視するわけではないですけど、人と人とのつながりとか、新しい価値観の醸成とか、国を越えてつながっていく、そういう可能性を模索していく。沖縄県がやろうとしているのも、そういうことだと思います。さっきわたしちょっとヤケになって「沖縄に何もできるわけないじゃん」とかいじけたことをいってしまったのですけど、本当にそう思っているわけではなくて、そんな可能性を考えたりしています。

沖縄の島々の陸自基地への長距離ミサイルの配備が問題になっていますが、同時に最近では有事に備えたシェルター整備を進める動きも出てきています。

それまで、島民には「最低限の防衛のため（迎撃用ミサイル）ならば……」「抑止効果があるならば……」というように、かならずしも陸自とミサイル配備は否定するものではないという考えの人もいましたが、最近の専守防衛を逸脱した攻撃能力の高いミサイルの配備には不信感を覚えざるをえず、石垣市議会ではそうしたミサイルの配備に反対する意見書も可決されました。

シェルター整備についても、それは島が攻撃を受けることを想定したものなので、本当は抑止目的の配備ではなかったのではないかと疑う人も増えているように思えます。

かつての戦争で、琉球の歴史をふりかえることができる多くの文化財や個々人の家・財産、家族や友人のコミュニティが破壊された沖縄が、また再び戦場になる危機に直面させられようとしていると思うと、胸が張り裂ける思いです。これ以上、沖縄から何を奪おうというのか。大義のためには、沖縄が「意志」をもち、自己決定を求めることは認められないのか。

「国民保護計画を早期に策定すべき」「島外避難・シェルターの整備を進めるべき」という政治家もやっと出てきて、その世論も強まってきていますが、わたしたちには逃げる場所も手段も限られています。それに、命が助かればいいという問題ではないとも思っています。

駒込　宮良さん、ありがとうございます。それでは張彩薇さん、お願いします。

張　先ほど宮良さんから玉城知事のことで「なぜ台湾と先に話をしないのか、先に中国と対話するのか」と台湾の人が不満に思っているというお話がありました。たしかにそういう不満はあります。ただ、わたしは——中国と対話するから中国の味方だと短絡的に解釈してしまう人もいますけど——台湾と中国はいま対話の道がほぼ封じられているからこそ、沖縄がまだ中国と対話する可能性を保持している、そこにはまだ希望があると思ってもいます。もちろん、何を話すかが重要ですけれども……。

台湾人はアメリカの脅威をどのように考えているのか、という質問がありました。台湾に対する中国の行為と比べたとき、脅威といってよいか分からないのですけれども、今年駒込先生のゼミで一緒に読んでいる鹿野政直さんの研究で、アメリカ占領下の沖縄を「Stateless〔国家なき状態〕の固定化」

としてこのように書かれています。

「戦略上の視点が優先するとき、ないし究極のあるいは唯一の目標とされるとき、必然的に、住民は手段化される。その意味では、統治者には、住民は見えなくなる。と同時に、より狡智にみちてくる。「戦略上」の目標を達成しようとするとき、住民への一定の権限の付与が不可避との見解も生じてくる。／実際、厳重な囲いを設け、そのなかに人民を〝放牧〟することは彼らの伝統的な管理方式にもかなっていた。」（『鹿野政直思想史論集　第三巻』岩波書店、二〇〇八年、一一九頁）

アメリカは、いまは台湾と同盟関係にあって、これを「民主主義に基づく同盟」といっていますけど、実際は台湾が民主主義でなくても、別の理由で同盟をもちかけることも可能なのではないかと不信感をもっています。いまはたまたま台湾が民主主義を保っているので、それが一つのカードとして使われているのではないかと思います。実際、国民党が白色テロをおこなっていた時代にも、アメリカは「自由中国*」との「同盟」を保持しつづけていました。同様の例は世界中にたくさんあります。このような同盟のあり方について、わたしはこれから考え直さなければならないと思っています。

わたしはすごくふわふわした話しかできなくて、頭のなかがお花畑だと思っている人も多いかもしれないですけど、国家をもたないことにわたしはある種の可能性みたいなものも感じています。「台湾は国家だ」と怒る人もいるかもしれないんですけど、わたしとしては丸腰になることを望んで初め

＊自由中国（Free China）　冷戦期に主に西側陣営で用いられた、一九四九年の台湾移転以後の中華民国の呼称。これに対し、共産主義をとる中華人民共和国は「紅色中国」ないし「共産中国」と呼ばれた。

て違う世界を思い描けるのではないかと思っています。

駒込　ありがとうございました。最後に、わたしからも一言だけコメントさせてください。

オンラインのチャットで、「武器取引反対ネットワーク（NAJAT）」代表の杉原浩司さんがこのように書かれています。「戦争回避することが大きな課題であることは間違いないと思いますが、単に戦争を回避しさえすればいいわけではなく、基地や軍隊という暴力装置をどのようになくすかという展望を併せ持たないと、台湾や沖縄が切り捨てられ、軍事暴力にさらされるつづける状態になりかねないと改めて思いました。平和運動の現状はそのはるか手前であり、日本政治・社会の民主化なしにはとうてい成しえないのはたしかです」。

その点に関連して、ぜひみなさんに資料のなかの張彩薇さんの文章〔改稿の上、本書第Ⅰ部に収録〕を読んでいただきたいと思います。張さんは、呉叡人さんの「帝国の狭間の中の台湾民主」への応答として、こういうふうに書かれています。

「わたしは、台湾がただちに非武装化すれば解決するかといわれたら、そんな単純なことではないと思いますし、圧倒的な軍事力をもっている中国や他の大国が先駆けとなって非武装化すべきだと思いますが、それでもやはり、台湾もともに非武装化する必要があると考えます。これには長い時間がかかるかもしれないし、難しい夢だと承知しています。しかしわたしにはむしろ、これこそが、台湾に限らず、あらゆる暴力の行使に際して弱い立場に置かれやすい者たちがとりうる、最も現実的な選択肢のように思えます。帝国と同盟したとして、わたしたちはあと何日生き延びることができるのでしょうか。この選択肢はほんとうに〝現実的〟だといえるのでしょうか」。

これは憲法九条の問題にもつながります。わたし自身を含めて日本「本土」と呼ばれる島に住んでいる者は憲法九条の理念の大切さを当たり前のように語っていますが、「すべての社会の非軍事化・非武装化を」という要請は強い緊張感を必要とすることなのだと学ばせていただきました。植松さんの表現を借りるならば、「憲法九条を守れ」にとどまらず、「台湾も沖縄もともに平和」である東アジアを求め、行動することが求められているのだと感じました。

張さん、宮良さん、呉叡人さん、加藤さん、本当にどうもありがとうございました。

藤井　閉会の挨拶を、実行委員の岡真理さんから頂戴します。

岡　三月末までは京都大学におりましたが、この四月から早稲田大学文学学術院の所属となりました、岡真理と申します。実行委員に加えていただいた本日のこの企画は、わたしが科研費を得て代表を務めております研究プロジェクト「トランスナショナル時代の人間と「祖国」の関係性をめぐる人文学的、領域横断的研究」との共催となっております。

プロジェクトのタイトルでは「祖国」となっていますが、アラビア語では「ワタン」といいまして、「ホームランド（homeland）」を意味します。わたしはパレスチナや中東を専門にしております。中東のパレスチナや西サハラ、あるいはクルディスタン（クルドの土地・国）といった、植民地分割されたり、併合されたり、あるいは占領下に置かれた地域で、自分たちのホームランドや、そこに生きる自分たち自身の生に対して、自らが何の決定権ももたない者たちの問題に常日頃、取り組んでいます。ですので、今日のお話は、そうしたわたし自身の問題意識、関心と響き合うものでした。

最初に呉叡人さんが、今日は「一人の市民として、国民としてお話しします」という言葉で話を始められたとき、ハッとしました。パレスチナ人も西サハラの人びともクルド人も、一人の市民として、あるいは一人の国民として語る、ということができなかったり、一人の「国民」として語る、といってしまった時点で、もはやそこで自分の思っていることをいえなくなってしまう、と思ったからです。いえ、それは彼らに限りません。中東の国々は大半が独裁体制ですので、ほとんどの国の国民が、自らと自分たちのホームランドがどうあるべきかに関して、それを自分たちの手で決定する権利をもっていないといいます。今日のお話は台湾、東アジアのお話でしたが、中東も同じです。自分たちの手で自分たちの未来を決めることができない。こうした者たち、たとえば中東も含めて、市民レベルで対話ができたらいいなと思いました。

暗殺されたパレスチナ人の俳優で、ジュリアーノ・メール・ハミースという方がいます。かつて彼と一緒に宇治市のウトロ地区に行ったとき、ウトロにおける住民たちの闘いを見てジュリアーノは、「パレスチナと同じ闘いがここにある。同じ闘いをたたかっている者たちがいる。それを知ることは、わたしたちを励まし、わたしたちに力を与えてくれる」とおっしゃいました。中東のパレスチナや西サハラと比べると、台湾はその闘いにおいてちょっと先を行っていますが、台湾がこのように民主化を成し遂げ、そしていま、こういう困難のなかで、それでも一個の人間としてあるとはどういうことなのかを考えつづける、その闘いは、パレスチナや西サハラ、そしてクルディスタンの人びとを励まし、彼らに力を与えるものとなると思います。

もう一つ、「当事者」とは何か、ということをずっと考えていました。たしかにミサイルが自分たちのほうを向いている、あるいは自分たちの水源にかんして何もできないという問題において、沖縄の人びとや台湾の人びとは当事者だと思います。パレスチナでも、イスラエルに占領されている西岸地区では、自分たちの水源に関してまったく権利をもっていません。人種隔離壁によって水源をイスラエルに奪われてしまって、イスラエルのミネラルウォーターを買っているという状況です。これはイスラエルによるパレスチナ占領のせいです。占領の被害当事者というのはパレスチナ人ですけれども、占領しているイスラエルが当事者ではない、などということは絶対にありえない話です。イスラエルは加害当事者です。

沖縄のことに関して、二〇年ほど前に目取真俊さんから「沖縄は日本に占領されているのだ」といわれました。自分たちのことを自分たちで決定できない。占領されている。では誰が占領しているのか。日本が占領しているのですから、日本人は沖縄の問題において、当事者以外の何者でもありません。

イスラエルの場合は、ユダヤ系市民の九九パーセントぐらいが「シオニズム」というナショナル・イデオロギーを肯定していますので、イスラエルにおいて、シオニズムに反対し、パレスチナと連帯する、あるいはパレスチナの人間解放ということを議論する、ということ自体がとても難しいのですが、日本はそうではありません。日本の場合は、イデオロギーというよりも、むしろ無関心の問題が大きい。わが身をふりかえっても、沖縄のことも、それから台湾のことも、わたし自身、よく知りませんでした。わたしはパレスチナ問題にかかわらなかったら、日本の植民地主義の問題にも気がついていなかったもしれません。パレスチナ問題とかかわるなかで、わたしは朝鮮に出会い、沖縄に出会ってきました。そして、いまようやく、台湾と出会いました。ですから、何において自分たちが「当事者」なのかということは、やはり深く自覚すべき事柄であるように思います。

パレスチナ問題に関しては、イスラエルが第一義的な加害当事者ですけれども、この状態を何十年も放置している国際社会、および国際社会を構成する一人としてのわたし自身も、そういう意味で共犯している加害当事者だと思っています。それはわたしがずっとこの問題にかかわってきたから、ということもありますが、そうではない方たちにとっても、やはり同じ地球社会に生きている以上、この問題を共有する「共事者」であると思います。

二一世紀の現代において、この世界で、自分が一個の人間であるとはどういうことなのか。わたしたちが「何々人」であると同時に世界市民であるとするならば、そういう問題意識をもつ者たちはみな、この地上のあらゆる問題を共有する「共事者」なのではないか。今日、ここに集まっていらっしゃるみなさんは、そうした「共事者」意識を自明のこととしてもっておられる方々だと思います。

最後に呉叡人さんが、弱者にとっての希望は意志だとおっしゃいました。その言葉を深く受けとめつつ、しかし、わたし自身は、今年で一七年目に入るイスラエルによる完全封鎖下に置かれているガザのパレスチナ人たちに対して、わたしの口から同じことをいうことはできないと思いました。いつ終わるとも知れない完全封鎖が一六年も続くなかで、もはや明日に希望がなく、とりわけ若い人たちが自殺をしています。そこまで追い詰められているのです。彼らになお、自らの意思に希望を求めるよりも、やはりわたしたち国際社会が、彼らの希望となるべきだとわたしは考えています。

この「認識台湾 Renshi Taiwan」の自主講座に参加させていただけることを、大変ありがたく思っています。「当事者」であり「共事者」である自分自身がどのように問題に取り組んでいくことができるのかを考えるうえでも、どうぞみなさん引き続き自主講座に参加して、台湾のこと、沖縄のこと、東アジアのこと、日本のこと、そして世界のことを学んでいただけたら幸いです。

今日は呉叡人さんをはじめ、パネリストのみなさん、そして長時間のシンポジウムをお聞きくださいました来場者のみなさん、どうもありがとうございました。これをもって閉会とさせていただきます。

注

（1）ＴＢＳ「中国・習国家主席　台湾統一に意欲「戦争に勝つ能力向上を加速せよ」」二〇二三年七月七日配信。https://newsdig.tbs.co.jp/articles/-/589654

（2）「島の夜明け」（二〇一四年ひまわり学生運動の映像とテーマ・ソング）　https://www.youtube.com/watch?v=e-_F-aid8KA

（3）講演の全文は以下を参照。John J. Mearsheimer, 'Say Goodbye to Taiwan', published on February 25, 2014, in *The National Interest*. https://nationalinterest.org/article/say-goodbye-taiwan-9931

（4）'The most dangerous place on Earth: America and China must work harder to avoid war over the future of Taiwan', published on May 1, 2021, in *Economist*. https://www.economist.com/leaders/2021/05/01/the-most-dangerous-place-on-earth

（5）琉球放送「民意すら問えない石垣島　自衛隊配備めぐる住民投票求め、訴える市民たちの思い」二〇二三年一月一七日配信。https://www.youtube.com/watch?v=FZMq0olpmO0

（6）「石垣市自然環境保全条例」は以下を参照。https://www.city.ishigaki.okinawa.jp/soshiki/kankyo/sizen/1626.html

（7）「沖縄対話プロジェクト」についてはviii頁の注4を参照。

（8）「《寄稿》声明　日本の戦争に「帝国の狭間」の民衆を巻き込むな」、「島々スタンディング」ウェブサイト（https://simazima.jimdofree.com/）、二〇二二年一月一日のブログを参照。

（9）「台湾で米軍の信頼急落　有事参戦めぐる世論調査　自衛隊に期待43％」『朝日新聞』二〇二二年三月二二日

（https://digital.asahi.com/articles/ASQ3Q6S7NQ3QUHBI01H.html）。財団法人台湾民意基金会は二〇一六年設立の民間シンクタンク（https://www.tpof.org/）。

（10）二〇二三年七月四日、台湾の游錫堃立法院長らが与那国島を訪問し、「日華議員懇談会」の古屋圭司会長らが出迎えた。地元新聞では「透ける政治的思惑　台湾立法院長与那国島訪問」（『八重山毎日新聞』二〇二三年七月七日）と報じられた。

（11）与那国・自立へのビジョン策定推進協議会「与那国・自立へのビジョン　自立・自治・共生　～アジアと結ぶ国境の島ＹＯＮＡＧＵＮＩ」二〇〇五年三月発表。全文は与那国町ウェブサイトを参照。https://www.town.yonaguni.okinawa.jp/docs/2018042400236/file_contents/jirituproject2005.pdf

＊　このシンポジウムは自主講座「認識台湾 Renshi Taiwan」の第二回企画として開催されたものである。シンポジウムの記録動画は同講座のユーチューブチャンネルにて一般公開されている（日本語・中国語字幕あり）。本書に収録するにあたり一部を改訂した。また、文中の亀甲括弧内の補足および側注は編者によるものである（以下同様）。

往復書簡

「わたし」の自己決定権から考える

齊藤ゆずか×張彩薇×宮良麻奈美

二〇二四年三月六日　齊藤ゆずか

「認識台湾」のシンポジウムでは、お二人の率直な思いをお聞かせくださりありがとうございました。往復書簡の一通目を担当することになり、緊張していますが、「認識台湾」に聴衆の一人として参加した感想を綴りたいと思います。

「認識台湾」では、パネルディスカッションの内容が印象的でした。立場も関心も異なる登壇者たちが、それぞれに勇気をもって語った言葉というものを受け取ることができましたし、同時に受け取った自分自身に責任のようなものが発生したと感じました。

どのような責任か。まず一つ目に、自己決定権という言葉について考えなくてはいけないと思いました。お話を聞いているなかで、自己決定権には、個人を単位としたものと、国家や民族のような集合体を単位としたものがあるのではないかと気がつきました。麻奈美さんや彩薇さんによって語られていたことのなかに、自分自身の立場や考え方が外部から規定されてしまうこと（たとえば「台湾の独立に賛成であれば武力肯定的である」とか、「沖縄の問題に取り組んでいたら親中的である」など）への抵抗が含まれていると感じました。お二人は個人の自己決定権に問題意識をもつところから始めて、実は国家や民族の自己決定権を見つめて議論されていたのではありませんか？　台湾や沖縄のような、「大きな国」の狭間にある地域の人びとに、「大きな国」の人びとが二項対立的な構造を押し付けてしまっている、という状況があると思います。でも、ほとんどの「大きな国」の人びとは――日本でマジョリティとして生まれ育ったわたしも含め――そのことにあまりにも無自覚です。

きっと、自分自身が何か大きなものと対峙している感覚、というのが希薄だからです。外部から自己決定権が脅かされるかもしれないという危機感をもっていないことは、すぐに裏返って、自分自身の自己決定権が守られているかどうかにも、他者の自己決定権が守られているかどうかにも鈍感であることにつながります。ただ、そんな「大きな国」のわたしたちのほうが、自己決定権のあり方をきちんと見つめることができていない分だけ、大きな権力・暴力の装置のなかに組み込まれ、あるいは呑み込まれそうになっているということを、もっと自覚すべきだと思います。

自由に発言することも、発言しないこともできる自分たち日本人マジョリティは、簡単にいろいろなものを踏みにじれるところに「立たされている」のではないでしょうか。そこで暴力装置の部品とならず、小さな声を踏みつけたくない、と主張するには、どうしたらよいのでしょうか。わたしは、いま行使できる「自己決定権」を自覚して、それを行使しつづけるしかないように思います（シンポジウムで植松青児さんがコメントされていた入管法の反対運動は、その一例であるように感じました）。

国家や民族の単位での自己決定権が保障されるようにすることは、脱植民地化の過程と大きくかかわっているのではないかと考えます。シンポジウムの最後で岡真理先生が言及されていた西サハラ問題においては、「西サハラの先住民がモロッコによる占領を受けている」といってしまえばアフリカ諸国間の問題であるように聞こえますが、実は元植民地宗主国のスペインの政治的な関与が要求される問題でした。昨年一一月に開かれた西サハラ問題についてのファトマ・ブラーヒームさんの講演会で、大阪大学名誉教授の松野明久さんが話されていたのは、脱植民地化というのは、支配を受けていた国・地域の人びとが、今後はどの国家あるいは自治組織のもとに主権を主張しようとするのかということを自分たちで決めることができて初めて達成される、ということです。日本は植民地支配していた国々の「戦後＝解放後」に対して無関心なまま、現在まで来てしまいました。それは、植民地支配責任の放棄にほかなりません。

ここで考えているのは、「被支配国・民族の自己決定権を保障し、その行使を見届ける」という意味での植民地支配責任です。わたしが以前参加した戦後責任について考える学生有志のプロジェクトでは、戦後責任について、「果たす」という言葉を使うことの是非が議論になりました。日本の戦後責任には植民地支配責任が含まれるはずで、その場合、それらの責任はどこかに終着点があって「果たす」ことができるものなのか、終わりがあると考えてよいものなのか、と。ただ、ここで述べた意味での植民地支配責任については、わたしはあえて、その責任を果たすことが可能なはずのものとして指摘したいです。果たすべきなのに、してこなかった。「無関心」という言葉には「何もしない」というニュアンスがありますが、日本の台湾に対する無関心については、ゼロではなくてマイナスなのだということを意識したいです。本来果たさなければならない植民地支配責任を放棄してしまっているということです。

もう一つの責任は――植民地支配責任ともかかわりますが――元宗主国という非対称性を意識しながら、「台湾を認識する」責任です。自分たちの認識から抜け落ちている「その後」の台湾について知ろうとし、いまの台湾がもつ複雑性を無視しないこと。

わたしは卒業論文で、日本統治期の台湾における言語政策（日本語教育）について考えました。自らの意思を表明・伝達するために不可欠で、また思想の根っこにもなる「言葉」というものに関して、台湾の人びとは長い間、自己決定権をもつことができませんでした。日本統治期には日本語を、その後の国民党政権は中国語を教育しました。それらは台湾の人びとが自ら公用語や共通語として選び取った言語ではなく、支配者が自在に扱える言語です。そのことの意味を、もっと考えなくてはいけないと思いました。

「認識台湾」では、台湾からいらした呉叡人先生や台湾で生まれ育った彩薇さんに日本語を使っていただくことで、パネルディスカッションが成立していました。お二人の日本語の力が、聴く人の心を動かせるほどにすばらしいものだということは確かですが、伝えようとする人たちと受け取ろうとする側に、母語と非母語という意味では非対称性があったということに、はっとする思いでいます。

シンポジウムの前々日におこなわれた呉先生の講演のなかでも、日本語の「自己決定権」という言葉のもつ難しさという話がありました。言語として同じものを使っているから、そのまま理解が及ぶのだと考えることには気をつけなければならないのだと思います。それはシンポジウムのなかで麻奈美さんが言葉や言い回しを何度も調整しながらお話しされていたことからも分かることで、言語を共にしていても、「認識」しようとしなければ、その言葉の背後にあるものを受け止めることはできないのだと思います。何度か登場した、「そうせざるをえなくされている」という言葉にどれほどの思いが込められているのか。それを推しはかろうとしたときに初めて、台湾や沖縄・石垣を認識する、ということが可能になるのかもしれない。わたしは、そう思いました。

――二〇二四年三月一九日　張彩薇

初めての往復書簡、小さい頃の交換日記を思い出しながら、それと比べて随分ハードルが高いなあと、書いては消してを繰り返していたら、時間がだいぶ経ってしまいました。

昨年七月の自主講座「認識台湾」について、ゆずかさんの感想をいただけて、とても嬉しいです。この手紙は、ゆずかさんへのお返事ですが、麻奈美さんの考えも聞きたいという前提で綴ります。また、最近読んだものについて考えたことも書きますので、少し変になるかもしれませんがどうかお許しください。

告白しなければならないことがあります。昨年、大学院のゼミで新城郁夫さんと鹿野政直さんの『対談　沖縄を生きるということ』（岩波書店、二〇一七年）を読みました。新城さんと鹿野さんは、「自己決定権」や「生存権」といった言葉が使われる必然性を認めつつ、そのような「柄《がら》の大きい言葉」がもつ「揮発性」、つまり「言葉が惰性的に使われれば使われるほど空洞化してゆく」危険性を指摘しています。さらにその後、齋藤純一さんの『公共性』（岩波書店、二〇〇〇年）を通して、イギリスのジャーナリストで思想家のマイケル・イグナティエフの次の一文に出会いました。「私たちは権利を保有する生き物より以上の存在であって、人格には権利よりももっと尊重されて然るべきものがある」。これを読んでわたしは、いままで言葉の中身を深掘りすることからどこか逃げて、聞く人に話を呑み込ませようと確信犯的に「自己決定権」を濫用していた自分の惰性と浅はかさに驚き、また恥ずかしくなりました。

それでも、ゆずかさんにいわれてはっとしました。そうなんだ、わたしは「自分自身の立場や考え方が外部から規定されてしまうこと」に苦しんでいたのだ、と。どうしようもなく台湾に結びついている「わたし」の自己決定権は、台湾の自己決定権の問題と切り離せない。そのことを言語化してくださり、またその重要性に改めて気づかせてくださり、ありがとうございます。

ふと気づくと台湾では、中国による一方的な「台湾統一」の圧力に抗って自立を追求してきた人びとが、「反戦」という言葉の使用を封印していました。代わりにここ数年よく使われるのは「反侵略」です。その背景には、中国が（自らの台湾への武力行使を棚に上げて）台湾に向けて「反戦」ということで、あたかも台湾の人びとが戦争の引き金を引こうとしているかのようにイメージ操作をおこなうようになったことがあります。台湾でも中国と政治的・経済的結びつきを求める人びとがこうしたイメージ操作をおこなうようになっています。この場合の「反戦」は本来的な意味とは異なる意図に基づいて用いられているにもかかわらず、これらの人びとは「反戦」という言葉だけを通じて、沖縄も含む各地で長年真摯に反戦の思想を貫いてきた人たちと、妙に親和性をもってしまいました。

それで思い出したのが、昨年の九月に台湾師範大学であった「反介入に基づく東アジア平和運動〔反介入的東亜平和運動〕」の集会です。宮古島の清水早子さん、沖縄島の具志堅隆松さんが招かれ、とてもすばらしいお話をされました。お二人が思い描く「平和」とはすべての人に適用されるべきものであり、そこには根本的な非軍事化の理想と覚悟、そしてもう一つの世界の可能性への想像がありました。ところが、この集会の台湾側の主催ならびに出席者の多くは、かつての国民党一党独裁時代の軍人やその関係者でした。だから「反戦」を掲げる資格がないというわけではありませんが、これらの人びとはその場で、「〔中国〕人民解放軍のターゲットは台湾の一般市民ではなく、あくまでも台湾分離主義分子なので、どうぞご安心ください」と、平然と言い放ちました。それは中国の軍事化と、思想による命の選別を正当化する言葉にほかなりません。台湾の自立を求める人びとは、「反戦」という言葉を利用したこのような語りのもつ欺瞞性をそのまま「反戦」という言葉自体の欠陥とみなし、それを使わないことにしてしまったのではないかと思います。

本来なら反戦運動は、台湾の民主化運動と切り離せるものではありませんでした。たとえば二〇〇三年のイラク戦争の際、台湾では「平和、反戦、静かに歩く」という、停戦を求めて毎日ひたすら静かに行進する運動がありました。運動の主体は、台湾の民主化と中国からの自立を追求してきた人びとでした。そこには、これまでの国民党政権による軍事的支配と、現在も続く中国による「解放」という名の軍事的脅迫を経験した／している自分たちだからこそ、戦地にされた地域の人びとの戦争への憎み、そして平和への渇望を、誰よりも理解できるという思いがありました。一方で中国による戦争の脅しを批判しながら、他方でアメリカの強権による戦争を見過ごすわけにはいかない。台湾の平和に注目するよう求めながら、他の人びとの平和をないがしろにするわけにはいかない、との意気込みもありました。台湾政府が欧米諸国の立場を擁護するなら、台湾人はこれに対し自らの「道徳的一貫性」に基づいて行動を起こすべきであり、それこそが台湾の民主化の真髄なのだというのが、この運動のコンセプトでした。

ここでわたしがいいたいのは、台湾人はこんなにも反戦運動をがんばっていた、ということではありません。いまこの時点では、「反戦」という言葉が奪い取られ、意味が捻じ曲げられているからこそ、もう一度原点に立ち返る必要があるということです。それなのに、台湾の自立を求める人たちの多くが「反戦などしょせん偽善だ」と唾棄し、あっさりと別の言葉に切り替えようとしている、その危険性をいいたいのです。

これらの人びとが「反戦」の代わりとして使おうとした「反侵略」は、いつの間にか「反戦」の同義語ではなく対義語として独り歩きしだしました（たとえば昨年五月九日の『琉球新報』のインタビューで、呉叡人さんが「戦争に反対する」ことと「自分を守る」ことを相反するものとして、台湾と沖縄のすれ違いをめぐる葛藤を訴えていたのが気になります）。また、台湾の自立を求める営みというのは、新城郁夫さんや鹿野政直さんの言葉を借りれば、ほんとうは「思想」=「身体の小さな振る舞い」であるはずです。しかし、中国がこうした思想の問題を軍事力で解決する姿勢を示し、アメリカや日本がそれに対応する形で軍事化を進めたために、その営みはどんどん軍事の土俵に引き摺り込まれてしまっています。台湾社会そのものも、こうした事態に対応するために、軍事的な面での「自衛」に傾斜しました。つまり、軍事力による思想弾圧という権力の非対称性が、異なる陣営間の軍事的対立という構図に矮小化されたのです。さらにいえば、日本社会にみられる「台湾有事」という論調自体を問題視する議論も、以上のような構図の矮小化に目を瞑ったまま、台湾問題が軍事問題化したことを指摘する程度にとどまるなら、いくら外交という別の土俵に議論を移そうとする努力があるとしても、やはり軍事のことしか見ていないといわざるをえません。このように、渦中にある誰もが「外部による規定」と正面から対峙することを避けた結果、みな知らず知らずのうちに対抗すべき大国側の軍事の論理に回収されてしまい、覆い隠されたものが何であるかが見えないままになっているのではないでしょうか。

対抗しているはずのものに自らが似てしまうということは、よくある話のように感じます。だからこそ、鹿野さんの言葉を借りるならば、「もう一度元に戻って、いつでも反復運動して考える」ことが大事なのだと思います。

七月の呉叡人さんの講演のなかでは、台湾人としての原点は「人間になる」ことなのだ、という言葉が印象的でした。それとのかかわりで、ゆずかさんがお手紙のなかで触れられていた西サハラの講演会で岡真理先生がおっしゃった、西サハラ難民のキャンプを生きる人びとは人間になるためにこそ「人間である」というのはどういうことなのかを常に問わなければならなかった、というお話も心に響いています。台湾で「人間になる」「人間である」とはどういうことなのか、もっと考えなくてはならないと思いました。また、基地が沖縄にもたらされたことによる「いのち」の剝奪の苦しみがあると同時に、基地をなくすのではない基地移設・基地引き取りは、これまで培ってきた沖縄の「いのち」の理念がすべて剝奪される苦しみが伴うという新城郁夫さんの叫びも、通底しているように感じました。きっと、二〇〇三年の「平和、反戦、静かに歩く」もそうでしょう。

わたしも、一刻も早く前に進みたいという焦りを抱えながらも、運動的な意味で素早く何かを「達成」することより、自分たちの求めるものの中身はどのようなものなのか、常に立ち止まって、振り返りながら考えていきたいと思いました。

最後に、「認識する」ことに関連して思い出したのは、一九七二年二月号の『中央公論』に掲載されている川満信一さんの「沖縄における中国認識」という文章です。日本社会で繰り返し起こる急性の「〇〇を認識する」ブームに対して、どれも体制の変革を伴わないと批判されています（この文章が書かれた時代背景としては、同年の沖縄返還とニクソン訪中があります）。台湾にかんしても近年、「台湾有事は日本有事」などといわれてから、日本本土と沖縄社会での関心がぐんと高まり、台湾関係のイベントもたくさんおこなわれるようになりました。きっかけは物騒で、にわかに起こった現象だとしても、台湾が知られる機会が増えて嬉しいという気持ちをわたしは完全には否定できません。※しかし同時に、「台湾認識」がこのまま「台湾有事」の枠組みから出ることがなければ、仮に「有事」がいったん収束したと判断された場合、あるいは別の場所で新たな危機が発生した場合には、台湾のわたしたちのことは忘れ去られるのではないかとも思いました。深刻さは比べものにならないのですが、昨年一〇月七日までパレスチナのことが人びとの意識の端にものぼらなかったのと似ているような気がします。

わたしにとって、沖縄を認識すること、日本を認識することは、どこかで台湾を認識することにつながっています。特にゆずかさんや麻奈美さんとこうやって言葉を交わすと、沖縄にとっての台湾、日本から見る台湾も知り、それによって台湾からも相対化しながら、ここは見えなかったとか、こう考える・いうのはまずかったとか、こう伝えるべきだったとか、実はこういう選択肢もあったとか、常に自分自身の組み換えが求められるような気がします。往復書簡はまだ始まったばかりだけれども、表面上の利益で結ばれた国家・政府主体の「同盟」より、はるかに同盟の内実を伴っているのではないかと思います。お返事のつもりが、結局いくつかのキーワードから膨らんだ自分の考えをつらつらと書くだけになってしまいました。次は麻奈美さん、よろしく。

※追伸　たしかに「台湾有事」という言葉がさかんに叫ばれるようになったことでハイになっている台湾の人もいます。それを見て「好戦的」「挑発的」と感じ、ギョッとする人もいるかもしれません。しかし、台湾の人は「有事」だから浮かれているのではなく、自分たちにとっての「日常」がようやく台湾の外でも認知されたと思って喜んでいるのだということは、どうしても弁解させていただきたいです……。

――――――――――二〇二四年四月八日　宮良麻奈美

ゆずかさんがシンポジウムでわたしや彩薇さんの言葉から汲み取ってくれた「自分自身の立場や考え方が外部から規定されてしまうことへの抵抗が含まれているのではないか」という指摘は本当にそ

のとおりで、改めて自分が伝えたいことは何かを考え直す機会になりました。また、一つひとつの言葉に対して真摯で誠実な彩薇さんにも、率直にわたしの考えをお伝えできればと思います。最近よく考えるようになった「沖縄米軍基地引き取り運動」（最近は沖縄では「引き取り」ではなく「返却／突き返し運動」と一部から呼ばれるようになっています）と沖縄・日本のすれ違いについてです。

わたしは二〇一八年に、南西諸島での自衛隊配備強化に伴う基地増設に関する住民投票運動を石垣島の仲間たちと立ち上げました。それは、日本のメディアで中国を睨む政府目線の報道や軍事理論の枠組みを超えない議論ばかりが先行する一方で、実際にそこに住む人びとが、まるで透明人間であるかのように、存在を無視されていることへの抵抗でもありました。一見すると基地反対を出発点にした沖縄の反基地（平和）運動の一環のように思われることも多いですが、この運動は、誤解を恐れずにいうと、必ずしも軍事を否定するものではありません。「賛成でも反対でも住民投票をすべきだ」「決めるのはこの島で生きるわたしたちだ」と、徹底して自己決定を求めたものです。ただ、わたし個人として基地建設と自衛隊配備に強い不信感をもっていたのは事実です。

そんな自分の考えも主張したい思いもありながら、運動を通して発言の場が広がっていきました。けれど、次第にわたしは言葉を発することができなくなっていました。沖縄や、特に石垣島の問題として、自衛隊配備問題はこれまで注目されてこなかったけれど、二〇二二年以降は「ウクライナ侵攻」や「台湾有事」といった、日本人にとって沖縄の問題よりは比較的関心の高いテーマのもとでなら語ることを許されているように感じ（実際はそれらの問題もまた瞬間的に注目されているにすぎないけど）、本土人が沖縄に求める役割、この場合は主に特定の政治勢力の方針に反対するための説得力としての役割を察知して、自分自身がそれに沿うように振る舞っていることに気づいたからです。これもまた「外部からの立場や考え方の規定」の一つなのかもしれないと思うようになりました。それと同時に、彩薇さんの「いったん「有事」が収まったとすれば再び忘れ去られてしまうのではないか」というのと似たような不安を、わたしも感じるようになりました。

わたしは広い意味での非軍事の立場に立ってきたつもりはあったものの、沖縄と日本の関係性や沖縄という存在そのものを捉え直すことなしに基地問題の正体は理解されないと思うようになりました。それはつまり、日本人がいくら口先では「沖縄の基地負担軽減」を掲げていようとも、「基地は沖縄でいい」という潜在的な意識や基地問題に本気で向き合わない怠慢を明らかにする必要がある、ということです。

彩薇さんが紹介してくれた新城郁夫さんの、基地移設・基地引き取り運動にはこれまで培ってきた沖縄の「いのち」の理念が剥奪される苦しみが伴う、という言葉が印象に残っています。おっしゃるとおりで、沖縄の人こそその苦しみを分かっているはずですが、ではなぜ沖縄米軍基地引き取り運動が「基地被害のたらい回し」だと国内で批判されながらも、沖縄の言論を主導する人びとには受け入れられているのか。それはやはり、八割を超える国民が日米安保を支持していながらほとんどの自治体で基地を拒否するという矛盾状態を成立させているのが、日本の沖縄に対する「植民地主義」と「差別」の問題だということを示す必要があるからです。

ちなみに、沖縄への米軍基地集中は一九五〇―六〇年代に日本本土の米軍基地が反対運動によって撤去された結果であり、「沖縄の理解が得られないから基地を日本へ」は不可能であるのに、「日本の理解が得られないから基地を沖縄へ」が可能となっている状況を見れば、両者の権力性の違いは明らかです。日本の国土の〇・六パーセントを占めるにすぎない沖縄に、在日米軍基地の七〇パーセント以上が集中しています。

基地の過重負担を問題視するよりも前に、琉球侵略・併合から続く歴史・文化・アイデンティティの剝奪がいまの構造的差別と地続きであることを、多くの日本人は理解できず、それゆえ自身の立場性を見誤りつづけているように思います。むしろ、沖縄人が民族としての自己決定を求める声を、「日本人と沖縄人の境界を引くことは日本人に対する排除や逆差別である」というように捉えられることも少なくなく、本土の人はまるで被害者のように振る舞いながら同化の強要をしているように見えます。しかしながら実際のところは「大同団結」のためアイデンティティを語ることすらタブーになっている節があると感じます。

本土人が植民地主義と構造的差別の存在を知ることで、沖縄米軍基地問題が自然発生的に起こったものではないことを理解し、沖縄の痛みを想像できるようになるのではないかという期待を、わたしは否定できません。実際に本土が基地を引き取るかどうかは別として、不平等と差別が再生産されつづけている原因を、抑圧者・被抑圧者の立場性を明確にしながら否応なしに本土の人たちに突きつけるのが、引き取り論だと思います。日本人の多くが日米安保を支持する状況が変わらない限り、また基地問題の正体に向き合わない限り、「沖縄にいらない基地はどこにもいらない」という本土の連帯のスローガンはどうしても欺瞞的に響くのです。それは「Black Lives Matter」に対して「All Lives Matter」を持ち出すことの欺瞞性に通じると思います。また、「すべての日本人が差別をしているわけではない」といって自らの抑圧者としての立場を放棄する人にも、それは「Not All Men（すべての男が性加害をするわけではない）」と同様の仕草だと指摘したいです。

また、基地引き取り運動が新たな基地被害のたらい回しになるという地理軸で語られるならば、沖縄に米軍基地を置きつづけることも沖縄の次世代に基地被害をたらい回しにすることだという時間軸での視点も必要だと思います。固定化されつづけている沖縄の基地は、縮小するどころかストッパーになるものが存在しないため、現在も拡大しつづける一方です。

だからわたしは、本来の非軍事化の望みよりも、「安全保障の手段としての沖縄」と「平和のための手段としての沖縄」のどちらも拒否して、まずは沖縄の自己決定が尊重される環境をつくってほしいと考えるようになりました。

「反戦」という言葉に懐疑的になる台湾の人びとと、「平和」の理想を課される沖縄の訴えは、反転しながらも同じ輪郭をもっているように思います。

このような文章を綴ることへのストレスもやっぱりあって、そのときにゆずかさんの「そうせざるをえない苦しみ」を推しはかる努力に救われてもいいのだろうかと悩みます。意図と違っていたらすみません。

これまでのわたしの意見もまた、軍事の土俵に限定された「外部からの規定」を受けているでしょう。でも、いったいどうしたらいいのだろうかと悩みつづけています。受け取る相手がいないボールを八〇年間投げつづけ、何度も自分で拾いつづける寂しさを味わいつづけるのはとても、虚しいです。

沖縄からの視点を長々と伝えるだけになってしまいましたが、一つの論点として見ていただければいいなと思います。

——————二〇二四年四月二六日　齊藤ゆずか

ごめんなさい、手紙を書くのに時間がかかってしまいました。文章を考えるのに時間がかかったというわけではなく、書きはじめること自体が、なかなかできませんでした。まずその理由を書かせてください。

お二人からのお返事は、わたしにとってすごく嬉しいものでした。わたしの紡いだ感想に、お二人が肯定的に応答してくださったので、わたしはほっとする思いでそれを読んでいました。なぜほっとしたのか。それは、わたしがこの書簡のやりとりをすることに、うっすらと、でも逃れられない不安を覚えているからです。

お二人のお手紙からは、彩薇さんと麻奈美さんが、台湾と沖縄が抱えてきた痛みを自分なりに引き受けながら、それでも大きな物語に回収されない、自分だけの言葉や思想を探す途上にあることが、ありありと伝わってきました。

わたしはどのような立場でこの書簡のやりとりに参加しているのだろう。繰り返し読めば読むほど、それが分からなくなりました。「日本本土」？「普通の」日本人？わたしは、手紙の向こうにいるお二人の顔を思い浮かべました。どんな思いでこれを書かれたのだろう。彩薇さんが覚悟をもって

「反戦」という言葉が台湾でもつ意味について書かれたこと、麻奈美さんがいったんお手紙を書き終えてから、やはり付け加えたいことがあると連絡をくださったこと。その筆をもつ手が触れてきた痛みに、わたしはどれだけ無頓着でいたのだろう、と思います。一方で、自分が台湾や沖縄を認識してこなかった「日本人」の、あたかも代表であるかのように言葉を紡げば、それはわたしの気持ちとは違うことを書いていることになります。わたしはお二人を知ったときから、お二人の言葉を受け取ったときから、台湾のことを、沖縄のことを、知りたい、と切に願ってきたからです。

しかし、自分の立っている足元を明らかにしないで、ただ知りたいと望むこともまた、日本という「大国」／「帝国」がこれまで台湾や沖縄にしてきたことを考えれば、一方的で、暴力的な視線になりかねません。こちらは知ろうとしているでしょう、説明しなさい、という傲慢な態度です。わたしはいったい、どこにいる誰として、この手紙を出せばよいのだろう。書きあぐねていたとき、心配してくださった彩薇さんから、連絡をいただきました。

わたしはそのとき抱えていたこれらの悩みを、恥ずかしながらも彩薇さんに打ち明けました。彩薇さんは、正直に書いてみては、と提案してくださいました。そのなかで、彩薇さんもわたしのことをもっと知りたいと思っている、と言葉をかけてくださったのです。台湾について、沖縄について、軍事や平和という観点が登場しているここで、わたしが向き合ってきた戦争のこと——パレスチナの話をさせてください。

およそ六年前、高校生のとき、わたしはふとしたきっかけでパレスチナ問題について知りました。生まれ育った北海道に、「北海道パレスチナ医療奉仕団」という、現地で医療支援や子どもの支援をおこなう団体があり、代表の猫塚義夫医師の講演を聞きました。

彼の話は、わたしにとっては衝撃でした。昨年秋からの戦争で話題になっているガザ地区ですが、もう七〇年以上も前からパレスチナの人びとは難民としての生を余儀なくされていて、ガザ地区は一五年以上にわたり、「完全封鎖」と呼ばれる、人やモノの出入りが自由にできない状態を強いられていたのです。薬や資源が不足し、必要な医療が受けられず、環境は汚染され、失業して希望を失った若者たちがドラッグを使ってしまう。イスラエルという国家が、爆弾やミサイルを使わなくとも、パレスチナに生きる人びとから、人間らしい、尊厳のある生を奪っているのです。

わたしは昨年の秋から始まったパレスチナ・イスラエル間の出来事を、「戦争」と呼んでよいのかどうか、しばらく迷っていました。それは、パレスチナ・イスラエルの間にある非対称性に着目しているからでもあり、加えて、「平和」の対義語としての「戦争」が、昨年秋から始まったとすることに、戸惑いがあったからです。

彼らの「日常」は「平和」と呼べるのでしょうか。「戦争」が終われば、彼らに「平和」が訪れるのでしょうか。

反戦という言葉について、彩薇さんが書いてくださいましたね。パレスチナでの「反戦」「停戦」を訴えるデモが、日本でも始まりました。わたしは大学入学後に団体を立ち上げ、ガザ地区の学生とオンラインで交流を続けてきました。彼らや、彼らにとって大事な人たちの命がどうか守られてほしいと願うこと、たしかにそれは、空爆が繰り返されるこの状況を変えてほしいということにほかなりません。でも、その先に待っているのが、世界からの忘却だとしたら。空爆がない、おびえる夜がないということが、報道されない、関心をもたれないということと背中合わせになっていてはいけない、と思いました。ガザにいながら日本語を学んできた友人はいいました。「戦争が終わったら、日本に行きたい」。わたしは、彼女の夢をかなえたいです。そのためには、占領そのものが終わりにならなければならない。彼女が「戦争」という言葉を使ったことで、初めて、わたしはパレスチナの状況を「戦争」と呼べるようになりました。いま、パレスチナの人びとは、「占領」の上に重ね塗りされた「戦争」のなかにいるのだと、そう考えることにしました。

翻って、沖縄の状況は、台湾の状況は、と考えたくなります。沖縄でも台湾でも、そこで生きる人びとにとっての、「戦争」や「平和」という言葉がもつ意味を、否応なく複雑なものにさせられてきたのではないでしょうか。基地を置くことによって、あるいは「有事」という言葉を使うことでようやくスポットライトが当たるようなやり方によって。異なる地域を安易に比べることは適切ではありませんが、そうやってそこで生きる人びとの尊厳が脅かされていると感じるから、わたしは沖縄のことも、台湾のことも、パレスチナのことを知ったあの日と同じように、知りたい、いや、知らなければならない、と思うのです。

先日、台湾のとあるバンドの日本公演が京都でありました。曲と曲のあいだで、メンバーがいいました。「僕は兵隊に行っていました。ライフルではなくギターをもっていられることが嬉しい」。歓声が上がり、拍手に包まれました。そこにいた多くの、おそらくは「良心的」な「日本人」にとっては、それはもちろん、当たり前のように肯定できる言葉でしょう。でも、「台湾は民主主義を大切にする国です」と故郷を紹介した彼が、その言葉を口にするまでには、たくさんの考えが巡っていたのではないか。彩薇さんの手紙を読んでいたわたしは、そう思います。だからこそ、その言葉を日本語でマイクに乗せた彼に、わたしは大きな拍手を送りました。

いつかお二人と、台湾・沖縄という場でお会いしたいと思っています。どれだけ言葉を重ねても、鮮明な映像を見ても、その土地に行ってみなければ分からないことが、やはりあると思うのです。わたしには、まだ分からないことがたくさんあります。けれど、分からないから、と開き直りたくはない。分からないということを抱えていたい。その思いが、彩薇さんや麻奈美さんの言葉に触れて、いっそう強くなりました。

二〇二四年五月五日　張彩薇

お二人の原点とそれに連なる思いを話してくださって、ありがとうございます。

そういえば、この往復書簡で、まだ打ち明けていなかったことがあります。「知ってるわ」とつっこまれるかもしれませんが、わたしは、根っからの「台湾独立主義者」です（笑）。

一昨年の冬でしょうか、台湾関係のシンポジウムの後、一緒に参加していた友人と大阪のとある台湾料理屋に入りました。小籠包を待っている間に友人が、「台湾が中華民国の統治下に入ってもうほぼ八〇年も経った。もう受け入れてもええんちゃうか。台湾はもう中華民国として独立したんや、中*華民国は台湾や。これ以上こだわるのは、中華民国というものへの排除やで」といいました。「はて?」と、朝ドラの主人公・寅子がついつい発してしまうあの言葉を出さんばかりに、わたしは「排除。いまの正当な国家権力としての中華民国に対して、台湾独立という主張が主流であったり力を握ったりすることは、一度もなかった」といい返しました。でも、いえなかったのは、「台湾独立を夢みる者からしても、八〇年も追求してきたんやから、もう受け入れられてもいいやんか」の一言でした。「受け取る相手がいないボールを八〇年間投げつづけ、何度も自分で拾いつづける寂しさを味わいつづけるのはとても、虚しいです」という麻奈美さんの言葉のとおりで、わたしも虚しく感じ、それ以上この話を続けてしまったら、せっかくのご馳走も味わえなくなってしまいそうだと思い、いえませんでした……。既存の「中華民国国家」(人によっては「台湾国家」「中華民国台湾国家」ともいいます)に包摂・排除されつつもそこに安住することには断固として反対する、台湾人としての自立・独立(「台湾独立」)を求める思想は、いうなれば、わたしの生き方そのものなのです。

ただ、「台湾独立」がほんとうの意味でわたしの「主題」になったのは、実はたったこの数年のことです。わたしは、一般的な意味での台湾独立意識、つまり台湾という名の国を求める意識が強い家庭に生まれ、それなりに単純な理由で、大学院では台湾独立運動の先駆者とされる廖文毅について研

*台湾における中華民国(中華民国在台湾)「中華民国」という国号はもともと中国全土を代表する国家という意味合いをそなえていたが、中華民国の実効支配地域が台湾と近海の島々に限られてきた事実を背景として、台湾はすでに中華民国という形式で独立した国家を構成するものとみなす主張がある。中華民国という国号を廃止して名実ともに台湾共和国を樹立すべきだとする立場からは玉虫色の主張ともみなされるが、国際政治の現状を踏まえながら独立性を保つための現実主義的な方針として、二〇一九年に民進党の蔡英文政権(当時)が打ち出した。

います。

究しようとしました。日本による植民地支配から「解放」された台湾は、その後すぐに国民党政権の統治下に置かれましたが、台湾の人びとにとってその統治は日本時代と同様に、植民地的な支配でした。廖文毅はそのような植民地的状況の連続からの解放を切実に願って、さまざまに模索しました。その姿を追っているうちに、わたしはこれまで自分のなかの「独立」があまりにも自明なものとして、問われてこなかったことに気づきました。それから「台湾独立」とはどういうことなのかを探る旅が始まり、それが自分の生き方になったような気がします。生き方だからこそ、模索しながら、揺れています。

この四年間は特に「揺れ」が激しい時期でした。そのきっかけは駒込武先生のゼミでの学びを通じて沖縄に出会ったことです。それまでは基地のことについて情報としてぼんやりと知っていたくらいで、出会った、とはいえなかったのだと思います。わたしは沖縄について勉強しはじめてからまだそんなに日にちが経っていないし、沖縄から発せられる「声」にはまだ数えるほどしか触れられていません。それでも、沖縄から出発した思想の多様さに圧倒されました。一見すると形の異なる暴力を、身体性を伴うからこそ串刺しにする問いが、沖縄という場所に根ざしながらさまざまな方向に展開されており、時に相互にぶつかり合ったりもします。それを見て、自分自身がこれまで口にしてきた「独立」が、いかに「台湾」という空間に閉じこもった表面的なものにすぎなかったかということに、衝撃を受けました。また、沖縄と台湾のあいだの複雑な関係だけでなく、沖縄の語りの豊かさと深さを通して、歴史のなかで埋もれてしまった台湾の人びとの思いにも、少し想像を巡らせることができた気がします。このようなことを経て、沖縄について考えることはわたしにとって、「台湾独立＝台湾を生きるということ」の引き剝がせない一部となりました。

麻奈美さんがいうように、「All Lives Matter」で「Black Lives Matter」を覆い隠させてはなりません。それだけではなく、すべてのいのちが大事だからこそ、「Black Lives Matter」から出発せねばならなかったのだと思います。またごからこそ、ゆずかさんの言葉を借りると「重ね塗り」ではない、真の「All Lives Matter」に向かう「Black Lives Matter」はどのようなあり方を取りうるのかが模索されてきたのではないかと思います。つまり、この両者を対立したものでも、順番の問題としても捉えないような思想の広がりが、そこにはあるのです。一方、「Not All Men」だからこそ、それをいいたがる「Men」は自身の発する言葉に内実をもたせるべく努力すべきだとも思っています。

中国―台湾、日本―沖縄、イスラエル―パレスチナの構図のなかで、「戦争（あるいはその可能性）」で「占領（またはその欲望）」が重ね塗りされつつも、たとえば台湾は日米軍事同盟の体制に組み込まれたことで、たとえそれが不本意であったとしても、その体制の「被害者かつ媒介者《エイジェンシー》」（竹村和子さんの言葉）になってしまいました。つまり台湾が、軍事的侵攻の脅威にさらされている点では被害者でありながら、同時に、日米軍事同盟体制をより強固なものとしていく点では、基地にまつわる暴力や軍事による人と自然の破壊を容認してしまうなどの加害性も帯びてしまったということです。台湾はもはや被害者か加害者かのどちらかにはなれません。そこではあまりにも被害者性と加害者性がないまぜになっており、被害者性が加害者性を生み、加害者性もまた自らの被害者性を生み出すというループに陥ってしまっています。この複雑さゆえにわたしは、「台湾独立」の向かう先はもはや単純な一国の「独立」には収束させられず、自らも含めあらゆる権力性に切り込み、すべての人間の解放そのものにつながっていかなければすまないと思うようになりました。それは台湾の人間だけでなく、世界的な軍事同盟体制のなかで時に台湾と利益が相反するかのように見える沖縄の、パレスチナの、さらに大国の人間も含めた、すべての人間の解放です。昨年四月におこなわれた「認識台湾」の最初の集会で、わたしは、世界への入場券あるいはスタートラインとしての「国家」を得るのではなく、国家の意味を新たに倫理的に解釈しなおし（そのときそれを「国家」と称するかどうかは措くとして）、はるか遠くにある「理想」としてそれを追求するほうがいいのではないかと発言したのですが、それも実はそのような思いがあったからです。

麻奈美さんが指摘しているように、沖縄の人びとにとって「基地たらい回し」の問題は、「時間軸」の視点抜きには考えられないことでした。だからこそ、「基地移設・引き取り」あるいは「返却／突き返し」をめぐって沖縄内部で捉え方が分岐していながらも、基地がどこにあろうとも最終的には全廃――あるいは目取真俊さんの言葉で「戦争の「絶対否定」」というべきか――に向かわなければならないという執念もまた存在しているのだと想像します（正直にいうと、沖縄について語るときは、いつもおそるおそる言葉を紡いでいます）。

同時にわたしには、日本本土で「基地移設・引き取り」を先頭に立って唱えている日本本土の方がたに対して、次のような疑問が湧いてきます。つまり、本来なら、沖縄からの「引き取れ」という痛みの伴う言葉に対し、「引き取れないので沖縄の基地もなくす」という応答が要請されていたはずです。しかし、日本本土の人が「基地移設・引き取り」を承諾することによって責任を取るといってしまうならば、最終的に代価として、沖縄の人びとにどうしてもなにかしらの「加害」につながる選択を押し付けてしまうのではないでしょうか。それが日本本土の圧倒的多数が沖縄の基地に対して無関心である現状の一つの打開策としていわれていることは理解します。しかしそれは結局のところ、日本本土の人が沖縄の声に耳を傾けるというより、むしろ「よりよい自分」になることへのナルシスト的欲望ではないでしょうか。どうして、加害―被害の関係性から解放されるはずの側が、逆にある種の「悪役」を引き受けざるをえないのでしょうか。こう思ってしまうのは、わたしが心の狭い人間だからかもしれません。しかし、これは新城郁夫さんのいう「苦しみ」に通じるものだと勝手に理解しています。

麻奈美さんのお手紙から、あまりにも報われない現実に対して、「戦争の「絶対否定」」に対する執念がいま、沖縄のなかで揺れていることも知りました。しかし、不謹慎かもしれませんが、それでもわたしは、戦争の「絶対否定」が通奏低音として響く沖縄の思想に惹かれてしまいました。そして、ただ惹かれるだけにとどまりたくないと思いました。沖縄に自分の理想の投影をするのではなく、それをわたしの生き方にしっかりと刻み込もうと思いました。わたしにとって、台湾を地政学的な意味での利害関係から解放するためには、そして沖縄との対話を始めるには、さらに誰かが取り残される形の現状打破にならないためには、台湾もそのような開いた思想に向かうほかないと感じたからです。「戦争」だけを問題視するのでもなく、「戦争」を迂回して「占領」「植民地化」を考えるのでもありません。「戦争」に塗り重ねられた「占領」「植民地化」を剝き出しにするには、「戦争」だけを取り除いて見る、という形ではありえないのです。むしろ「戦争」を貫いて「占領」「植民地化」を見つめることで、初めて軍事の論理を相対化することが可能なのではないでしょうか。あまりにも理想主義的で、現実を「固定化」するレトリックに聞こえてしまうことを恐れつつも、そう思わざるをえませんでした。
仲里効さんの文章を通して、一九六二年一二月二〇日午後一時にKB54大型輸送機が嘉手納に墜落し、二四歳の青年と、生後二か月の赤ちゃんが焼け死んだ事件について、中里友豪さんが綴った詩「ボク零歳・黒焦げんぼ」を知りました(「〈沖縄戦後思想史から問う「県外移設」論〉下」『琉球新報』二〇一六年九月二三日付)。次はその一節です。

朝アナタタチ
テキトウニ議論ノ味ヲツケ
憤怒ト悲痛ヲゴッチャマゼニシテ
石川ジェット機事件を食ベマシタ
イマ夜アナタタチ
形ヲ失クシタ黒焦ゲノボクヲ食ベル
ノデスカ
後ニ残ルノハ日常ダケデスカ
オナカハ痛ミマセンカ
ボク食ベラレタクアリマセン
食卓ニ黒イカタマリガアレバ

ソレハボク
ボクニハ権利ガアリマス
アナタノ食卓ニイツマデモ
居続ケル
黒

カタカナで綴られたこの詩には、無機質の「死」にさせられた「ボク」のかすれ声が響いています。「ボク零歳黒焦ゲンボ／ボク死ニタクナカッタ」から始まる中里友豪さんの詩は、「ホントニ生キタカッタノデス／生キテコノ……」のオープンエンドでした。六〇年以上経ったいまでは、わたしたち全員の食卓に「ボク」の姿があるのではないかと思います。「食卓ニイツマデモ／居続ケル／黒」に凝視されつつ、わたしは、仲里効さんの言葉を借りれば、「「死者」としての相位」から「〝残余の思想〟は〈居続ケル／黒〉をもつことによって「永遠平和」の理念から不断に働きかけられる」という沖縄の「核心点」および「原点」を、台湾人として、また生き残っているものとして、僭越ながら引き受けたいと思っています。

往復書簡のわたしの手紙は、とりあえずこれが最後になりますが、「……」の先に何があるのか、これから考え、紡いでいきたいと思います。

二〇二四年八月一日　宮良麻奈美

一通目のわたしの手紙で触れた「All Lives Matter」と「Black Lives Matter」を再び例にとって、彩薇さんのお手紙に対するわたしの率直な思いを書きます。

真の「All Lives Matter」に向かう「Black Lives Matter」を実現するため、どのようなあり方ならしうるのか、その議論を進めることは必要です。しかし、結局答えが出るまでとどまりつづけることになれば、それは現実として現状を消極的な形で肯定することになりませんか？　目の前で暴行を受けている人を見ながら、「どうすれば加害者が暴行を起こさないですむか」と考える前に、まず一刻も早く被害者の痛みを止めなければならないと考えるのではないでしょうか。

彩薇さんは、台湾が、軍事的脅威にさらされている点では被害者でありながらも、同時にアメリカを中心とした軍事同盟体制をより強固なものとしていくという点では加害者になってしまうことを指摘して、そのループに足を踏み入れてしまうことへの懸念を強く示されていました。けれど、彩薇さんの考える「All Lives Matter」や「Black Lives Matter」、つまり自分が加害に加担することを徹底的に回避しようとする論理では、理想のために停滞しつづけることになるのではないでしょうか。それは結果的に被害者／加害者を明確にすることを避け、構造的差別の温床となっている「階級」を批判・解体しないまま不可視化することになると思います。それは突き詰めていくとやはり、「加害者／被害者はいない」→「加害・被害がないのだからそもそも暴行など起こっていない」となってしまいかねないのではないですか。加害者・被害者のループに陥ることが問題だとしても、たとえば彩薇さんが懸念する道を選んだ台湾が加害者であり被害者でもあることの事実は消えないし、この二つの問題はそれぞれの課題を抱えたままに併存しえるものだと思います。

もちろん、「理想を語ること」や「あるべき姿を模索する」ことを否定しているわけではありません。しかしその問いを沖縄に投げかけるのはあまりに酷ではないでしょうか。これまで、沖縄を含め、いったい誰が沖縄の現状を変えることができたのでしょうか。

「沖縄の人はアイデンティティや故郷への愛が強いよね」とよく日本の方からいわれます。もちろんそうなのですが、実のところは、〝沖縄が沖縄であることを強く自覚し、他と差別化しなければ、わたしたちの存在は無いことにされてしまうから〟という側面もあるとわたしは思います。だから、沖縄は沖縄であることにこだわり、線引きを求めるのです。多くの日本人は、日本人であることをがんばらなくても、存在を脅かされることが少ないのかもしれない。この辺は多くの日本の人びとには感覚的に理解することが難しいのかもしれません。また、日本の方に「長いあいだ、沖縄はがんばっていてすごい」「沖縄の勇気に感動した」といわれると、わたしは何もいえなくなります。その賛辞はどこか無責任に思えます。沖縄に自分の理想を見出し、それを沖縄に内面化させ、無意識にヤマトにとって都合のいい「道具」「手段」になるようコントロールされるように感じるからです。

鹿野さんと新城さんの対談で、鹿野さんは「私は基本的に「本土」の人間は、いかにそれが苦しくてもそれ（基地引き取り）を断っていくべきだと、ともかく。そして基地廃止という方向に向かって踏ん張っていくということ以外にないと思っている」と語られました。しかし、鹿野さんのおっしゃる〝苦しさ〟って、誰の苦しさ、誰のための苦しさなのだろう。踏ん張っていくのは沖縄の人であって、本土人の鹿野さんがこれを語ることにやはりわたしは心がふさぎ込んでしまいます。

日本では、政治運動をすることや強い思想をもつことを褒められることは少なく、「面倒なこと」「厄介な人」と見られがちです。でも、わたしが沖縄に埋もれて生きていくなかで、いまはまだ不安定で脆弱ではあるけど、自分のなかに生まれつつある思想を大事に育てていきたいと思っています。それは国家を失い、民族としても透明化されてしまった沖縄だからこそ、わたしにとっての「沖縄とは何か」という目には見えない思想のもとで、その存在を自分自身に証明したいと思うからです。わたしがその思想のもとで人生を貫くことは自己満足にすぎないのかもしれないし、消えゆく存在かもしれないけれど、それは沖縄とわたし自身の尊厳を守る一つの形だと思っています。

わたしは、彩薇さんと方法は違っていても、同じ方向を向いているつもりではいます。彩薇さんのビジョンや思想はとても理解できるし、尊いとも思います。ただ、わたしはわたしの論理を組み立ててその道を進みながら、彩薇さんを応援したいと思っています。

ゆずかさんがこれを読んでどう思われるか、正直な感想を聞きたいところですが、往復書簡はこの回で最後となります。またいつかお話しできる機会があれば嬉しいです。

鼎談

台湾と沖縄がともに平和であることは可能か？

（二〇二四年六月二〇日、東京某所にて開催）

呉叡人×元山仁士郎×駒込武

駒込　今日の日本社会では、政府与党の政治家が「対中戦争に向けて準備するために、沖縄を含む南西諸島の軍事化を進めるべき」とアメリカ政府の意向そのままに論じる一方で、リベラル・左派のなかでは南西諸島のさらなる軍事化に反対し、中国が台湾に侵攻しても日本は関与すべきではないとする論調が一般的です。一言でいえば、沖縄をはじめとする南西諸島の島々を犠牲にしてもやむを得ないとする論と、台湾を犠牲にしてもやむを得ないとする論の両極に分裂しているともいえます。わたしは、このどちらにも賛成できません。

そもそも、こうして日本社会のマジョリティーが台湾と沖縄のどちらを犠牲にすべきかと議論をしていること自体、他者の運命を勝手に操作する植民地主義的な態度を引き継ぐものと感じています。台湾も沖縄もともに平和である。しかも単に戦争が起きていないというだけではなく、それぞれの生存権や自己決定権が尊重される世界としていくために、日本社会がどのように変わらなくてはいけないのかを考えなくてはならないと思います。もちろん簡単に答えの出るような問いではありません。ですが、二者択一ではない突破口を探すためにこそ、わたしたちは考え、対話しなくてはなりません。

そこで、今日は台湾から呉叡人さん、沖縄から元山仁士郎さんをお招きして対談を開かせていただくことになりました。このお二人について、改めて説明するまでもないと思いますが、呉叡人さんは政治学者として台湾の命運について発言を重ねてこられました。元山さんは沖縄における米軍基地問題や自己決定権をめぐる問題について重要な提言をされてこられました。

昨年、京都大学に呉叡人さんをお招きして「台湾と沖縄　黒潮により連結される島々の自己決定権」と題するシンポジウムを開催しました。その際にも元山さんにご発言をお願いする案があったのですが諸事情で実現しなかったために、この対談で仕切り直しということになります。進行としては、まず、シンポジウムの資料として翻訳した呉叡人さんの講演記録「帝国の狭間の中の台湾民主」を手がかりとしたいと思います。この講演は、呉さんが台湾社会において台湾の聴衆に向けて語ったものですので、台湾社会の外部にある者には理解しにくいところがあります。この対談を通じて理解を少しでも深めたいと思います。

■どのような「同盟」か?

駒込　まず最初のトピックは、台湾とアメリカの同盟についてです。日本は実際のところ、アメリカに政治的にも軍事的にも依存しているわけですが、そうであるからこそリベラル・左派を自認する人びとのあいだでは、「反米こそが正義」という思いが強く働いてきました。ですので、呉叡人さんの講演のなかの、「政治的に自主を維持し価値観として民主を維持するためにも、アメリカ主導の中国包囲網に加盟するほかない」という発言には、日本では恐らく少なからぬ人が戸惑うことと思います。ただ、「同盟」とはいっても、いろんな形がありうるわけであって、呉叡人さんの考えているアメリカとの同盟とはどのようなものなのか。そのあたりのことを、まずご説明いただければと思います。

呉　わたしが講演のなかで言及した「同盟」の意味を説明させていただきます。たとえば日米同盟のような、国際法上の完成された軍事同盟、つまり国際政治における正式な同盟関係（alliance）の場合、同盟国のあいだでお互いに出兵義務などが発生しますよね。わたしが考えているのは、こういう国際政治的な意味での軍事同盟ではありません。まず、台湾はアメリカから「国家」として承認されていない。だからそもそも国家間の攻撃や防衛同盟に参加する資格すらもっていない。それがなによりの前提です。

わたしがいっている台湾とアメリカとの同盟関係というのは、国際政治の厳密な用語としての同盟関係ではない。いま台湾は中国の軍事的脅威に直面しています。その状況のもとでアメリカに軍事面、あるいは外交面の助けを求めて、そうすることで台湾の防衛や外交を強化するための行為、そういったものとしての「同盟」をイメージしています。軍事面以外でも、経済面で、いまアメリカが主導しているサプライチェーンの再編、国際的な産業の再編成に参加することもそうですね。そうした意味での、事実上の国際的な協力関係のようなものです。

台湾はアメリカにとっては国際法的な意味での「国家」ではないので、正式的な条約は結ぶことができない状況です。いまのアメリカの台湾に対する協力は、そのほとんどがアメリカの国内法に依拠する形でやっています。たとえば、アメリカの国会で可決して台湾への協力をおこなうという形です。

駒込 「台湾関係法」のような形でしょうか？

呉 「台湾関係法」もそうです。これは、そもそもはアメリカをはじめとする帝国ならではのやり方ですね。帝国は国際法を避け、国内法を使って台湾を事実上承認した。ただし、これはあくまでも事実上の承認だから、国際法的な国家行為は台湾にはできない。だから、そもそもの前提からして、日米同盟とは根本的に違うわけです。

また台湾は、アメリカに限らず、多国間主義（multilateralism）や二国間主義（bilateralism）という作戦で中国の侵略を多角的に防衛する必要があります。その場合も、あくまで非公式的な同盟関係です。とにかく自分の力だけでは中国の侵略を止められない。一番賢明なやり方は、いろんな友達をつくって、友達の力を借りて中国の侵攻を防ぐことです。なのでわたしの「同盟関係をつくる」というレトリックは、あくまでも非公式的な盟友関係をつくるということです。こうした多角的で非公式的な同盟関係をつくるというやり方で、自分の自己防衛の能力を強化すること、それが非常に重要です。

そして、もう一つ大切なのは、台湾のこうした作戦が台湾内部の、たとえば周縁地域のグループの利益や自己決定権を犠牲にすることはないという点です。台湾内部には「内なる植民地主義」というべきもの、日本における沖縄みたいな状況は、少なくとも存在しません。台湾の先住民族も含め、中国の侵攻については、すべての台湾住民が同じ立場に立っている。これが非常に重要です。

だから、台湾の対米同盟というのは、まず一つには非公式の同盟。そして、とにかく友達の力を借りて、中国の非常に強硬な侵略に一緒に抵抗するという作戦しかない、ということですね。この作戦は台湾内部の誰の利益も犠牲にしていない。それは非常にはっきりとしていると思います。

駒込　日本で台湾のことを話すときに見落とされがちなのは、そもそも台湾をアメリカも日本も正式な国として認めてないから正式な国際条約というものはありえないし、そういう点でいうと、台湾が攻められたときに条約上の規定にしたがってアメリカ・日本が参戦するということは、ほとんど期待しえない状況であるということですよね。

呉　期待しえない。普通の人間は、自分の国が侵略の脅威に直面することとなり、そこにほかの強い国が自分たちのことを助けてくれる可能性があらわれたなら、もちろんそれを望むでしょう。それが普通の人間の考え方です。だからわたしも心のなかでは、もしアメリカが解決してくれるなら、もし日本が内部の問題を解決したうえで台湾までやってきてくれるなら、もちろん嬉しい。それが人情というものです。でも頭を使って考えると、それは不可能だ、極めて難しいと分かります。だから自分の気持ちは別として、理性をもって現実にはありえないことはありえないこととして認識しています。

■「中国による台湾侵略」のリアリティ

駒込　元山さんは、いまの呉さんの発言を聞いて、どのようなことを考えられましたか？

元山　まず、呉先生の先ほどの発言のベースになる認識の確認ですけれども、「同盟」が一つキーワードになっていました。台湾の考え方として、自らの体制維持のための同盟というのがありうる。それは多国間主義に基づくもので、アメリカだけが相手ということではない、と呉先生は話されていました。またそれは、中国の侵略を防ぐためだというお話でした。ここで説明いただきたいのは、やはり「中国の侵略」というのがどういう意味なのかということです。

同盟には、いろんな定義があるとは思いますし、時代や国によって変わっていくと思います。安全保障にかんする研究をされている細谷雄一教授の論文[1]のなかで、同盟の定義が論じられていました。そこではアメリカの国際政治学者グレン・H・スナイダーを引用して、同盟とは参加国の外部の諸国に対する特定の状況下における軍事力の行使あるいは不行使を目的とした公式の連合である、というふうに定義しているんですね。

軍事的な性質をもっているということと、呉先生もおっしゃっていたように、国家間で結ぶものであるという点が、定義として挙げられています。武力ではない同盟というのは、もちろんありうるとは思うんですけれども、武力を行使するにせよしないにせよ、「なぜ同盟を結ぶのか」と考えたときに、やはりその目的となっている「中国の侵略を防ぐ」ということについて確認させていただきたいです。「中国の侵略」とは何なのか。呉先生は軍事同盟ではない側面についても話されていたけれども、「侵略」に対抗しなければならないということなら、やはりそれは武力に基づく同盟なんじゃないか。正直そう感じました。ですので、この点についてもう少しお話しいただければと思います。

呉　ここでいろいろ話すよりも、元山さんが台湾に来て一年間ほど住んでくれたら、すぐにその意味が分かると思います。中国は軍事力をもって台湾を併合するということを、一九四九年に人民共和国が成立した時点から、一日として諦めていない。いろいろな形を経て、冷戦後の九〇年代に世界の国々の関係がデタント、つまり和解の段階に入ってからも、台湾は中国からの攻撃にさらされていました。たとえば、一九九六年の台湾史上初の総統直接選挙のときに、中国が初めてミサイルを台湾海峡に発射しました。九六年のミサイル危機のあとには、中国の東南沿海部、特に福建省に、一万基以上のミサイルを台湾に向けて配備しています。以後、現在にいたるまで、命令一つですぐに台湾にミサイルが発射できるような状態にあるわけです。常にそうした脅威にさらされている。それが台湾に住むわれわれの日常です。

二〇〇〇年代以降、中国はグローバリズムの波に乗って、経済によって台湾を併合する作戦に転換しました。習近平政権の前期まではずっとこの作戦が採られていました。簡単にいえば、グローバリズムの波に乗り、自由貿易によって強い国が小国を併合するというやり方です。でも、習近平政権の二期目に入ってから〔二〇一七年以降〕は、中国経済は下り坂になります。台湾を「買う」にはお金が足りない。だから、「武力をもって台湾を侵攻する」というレベルに再びエスカレートした、というのが近年の状況です。

よく知られているのは、中国の戦闘機が毎日のように台湾海峡の中間線を越えてやってくる。中間線というのは、仮の国境線みたいなものですね。中華人民共和国はこれまで、そのラインを尊重してきました。それが、習近平時代に入ってすべて無視して、毎日のように越境してくるようになった。関東軍が満洲にやったようなやり方で既成事実をつくって、中間線をないものにしようとしているんですね。だから、三、四年前からほとんど毎日、数十回にわたって戦闘機が中間線を越えてやってきて、台湾の全土を包囲している。本当に毎日やってくるんですね。先週などは、中国の原子力潜水艦が中間線を越えて来ています。「いつか台湾を取り戻す」——とにかくこれが、習近平にとって最後で最大の目標なのだと思います。彼はもう七一歳です。

もう一つ、近年の侵略の方法として非常に重要なのは、内部への浸透です。台湾の内部に潜入して浸透する（infiltrate and permeate）というやり方ですね。内部への浸透にはいろんなやり方がありまして、なかでも重要なのはフェイクニュースです。台湾は中国のフェイクニュースの一番重要なターゲットになっているんですね。

台湾の一国民として、こういうことは毎日のように経験しています。だから、危機感は非常に強いです。先ほどからお話ししているのは皮肉ではないのです。たとえば試しに、台湾の一部の市民を沖縄に行かせて、そこで現地の軍事基地の問題を見る。沖縄の人びとは台湾に来て一か月ぐらい、毎日のように台湾の市民と交流してもらう。そうすればお互いを理解するようになると思います。

中国が本当に戦争を起こすかどうか、政治上それは明言できないことですし、わたしにも分からない。最近、習近平はEU欧州委員会のフォン・デア・ライエン委員長にいいました。アメリカはわたしを騙してわたしに台湾への武力侵攻をさせようとしている、わたしはそれには乗らない、と。これはどういう意味なのか。攪乱戦術かもしれませんし、本心でいっているのかもしれない。だから誰にも分からない。でも、こういう疑心暗鬼の状況のなかで、台湾人は毎日を送っているんです。

たとえばアメリカが台湾を守るかどうか、現実にはわたしは分からない。政治家ではないので。でも客観的に見ると、アメリカは何らかのやり方で、それも有効な形で、台湾を防衛してくれる可能性が非常に高くなっている。その背後にはある理由があります。彼らが台湾を愛しているわけではなく、台湾のITやAIを愛しているんですね。たとえば、最先端のAI技術はいま、台湾――〔台湾のシリコンバレーといわれる〕新竹だけでなく、台湾の全土――が一つのシリコンアイランドになっている。

だからインテルの総裁ゲルシンガーは、昔は非常に親中的だったにもかかわらず、最近台湾にやってきて、「ＩＴとはインテル＋台湾なんだ」と、台湾人にこびるような発言をしていました。以前なら想像もつかなかったことですが、やはりマテリアルへの関心（material interests）が動機になっています。愛情ではない。最近の政治と経済は実は一体です、political economy ですね。ＡＩやハイテク産業の強さはいま、知らず知らずのうちに台湾の一つの防衛力、あるいは防衛のバーゲニング・パワー（交渉力）になりつつあると思います。

駒込　ありがとうございます。先ほどの元山さんの質問についていえば、それこそ元山さんのかかわられている「沖縄対話プロジェクト」のなかでも、登壇した沖縄地元紙の記者の方から「中国の台湾侵攻はありえない」「日本の自民党政権が煽っているだけだ」というような発言がなされていました。でも、焦点となるのは日本政府というよりはむしろ中国政府なので、日本政府が煽っていることが事実であるとしても、だからといって中国が台湾に侵攻することはありえないということにはならない。それでもなお、本当に中国による侵攻がありうるのかという疑問があるので、先ほどのような質問がなされたのだと思います。

中国の戦闘機が中間線を越えて毎日のように飛んでくるという点については、呉叡人さんが昨年京大で話されたときにも、参加者からの質問用紙に「それ本当ですか？」と書かれたものがありました。わたしも調べてみたら、特に二〇二二年八月のペロシ米下院議長の訪台以降は、少なくとも二日に一回はそういう状況が起こっているのだと分かりました。これはほとんど毎日といってよい頻度だと思います。

呉　いまは本当に、ほとんど毎日になっています。最近では新たに「グレーゾーン戦術」*による動きがあります。たとえば、武装警察が漁業従事者になりすまして漁船に乗り込み、台湾のコーストガード（海巡署）と衝突事件を起こすケースが増えています。似たような作戦はフィリピンや南シナ海でも流用されています。

駒込　このような話を聞いて、元山さん、いかがですか？

元山　具体的に、中国の戦闘機が中間線を越えてきていたり、スパイのような人たちがいたり、あとはプロパガンダを流布して煽動工作をしているというような事例について、それは本当に台湾の人たちが体験していることなのだというお話がありました。かつてアメリカ統治下の沖縄でも米国政府による工作がおこなわれていたように、もちろん、それはあってはならないことだと思うんです。けども、こうした事態を解決しようとするなら、最終的には、なんでそういうことを中国側がやるのか、お互いの意図を確認するだとか、何か落としどころは考えられないのかとか、そういう話をする必要があるだろうとは思います。

■沖縄にとってのアメリカと中国

元山　一方で、沖縄の基地問題の話をすると、米軍が沖縄の人たちの土地を奪っている状況があります。日本弁護士連合会も、ハーグ条約違反ではないか、そもそも沖縄住民の私有財産をそのまま占領していること自体、当時の国際条約に違反しているんじゃないか、という見解を示しています。中国側の「軍事作戦」には警戒しなければならないのかもしれませんが、やはり基本原則として、日本および極東の平和と安全のために日米同盟が存在するなかで、沖縄の人たちの平和や安全はそこに含まれているのかという点に、わたしは不信感を抱いています。

沖縄の人たちにとっても、権利侵害の状況というのが現にある。アメリカが侵略している、というのはいいすぎかもしれないですけども、米軍が日米同盟のもとで沖縄の人たちの土地を占領し、奪い取ったうえで駐留している。さらには、夜一〇時以降は夜間訓練をしないという日米間の約束を守らない状況があり、また軍事基地が原因の水質・土壌汚染があるのに、それに対する原状回復義務も日米地位協定には定められていません。米軍基地内への立ち入り調査も恣意的に運用されていて、「ちょっと入っていいよ」というときはあるけれども完全にはオープンにならないですし、調査後に沖縄から申し入れをしたところで根本的な対策をしようとしない。現にそういった権利侵害だとか、生活環境にかかわるような問題が起きているけれども、一向に解決しないという事態があるわけです。

中国の侵略は危険だ、怖い、というのはもちろんそうだとは思うんですけども、それを抑止しようとしている米軍の存在も、わたしからいわせれば、中国とやっていることはそんなに変わらないんじゃないかと思わざるをえない。両者の違いは本当に微々たるものだと感じます。スローガンとしてそれぞれ掲げているものは違うかもしれないけれども、その中身に対してそもそもの不信感があるわけです。ですので、台湾がアメリカと同盟を組んだ先に何を守ろうとしているのか、中国の侵略を阻止

*グレーゾーン戦術　武力攻撃にあたらない範囲で実力を行使して現状変更を試み、自国の要求を押し通そうとする行為。

した先にどのようなゴールがあるのかというところが気になります。

駒込　呉叡人さんとしては台湾の民主と人権を守るということがあると思うんだけども、その先にどういう世界をつくっていきたいのか、というご質問ですね。

呉　その場合の主語は誰でしょうか？

元山　呉先生が目指す方向をお聞かせいただければと思います。

呉　わたしは小さな弱国の一介の学者ですから、大きなことをいう資格はありません。台湾人として生まれたのはあくまでも偶然だから、それ自体を神聖なことだとは思っていません。できればわたしはアナキストになりたい、本当ですよ。ただ、わたしは台湾人として生まれました。それは自分の選択意志じゃない。自分では選べないことです。だから、台湾人に生まれた以上は台湾という土地で台湾の運命を受け継いで、台湾という土地でがんばるしかないんですね。

わたしが望む世界は、自由民主主義、人権、平等、多元的な世界、正義のある世界です。ただし、わたしは政治学者であって、空想家ではない。だから、それを実践するには、やはり自分の足元からではないですか。わたしは台湾人。わたしが理想とする世界をつくるためには、台湾で実践しなければいけない。

でも台湾には歴史の問題があります。いまの台湾は、簡単にいえば、帝国の狭間でいろいろな困難を乗り越えて、やっと一つの国家になりつつあるという状況です。台湾は下からの国家形成によってつくられた、民主制の国家です。政府が上からつくりだしたものではなくて、長い民主主義の闘争を通じて、徐々に一つの国家が形成されてきました。だから、これはわたしにとって台湾の最大の資産です。台湾が国になったというだけでなく、一つの民主主義の国になったということ、なりつつあるということは、台湾人として世界に対してなしうる最大の貢献だとわたしは思います。台湾はたとえば、社会福祉もジェンダー平等も非常に進んでいる。東アジアで最初の同性婚の合法化とか、いろいろな面で立派なよい国になっているといえると思います。少なくとも、わたしが若いときに見ていた理想に近づいているような気がします。

でも、ちょうど「あと一歩」というときに、中国が二〇〇〇年以降にグローバリズムの恩恵を受けて国力を飛躍的に成長させ、それとともに、内部のさまざまな要因があって、膨張主義的な傾向も生まれたんですね。九〇年代までの中国は、そんなに膨張主義的ではありませんでした。太平洋地域の覇権国家を目指す中国にとって、最初の目標となるのは台湾です。なぜ中国でいま、いわば帝国主義的な傾向が生まれたのかについては、いろんな要素があります。ただ、人類に貢献できるような境地にあと一歩でたどりつこうとしている台湾がその流れに呑み込まれるという事態は、一人の台湾人としては阻止しないといけない。中国はいま、世界でも最たる独裁国家ですね。全体主義国家、全体主義を超えた全体主義の国家です。そこに台湾が呑み込まれるとなれば、台湾人だけではなく人類にとっても大損ではないですか？

駒込　わたしなりに元山さんの問いを引き取ると、中国はたしかに全体主義国家で、台湾を中国が支配すると全体主義が広がって人類に対する暗さの予感にはなるんだけれども、同時に沖縄において見る限り、アメリカも十分に全体主義的な国家である。たとえば、アメリカは中東でイスラエルを援助して、そのイスラエルがパレスチナ人を虐殺している。そうしたことを考えたときに、台湾の自主・

独立・民主を守ることが、アメリカ帝国主義からの解放を求めている沖縄の民衆やパレスチナの民衆とつながっていく筋道が見えにくい。

もちろんそれは、呉叡人さんが実現できるかとか、台湾が実現できるかということではなくて、まず日本本土の人間がなんとかしなくてはいけないことです。すごく難しいかもしれないけど、そういったことが目標として見据えられているのかどうかを、元山さんは確認されたかったのではないでしょうか。

呉　非常に難しい問題ですね。台湾と沖縄はいま、それぞれ直面している地政学的な状況が違う。台湾人と沖縄人は非常に異なる状況に置かれている。だから、地政学的なレベルで協力するのは難しい。たとえば琉球独立を目指す人びとが、台湾とは手を結ばないという選択をすることも、徹底したリアリズムに基づく戦略としてわたしは理解できます。それを責めることはできません。ですので、わたしには、少なくともいまは解決策が見えてこないですね。

わたしは日本植民地期における台湾ナショナリズムの発生について博士論文(2)を書く際にも、分析の対象に沖縄を含めました。だから比嘉春潮とか、あの時代の人びとの悲願は、よく理解しているつもりです。弱小民族同士、どうにもならない自分の運命があるということも。琉球学の伊波普猷は『沖縄歴史物語』の末尾で、「地球上で帝国主義が終わりを告げるとき、「あま世」が訪れる」と書きました。わたしはリアリストではありません。だから、沖縄には非常に同情しています。けれど、どうすればいいのかは分からない。

でも、解決にはならない解決というのがただ一つあって、それはまず互いに理解し合うことから始めるということです。まずはお互いに悪意がないということ、そしてお互いに困難な状況に置かれているということを知るべきです。国家のレベルでそれができないならば、少なくとも社会のレベルで理解し合う。そこからではないですか？

駒込　まずはお互いの状況を理解し合うという点、大事なところだと思います。わたしのほうから一つ元山さんにお聞きしたいのは、沖縄でこうした議論がどの程度共有されているかということです。

元山　台湾でまさに「有事」が起こるとなったときに、日本やアメリカが「中国はけしからん」とか「台湾の民衆の自由や人権を守らなきゃならないんだ」というふうになれば、沖縄に駐留する米軍や自衛隊が出ていくことになります。そうすると、たとえ直接的な戦争行為にはかかわらないにしても、かつての第一次台湾海峡危機のようにアメリカの第七艦隊が台湾海峡に割って入るだとか、そういうことを認めていいのかという話になるでしょう。それはあくまで日本やアメリカ政府の思惑だとか政治的な決断によって決まることです。しかし、それらの軍事作戦の拠点が置かれている沖縄からすると、そこで暮らす自分たちが攻撃されてしまうんじゃないかと考えるわけです。そうなると死ぬ人がいるわけですよね。そこは認めることはできない。だからすごく難しいんです。もちろん、台湾の民主主義や人権は大事です。けれども、それを沖縄の基地を使って守るというところのリスクが、沖縄で暮らす人びとからするとあまりに大きすぎるんじゃないかと思うんです。

駒込　それはそうだと思います。「台湾有事」のときには米軍が出動して対応すべきだという議論が、沖縄から出てくるはずがありません。ただ、そうした議論は当然出てこないのだけれども、戦争が起きるのを防ぐためには中国政府に対しても物申さなくてはいけないはずです。でも、わたしの見るところ、沖縄ではそうした議論もあまり出てきていない。それが、なぜ出てこないのかなと感じます。

元山　アメリカに対して基地をこれ以上置かないでくれというだけではなくて、中国に対しても膨張主義的なものは控えてくれということは、当然、必要だとは思います。ただ、難しいのは、琉球独立という観点から考えた場合です。

自分自身も一〇年くらい前から琉球人・沖縄人としてのアイデンティティが芽生えてきて、「琉球独立」についても、国際社会からも国連からも保障された選択肢としてはあるのだろうという認識でいます。仮に琉球・沖縄が「先住民族の権利に関する国際連合宣言」などに則りながら、投票をおこない独立するという結果になったときには、国連加盟を申請するわけですよね。そのときに沖縄が、台湾と中国の関係をどうやって仲裁できるのか——そういうことを思考実験として考えています。少なくともわたしとしては、仲裁をしたい。もちろん、中国の経済的な影響というのは大きいでしょう。台湾も、呉先生が先ほどおっしゃっていたように、半導体やＡＩ技術があります。そうしたなかで、お互いが経済的に発展する形にはできないのか、あるいはそれぞれの体制が現状を維持して共存することはできないのか、といったことです。もちろん、そこでは沖縄にある米軍基地をどうするかという議論も生じるでしょうが、アメリカも「それだったら」と受け入れられるような落とし所を見つけながら、新しい東アジアのあり方を目指していきたいと思います。もちろんいまのところは夢物語ですけど……。

呉　島々の連合を実現する、という考え方ですね。そういう主張を読んだことがあります。

駒込　川満信一さんの「東アジア非武装地帯」構想でしょうか。韓国済州島から沖縄、台湾、フィリピンにいたる島々を非武装地帯にして、国連の東アジア本部を沖縄にもってくるという話ですね。どんなに夢物語だとしても、こうなったらいいなという夢が共有できれば、お互いにいろいろ理解していくこともできるのではないかと思います。

呉　とはいっても、沖縄がアメリカと日本に対して直接、そして非常に強く発言するのが重要である一方で、やはり中国に対しても話をすべきじゃないかと、わたしは思います。

昨年、ある大学の紀要に寄稿するために近年の沖縄の状況を調べていたら、二〇二二年に復帰五〇周年を迎えるということで、日本本土のメディアがいろんな世論調査をやったんですね。中国に対して危惧があるかという設問への回答は、五分五分でした。だから、いまの沖縄の人たちは、もちろんその可能性を予期してはいるのだと思います。アメリカと日本に対しては非常に不満をもっている。同時に中国に対しても、危惧がないわけではない。

中国への危惧は、台湾から見た場合に限った話ではないのです。たとえば中国のいまのナショナリズムのイデオロギーにおける「中国」とは何か。それは、台湾はもちろん、沖縄や尖閣、ベトナム、朝鮮半島までをその内に含めた領域を指しています。

世論調査を見ていると、いまの沖縄の人びとのあいだには非常に複雑で、矛盾した心境があること、困難な状況に追い込まれていることが分かります。沖縄にとって、直接の他者となるのはアメリカと日本であると、わたしは理解しています。ただ、これほどに難しい局面にまで追い込まれたことについては、中国の責任が大きいんじゃないでしょうか。沖縄の人びとは、その認識から出発して、たとえ非常に困難な状況のなかでも、少なくとも中国に対してどんな発言をできるのかは考えるべきだと思います。

■香港と台湾・沖縄をつなぐもの

駒込　中国への発言という問題に関連して、元山さんにお聞きしたいことがあります。二〇一九年から二〇年にかけて香港の民主化運動が弾圧されたときに、元山さんはSEALDsのメンバーとして、東京で「香港がんばれ！」というデモをしていました。香港の人たちとも連絡があったのかなと思います。今日、元山さんにご参加いただきたいと思ったのは、そのこともあったからなんです。台湾、沖縄、香港をつなぐという趣旨のオンラインの集まりにも、元山さんは参加されていました。

元山さんに、そのときに正直、ある種のためらいというのはなかったんだろうか？　つまり、日本で「香港の民主化運動に対する弾圧は許さない」というと、日本の左翼のなかには「いや、あれはCIAに操られているんだ」と説明する人がいます。

呉　本気でそういうふうに思っているんですか？

駒込　本気でそう思っている人たちがいる。わたしはそれを聞くと、「あなた方は「沖縄の人が中国に操られて反基地運動をやっている」といったら、ひどいと思うでしょう。沖縄の人を馬鹿にしているって思うでしょう。それと同じぐらい香港の人を馬鹿にした議論なのですよ」というのですが、なかなか分かってもらえません。

呉　やはり、反米的な立場がすべてだと思っているのですね。

駒込　そう、反米こそが正義。元山さんが「香港がんばれ！」という運動するときに、周囲の沖縄の関係者や反基地運動をしている人たちのなかで、異論などはなかったのですか？

元山　それは特にありませんでした。まず、直近でデモをやったのは、逃亡犯条例のときですね。二〇一九年六月一三日、ちょうど五年前です。

この背景には、ＳＥＡＬＤｓを一緒にやっていたメンバーたちとのやりとりがありました。沖縄の基地問題を考えたときに考慮すべき論点、これを自分がやることがどういうふうに見られるかとか、たしかにいろいろ懸念すべき点はあったのかもしれません。ただ、ＳＥＡＬＤｓの元メンバーのなかで、デモをやろうという話が上がりました。一部のメンバーが黄之鋒《ジョシュア・ウォン》さんや周庭《アグネス・チョウ》さんとつながっているので、彼らが声を上げてきたことに対して、やっぱり日本でも何かできることをやりたいという気持ちがありました。

あとは、デモには東京にいる香港の方たちも多く来られていたんですけども、その方たちと話をして個人的なつながりが生まれたことで、やるべきなんじゃないかという気持ちを強くした面もあります。彼らが目指すのは香港での自由選挙や言論の自由などですから、それに対して香港当局や中国が弾圧を強めていくということはあってはならないと考えていました。

駒込　香港で弾圧されている人たちの姿を見たら、感覚的に「あれは自分たちだ」みたいに思えるところがあるのかもしれませんね。

呉　ただしこの三者のあいだでは敵が違う。そこが一番の問題ではないですか？　二〇一四年に香港の黄之鋒さんと台湾の陳為廷《チェンウェイティン》さん、そして日本の奥田愛基さんをはじめとする元ＳＥＡＬＤｓメンバーが対談した記録[3]を読みました。そのなかで、最終的にみんなのあいだでどうしても話が嚙み合わなかったのは、中国についての見方でした。香港と台湾は共通の敵が中国だから、分かり合えます。たとえば台湾人が香港人を支援するのは比較的簡単です。地政学的なジレンマがない。けれど、そこに日本を加えた三者でどうやって協力し合うのか。それが非常に難しいのです。

いまの香港の内部には、もう運動がありません。香港人はみな海外に行って、亡命者運動のようになっている。先日（六月一七―一八日）は一橋大学で「日本香港民主主義サミット2024」があって、海外ではこのような組織化が進んでいる。香港ナショナリズムに基づいて、これからどうやって独立国家を樹《た》てるのかといった問題を、そうした場で討論するわけです。いまの彼らの視野には、わたしが知る限り、リアリズムしかない。アメリカか日本かを問わず、西洋列国に頼るしかない、という選択です。伝統的な左翼の立場は彼らの選択肢には入らない。いまはこういう状況になっています。

駒込　でも、元山さんの直観は異なる。

呉　正義の直観ですね。

駒込　そう。正義の直観というものに一つの希望があることもたしかだと思うんですね。

■「自分たちの国だ」という意識

駒込　香港民主化運動の弾圧という問題に関連して、「愛国心」とは何かという話をしたいと思います。奥田愛基さんが対談本の最後で、日本の読者に向かって、「君たちの世界なんだ、君たちの国なんだ、君たちが問われているんだ」と呼びかけています。(4) 奥田さんは台湾の若者に接するなかで、「台湾という国に生きている人間だからこそ、この台湾という国をいい方向に変えていくんだ」という思いが伝わってきたと語っています。
奥田さんにとっては、日本という国が「自分たちの国だ」という意識をもちにくかった。それは、多くの日本の若者にとってもそうだと思います。だからこそ、「君たちの世界なんだ、君たちの国なんだ、君たちが問われているんだ」と呼びかけているんですね。そういう点でいうと、呉叡人さんの講演のなかでも「愛国心」が大事だと話されていましたけど、たとえば奥田さんのような若者こそ「愛国者」だといえるのかもしれません。そのあたり、元山さんはどう思われていますか?

元山　自分としてはすごく共感します。

呉　〔元山さんは〕まさに沖縄の愛国者ですよね。

駒込　元山さんが目下の状況をよくしたいと考えるとき、それは沖縄という単位で考えられるのでしょうか? それとも日本という国をよくすべきだと思われますか?

元山　自分にとっては、どうしてもまずは沖縄という単位——名称については琉球でも沖縄でも、琉球・沖縄でもよいのですが——が基本になりますね。それはやっぱり、日本のヤマトンチュ、いわゆる本土の人が変わらないからです。沖縄の基地問題だとか、あるいは植民地での責任だとかっていうことについて。

呉　日本を分権化するという選択肢はどうですか?

元山　それは、もちろんあると思います。

駒込　元山さんはそれをずっと追求されてきていますよね。

呉　連邦主義ですよね、基本的に。

元山　かつて議論されていた道州制の導入や、「沖縄特別自治区」のようなモデルはありうると思います。目指すべきは沖縄の人たちの人権や幸福追求権が確保できることなので、それが独立なのか、「特別自治州（県）」のようなものなのかという点は、特にこだわりはありません。

呉　自己決定権ですね。

元山　そうですね、自己決定権です。なので、そういう意味では、わたしが想定している単位としては、日本よりは沖縄が優先になるでしょうか。

駒込　ただ、そこにも難しい問題があって、国家というシステムそのものを前提とするか、あるいはあくまで既存の国家という枠組みから離脱することを目指すのかをめぐっての対立があると思います。沖縄の反復帰論のなかで、本書のわたしの文章でも取り上げた川満信一さんという方も、基本的に国家をつくるのではなく、「東アジア非武装地帯」を提唱しています。それも、ある種の連邦構想みたいなものかもしれません。

呉　連邦社会ですね、連邦国家ではなくて。

駒込　そう、連邦社会。国家というシステムそのものの廃棄（アナキズム）を目指すという立場もありうるわけですが、そうはいっても、まずいまの状況では国家というものは必要であろうというところで呉叡人さんは走っているし、その点では元山さんも近い立場という感じでしょうか。

元山　そうですね。沖縄における自由・民主・人権を目指しているといえるとは思います。だからナショナリズム的な発想はあると思いますし、「愛国」というか、沖縄に対しての思い入れは強くもっています。

■国民発議制度による民主主義の実現

駒込 一方で元山さんは、日本という国家がよりよく変わる可能性も捨ててはいないのではないでしょうか？

元山 そうですね。まさに昨日（六月一九日）、衆議院第二会館に行っていました。それはいま取り組んでいる「イニシアティブ制度」、つまり国民発議制度の導入を提起するためです。

駒込 一般的な選挙とは別に、テーマごとに投票をおこなって賛否を決定する仕組みですね。

呉 台湾ではいま、普通にやっています。

元山 それを日本でも導入したいと思っています。原発のことや、あるいは日米地位協定のこと、選択的夫婦別姓、同性婚など、テーマ別に有権者が議論をして意思表示をする。もちろん、憲法第四一条の「国会が国権の最高機関である」という規定があるので、最後は国会で決めることになります。日本は間接民主制で、議員たちが代表しているということが前提となっているので、現時点ではそこを変えることまでは考えていません。

なので、まずは国民発議制度を導入したいという取り組みをしていて、昨日は二〇人近くの超党派の議員連盟を立ち上げる話をしました。代表は自民党の船田元さんという衆議員議員の方で、立憲民主党の杉尾秀哉さんという参議院議員の方が事務局を務めています。昨日は自民と立憲の議員が中心でしたが、ほかにも公明党や日本維新の会、国民民主党、日本共産党、れいわ新選組、社会民主党など、超党派で次の国会で議連を正式に発足しようという動きになっています。

ですから、わたしは日本の民主主義をまったく諦めていません。一つのテーマで議論をすることの大事さを自分自身は二〇一八、一九年の沖縄の県民投票で学んだので、日本の民主主義の制度のなかにもイニシアティブ制度があればいいのではないかなと思っています。今後、この制度を活用して、わたしとしては日米地位協定の問題だとか、あるいは沖縄の過重な基地負担について発議したい。日本の有権者のなかで議論していきたいし、「賛成か、反対か」という選択肢で結果を出す必要があると思うんですよね。

呉 その資料を送っていただけますか?

元山 もちろん。

駒込 呉叡人さんも、すごく関心がおありですね。

呉 もちろん。いまの沖縄の状況では、独立は目標の一つだとしても、現状においては日本の現存するシステムのなかで可能なこと、できることをやらないといけません。

元山 わたしも同じ考えです。

呉 ずっとおかしいと思っているんです、日本のことを。自称では「先進国」「民主主義」でしょう? では、なぜいまでも中央集権的な制度をとっているんですか? 地方分権はそんなに悪いことでしょうか? 分権こそが民主主義の象徴なのではないですか?

駒込 地方分権こそが、民主主義の核なんですよね。

呉 そうでしょう? だから、なぜできないのかが分からない。実は沖縄問題は、スコットランド問題やケベック問題と同様の方法で、簡単に解決できます。香港問題も同じです。香港については一国二制度で、真の連邦制を認めれば、問題は霧散します。だから、なぜできないんでしょう？　わたしには分かりません。いまの日本人は何を考えているんでしょう？　日本の政治指導者たちにとって、分権はそんなに悪いものなのでしょうか？

元山　二〇〇〇年代の小泉政権以降、日本は中央集権型の体制に傾いたということがいわれていますし、それはどの国にも当てはまる潮流だと思います。昨年末の辺野古米軍基地建設の代執行や六月の地方自治法の改正（改悪）など、自民党政権には、トップダウンで決めたことを国民に押し付けたいという思惑があるように見受けられます。そういう意味では、分権という流れに逆行する政治がおこなわれているので、分権を目指すことは、現在の自公政権にいわせれば、自分たちの思惑に反しているということになるのだと思います。また、わたしとしては、日本が、何を、なぜ目指すのかのヴィジョンや議論がまったく見えてこないことが問題だとも考えています。

駒込　日本という近代国家の成り立ちそのものが上からの強力な中央集権国家づくりで、地方分権的なものに対する軽視がこの社会に深く根づいてしまっている。そこを変えなきゃいけないと思います。台湾・沖縄対話の可能性の鍵も、そこにあるのかもしれません。呉叡人さんが自由法曹団のインタビューで、こういっていますよね。「日本国内で議論の結果、最終的コンセンサスとして台湾を助けないという結論にいたったのであれば文句は言いません。とにかく国民意思をまとめるべきで、国内の民主主義のプロセスを通じて納得できる結論にいたってほしいと思う(5)」。

呉　それは基本ではないですか？

駒込　そうなんですよね。基本のはずなのだけど、いま日本で起きているのは、国民の意思を無視すると同時に、沖縄の意思を踏みにじって、ただ「台湾を助けるんだ」という口実の下に軍事化を進めることです。たとえば与那国の町長が、「台湾は日本の生命線だからわたしたちは台湾を助けなくてはいけない」と、与那国島の人びとの意思を一切無視して語っています。(6)「日本の生命線」という発言自体、台湾をまだ日本の植民地だと思っているのではないかと疑いたくなる部分がある。そういう人が「台湾を助けます」といってしまうので、逆にリベラル・左翼の側は「いや、そんな人と一緒になりたくない」と、台湾に関する思考を閉ざしてしまうのです。呉叡人さんから見れば、「台湾を助けるために基地をつくる」といったところで、土地の人たちがそれを支持していなければ、砂上の楼閣ですよね。

呉　そのとおり。

駒込　基地をつくられた場所は、それこそ真珠湾攻撃のように、まず中国から攻撃される可能性が当然ある。中国が台湾に本当に攻め込もうとして、攻め込む前に反撃されるのを防ぐために、中国に向けられた基地をたたくことは当然ありうるわけです。そうすると基地のある人たちは、当然リスクを背負う。だから当然、そこに住んでいる人たちとの合意というものが必要なんです。

呉　それが先決です。台湾に戻ったあと、台湾の非常に重要なネットメディア「報道者」(7)のインタビューを受ける予定です。そのなかで、この点について沖縄人の合意を得なければならない、意思を問わないといけないということ、そしていまの日本内部における沖縄の状況、沖縄をめぐる日本の非常に非民主主義的なやり方を伝えます。それがわたしにできる第一歩かな。

■「反米」／「反中」をめぐる言説の場の複雑性

駒込　逆に日本社会においては、呉叡人さんたちがもっている中国への危機感というか、恐れを、もっと共有していかなきゃいけないと思います。

なぜ日本社会ではこんなに「反中国」といいにくいのか。それはたぶん、台湾で「反米」をいいにくいのと似ているんだと思います。親中派の、中国政府の全体主義的統制や武力による威嚇を決して批判しない人間たちが台湾で「反戦平和」を語り、「アメリカを疑え」といっている状況があるから、台湾の心ある人たちが「反戦平和」「反米」を語ると、言葉がシンクロしてしまう恐れがある。逆に日本で「反中国」というと、日本の戦争責任を否定したくて、本質主義化して中国人をおとしめる人たちと言葉がシンクロしてしまう。これは、ドイツが現在のイスラエルを批判できないこととも構造的に相似しています。そうした問題を、どう克服していったらいいのかを考える必要があります。

呉　台湾人のアメリカに対する態度は、さっき駒込さんがいった原因のほかに、もう一つあります。それは、やはり歴史経験が違うということ。日本人は戦争でアメリカに負けて、いろいろ屈折した気持ちがある。一方、台湾は部外者でした。日本の植民地支配下で翻弄されていて、戦後になって冷戦体制下に中国国民党がやってきましたが、その後大陸での内戦に敗北したために、アメリカの保護のもとで予期せずして「台湾における中華民国〔中華民国在台湾〕」〔二一七頁の注を参照〕という国家になった。日本におけるアメリカの役割と、台湾におけるそれとは、やはり違います。

アメリカ保護下の国民党政権に圧迫された台湾人は、実はアメリカの民主制を自分たちの理想として学んでいて、それを利用して中国共産党や国民党を批判してきたんですね。現に一九七〇年代以降の台湾民主化運動では、アメリカの国会議員が本当に助けてくれました。
わたしのもう一人の師匠、ブルース・カミングスは、戦後の東アジアの政治経済について、アメリカが東アジアで日本の「大東亜共栄圏」をつくり直した、と述べています。その新しい「大東亜共栄圏」のなかでは、アメリカは周縁部から中心部への上昇をある程度許している。だから日本はもちろんですが、台湾や韓国にとっても、北東アジアの新しい「大東亜共栄圏」のなかで実は経済的利益が非常に大きかった。

駒込 日本社会のマジョリティーも、莫大な利益を受けているからこそ、身も心もアメリカ追随になり、それに対して左翼は反米になる、ということが起こったと思います。

呉 一九五〇年代の中国国民党は国家社会主義のようなもので、台湾にやってきて、台湾の経済を独占していました。そこにアメリカの圧力が加わって、やむを得ず一部のセクターを民間に譲って、そこから台湾人の資本が成長しはじめ、ブルジョワジーが形成されました。それが民主化運動、民主的社会の基盤になっています。
わたしはシカゴ大学に留学して、長い間黒人街の近所に住んでいたので、アメリカの内部のいろんな問題についてもよく知っているつもりです。だから、アメリカが「理想郷」だとは思っていない。ただ、台湾のなかで「反米」を主張する人が少ないことには、一つの物質的な原因があるということです。

駒込 台湾の経験からいった場合に、アメリカは単に「アメリカ帝国主義」という言葉では覆えない問題があるわけですね。

先ほどの「反米」／「反中」をめぐるねじれの克服という点について、元山さんはいかがでしょう？

元山　自分自身、そもそも二〇一一年の原発事故が政治的関心を抱いたきっかけなのですけど、基地問題にかかわるようになったのは、自分の生まれ育った宜野湾市にある普天間基地の問題からです。基地問題というのは人権や国家安全保障、地方自治、環境などにかかわる複合的な問題ですし、複雑な歴史にもかかわる問題ではあるのですけども、その本質的なことの一つとしては、反対している人の声がきちんと聞かれないという問題があると思うんです。沖縄のなかで「これはおかしいんじゃないか」「どうにかしてくれ」っていっても日本政府は全然聞いてくれない。辺野古の基地について「反対だ」といっても工事は進んでいく、というような事態がある。これは、いわゆる言論弾圧の問題だとか、「言論の自由がない」ということにも通ずると思います。ですので、実際、香港の状況だとか台湾の人たちが危惧しているような状況、アメリカでもパレスチナ連帯のデモに対しての弾圧がありますが、そうした「言論の自由」への弾圧をおかしいじゃないかっていう意識はすでにあるのですよね。ですので、入り口は基地問題とか、ジェンダーでも原発のことでも、何でもいいと思うんですけど、そこから普遍的な価値への気づきにつながっていくことが大切なのだと思います。

気をつけなければならないのは、たとえばアメリカはいわゆる「普遍的な価値」を大義名分として掲げて各地を攻撃したわけですよね。イラクもそうです。「大量破壊兵器がある」「〝テロリスト〟は世界の秩序を乱すから危ないんだ」といって攻撃し、一方では「普遍的な価値」の名のもとで同じ方向を向く組織や国を援助したりしているわけです。そういう事態にもなりかねないという点には留意が必要です。

ただやはり、普遍的な価値観があることは大事だと思いますし、それを目指そうとすることも大事な行いだと思うんです。むろん、国際連合の世界人権宣言にも謳われていて、そこから派生した社会権規約や自由権規約にも謳われている。加盟国はどの国も、たとえ建前としてでも、これらの権利がすべての人にあるのだという認識を共有している点には、わたしは可能性を感じます。沖縄や日本、世界各国が、もっとこれらの権利を基にした政治をおこなってほしいと思います。

駒込　同感です。ただ実際はその対極で、住民監視の技術をめぐって中国、日本、アメリカのような国々が協力するというような、人権に逆行する動きがあります。中国のいわゆる「デジタル全体主義帝国」では監視カメラですべて住民の行動を監視し、さまざまな個人情報に基づいて人間を信用スコアによって分類しています。何年か前には、中国が顔認証など人工知能を駆使した監視技術を六〇か国以上に輸出する一方、ウイグル人を監視するカメラには日本企業の部品が用いられているのだというニュースが出ていました。いま、日本の自民党としては、中国の住民管理システムがうらやましくてしょうがないのだと思います。たとえば住民監視システムとプライバシーという問題を軸としたときに、日本の自民党と中国政府は対立関係にはなく、全体主義的な住民監視システムを整備したい人と、それは嫌だっていう人が対立する形になる。先ほどのイニシアティブ制度のように、「言論の自由」の抑圧への反対でつながる人びとの対極には、監視システムをめぐる国際的な協力関係があるとも考えられます。

■「第三の中国」は存在するか？

呉 ここまで議論してきたなかで、元山さんや駒込さんが期待をかけているのはいわゆる「進歩派」、リベラルな人たちだと思いますが、世の中の進歩派というのは常に一つの傾向があります。自分の理想を語るのが好き、そしてうまい。ただし、現実を見るのが非常に下手だということです。でもわれわれ小国の人間は、理想をもちながら、現実を見ないといけない。現実の分析力が必要ですね。その点で政治学という訓練は、実は役に立つんです。だから、わたしは理想主義者でありながら、現実に対しては非常に悲観的です。わたしの文章には常にこういう両面性があると思います。

駒込 それに関連して一つ確認しておきたいのは、昨年の京都大学でのシンポジウムで、呉叡人さんは、もともと中国はいろいろと台湾の邪魔をしていたけど、「本当の戦争になるとは思っていなかった」と発言されていました。本当の戦争が起きるかもしれないという感覚が強くなった契機は何だったのでしょう？ 二〇一〇年代後半の中国経済の失速、二〇二二年のロシアによるウクライナ侵攻などでしょうか。

呉 中国が侵攻してくるかどうか、専門家によっていろんな見解があるでしょう。アメリカの主戦派、いわゆるタカ派というのは、ある意味で自己実現的に、とにかく「中国は絶対、台湾に侵攻してくる」と主張する。でも、そうしないと主張している人もいる。それぞれに根拠があって、結局のところは分からない。なぜかというと、中国はまったくのブラックボックスだからです。とはいえ、構造的に見れば、攻めてくる可能性が極めて高い。なぜかというと、やはり中国の経済が崩壊寸前だという状況があるからです。構造的にいまの中国は、日本人が分かりやすい言い方でいえば、満洲事変直前の日本のような状態です。昭和恐慌で日本経済が崩壊して、そのときに軍部が考え出したのは、満洲に行くことで日本経済の問題を解決するという方法でした。

駒込　戦争をすることで「好景気」になるんですよね。満洲事変が生じたときに、まず歓迎の声を上げたのはほかならぬ財界でした。

呉　それもあります。だから構造的要因としてはたぶん、二つあります。中国は自分の経済を救うために戦争が必要、それが一つ。もう一つは国内のいろんな問題を外部へ転嫁する、国内の不満を外部にそらす必要があるということです。

いまの中国の「デジタル全体主義」は、もう本当に信じられないようなコントロールですよ。誰もお互いを信用しないという、完全に社会というものが崩壊している状況です。そもそも社会というのはオートノミー、つまり上からの規制なしで、下から自ら秩序をつくることができる、それが社会というものです。でもいまの中国では、社会は崩壊し、みんな原子化されてばらばらになっている。

もう十数年前のことですが、台湾にはかつて「共産党の中国」と「国民党の中国」以外に、「第三の中国」が存在するという見方がありました。つまりは市民社会のことです。台湾の市民社会や台湾人が付き合うべきなのは「第三の中国」だと考えていた。胡錦濤政権の後期ごろはちょうど市民運動が一番活発な時期で、年間一〇〇万件以上ものいろんなデモだとか、小規模な抗議などが起こっていました。二〇〇八年に劉暁波が逮捕されていますが、その前夜までが中国のリベラリズムの最後の黄金期だったと思います。

われわれも中国の市民運動家を援助したり、協力して仕事をしたりしたこともありましたが、つぶされてしまった。近年中国でMe Too運動や白紙運動*の担い手となっていたフェミニストたちも、かなり逮捕されてしまいました。また「海外民運（海外民主運動）」といって、八九年の天安門事件後に北米へ亡命した人たちを中心に、非常に大きな民主運動のネットワークが形成されていました。でもそれも、この三〇年で非常にみじめな状況に落ち込んでいる。その原因は、一つには外国政府の援助だけを頼りにしていることによる限界、もう一つは内部の非常に激しい派閥闘争。さらに新しい状況として、中国の公安警察が海外に拠点を置き始めている。だからいまとなっては「第三の中国」はもうない。わたしは非常に同情しています。けれどいまは「一つの中国」しか存在しえないんじゃないですか。

いまの中国の人間は、ある意味で限界だと思います。だから、いつ叛乱が起こってもおかしくないような状況がある。そうなるとなおさらコントロールが必要ということで、いまのような偏執狂的な管理が施されている。でもこの状況をコントロールするにも鎮圧するにも、やはり限界があるでしょう。そして、いまの中国は財政力がない。公務員が給料をもらえないという状況です。叛乱を鎮圧するためには武力が必要で、武力にはお金が必要、だけどいまはお金が足りない。このように考えると、いつ問題が起こっても不思議じゃない。合理的選択理論のモデルのなかでも、こういった形で戦争に突入する例はよく見られるのです。

ですから、構造として見れば、やはり攻めてくるでしょう。ただし、構造と個人レベルの意思決定

*白紙運動　二〇二二年一一月末、中国政府による反人権的なゼロコロナ政策に抗議の意を示すために起こされた市民デモ。厳しい言論統制が敷かれる現在の中国においては自由に発言ができないとして、参加者が無言で白い紙を掲げたことから「白紙運動」と呼ばれた。

は違う。実際にたとえば、いま共産党の政治局のなかでいったいどんな意思決定をしているのか、習近平がどんな考えをしているのか、誰にも分からない。ただし、為政者の一存で戦争になる／ならないが左右されるということはある。

だから分からない。昨年のわたしの発言は、いま思えばちょっと軽率だったと思います。その後より深く考えた結果としては、マクロ的には攻めてくる可能性が高い。いまの中国は、構造的には二〇一四年にロシアがクリミアに侵攻したときと非常に似たような状況ですし、一九三〇年代の日本ともよく似ている。だから、比較史的にそれらを見ていると、ぞっとします。ただ、わたしは中国政府内部の人間ではないので、内情が分からない。そうである以上、常に準備しておかないといけない。そこが問題です。

■日本における「移行期正義」の可能性

駒込 こうした現在の不安定な状況の直接的な起点となっているのが、一九七二年の米中共同声明です。そこではすごく異常なことが起きていて、ベトナムに雨あられと爆弾を落としている国、「アメリカ帝国主義」のトップであるニクソン大統領を毛沢東が歓迎して握手したわけです。元山さんが国際政治学者として書いた論文のなかで指摘しておられましたが、対ソ連という点で中国政府がアメリカと友好関係をつくろうとした思惑もあったわけです(8)。

当時、強制送還の恐怖に怯えながら日本に滞在していた林景明さんは、このときの中国とアメリカ・日本との取引を「台湾処分」といっているわけですよね(9)。つまり中国共産党が日本への戦時賠償を放棄する。その代わり、日本は「台湾は中国の一部」ですという中国政府の主張を「理解」し「尊重」する。こんなことを台湾人の意向にかかわりなく決める。これは「台湾処分」ではないかというのが、林景明さんの意見でした。

それを考えたとき、いまさらだけど日本は中国侵略戦争に対して賠償すべきではないか。日本が「二つの中国」の対立にうまくつけいることで、蔣介石（中華民国）も毛沢東（中華人民共和国）も対日賠償を放棄した。そのために日本の心ある人が中国に申し訳ないって思うのはある意味では当然だし、中国に対する贖罪意識は戦後日本が継承してきた数少ない貴重な遺産かもしれない。でも、かつての被害者がいまは加害者へと変わっているのに、被害者モードのままで見ているから、中国批判に接すると、心ある人に限って反発する。あるいは、「台湾は中国の一部」というのは一九七二年の米中・日中共同声明で決まったことだ、と語る。それがまさに大国間の取引であり、沖縄も台湾も取引の材料とされたことを見落としてしまっているわけです。

日本政府は改めて中国侵略戦争への賠償をすべきであるということに加えて、もう一つ考えているのが、日本での「移行期正義」〔二七頁の注を参照〕の実現です。台湾出兵、台湾割譲以来の台湾におけるさまざまな人的損害、事件に対して、台湾のやり方に学んで個々人に補償する。沖縄の人びとに対しても、たとえば沖縄戦における民間人殺害も「移行期正義」の対象として補償する。日本政府をそういう方向に、なかなか動かないだろうけど、動かそうとすることによって、人びとが現在の台湾と沖縄をめぐる問題の根底に日本政府の責任逃れが存在することを知り、これは日本本土のマジョリティーが考えなきゃいけない問題なんだと自覚する。以上がわたしの提言なのですが、お二人はどう思われますか？

呉　いかにも駒込さんらしい発言だよね。移行期正義、つまり国家暴力によって社会がいろいろな損害や人権侵害を受けたことについての補償や真相糾明は、基本的には近代国家の成り立ちのところから清算しなければなりません。日本は台湾において初めての近代国家として君臨し、台湾社会をまずは鎮圧してから統治するんですね。その後、国民党がまたその二の舞を繰り返した。だから台湾の場合、この二つの政権、少なくともこの二つの制度を清算しないといけないはずなんです。でも、いまの台湾の移行期正義では、国民党時代、つまり戦後の時代しか清算していない。というのは、移行期正義には一つの社会心理的な要素があって、人は近い時代の出来事のほうが記憶に残る。それはわたし個人の意見じゃなくて、比較政治研究の結論です。

一つの社会において、過去の歴史のなかで起こった国家暴力に対して清算をおこなうか、どこまで清算すべきかということは、社会科学というよりは、社会の合意で決めることなんですね。いまの台湾の社会はたぶん、日本統治時代よりも国民党時代の不正義を清算したい。一方の日本に対しては、ご存じのとおりいまの台湾人は日本が好きで、日本統治時代にまで遡って不正義を清算したいと考える人は多くない。このようにいろんな原因があるので、われわれ学者が社会の人びとの意思を変えることはできないんです。

元山　どの国も、自らの過去の過ちを認めるということには、身を削られる思いがするのかもしれません。けれど、特に日本は（沖縄もですが）、それをしないと現在アジアや世界各地で起きていることに向き合えなかったり、発言や政策に説得力に欠けるところが出てくると思います。たとえば韓国との関係においても、徴用工や「慰安婦」の問題と腰を据えて向き合わなければ、日韓の真の友好は一向に実現せず、いずれまたぎくしゃくするときが訪れてしまうわけです。少しずつかもしれませんが、何か節目のときに有識者による検証委員会のようなものを立ち上げるなどして、人びとがオープンに議論し、学んでいくことができればよいのではないかと思います。

駒込　日本が中国に戦争賠償をすることによって、いまや中国が大国になり加害者になっていることを自覚できるようになるのではないかという点についてはどうでしょう?

呉　難しいと思うね。賠償は単なる正義の問題ではなく、国際政治の問題です。たとえば一九九〇年代に村山富市内閣がやろうとしたことは、中国がわざとその意図を歪曲して、それを利用したんです。当時の日本は、遅ればせながらもやっと反省する意向を表したわけでしょう。中国側はそれを利用して、台湾の言い方でいえば、日本の戦前の罪を「ATMとして使った」。だから、被害者の正義という普遍的な基準に基づいて清算できるとは限らず、国際政治化して歪められるという側面についても考えなければなりません。

だから、わたしのアドバイスとしては、やはりちょっとやめておいたほうがいい。そして、実はアメリカは、そんなに甘くはない。七二年の米中共同声明でも、表面的には「はい、分かった」といいながらも、実は「承認」という言葉は使っていません。「acknowledge（認識する）」。おまえは「台湾は中国の一部だ」と主張している。われわれはそれを尊重する。そういっておきながら、いまは「認めていない」といわんばかりにしている。

駒込　そこにもいろいろな禍根があって、アメリカが一九七二年に台湾の米軍を引き揚げると約束して、七九年に実際に米軍は引き揚げるよね。その歴史的な経緯を考えれば、いま台湾に米軍基地を置くことはさすがにできないと思うんです。

呉　たぶんできないでしょう。

駒込　そうしたら、それが戦争の引き金になってしまう。

呉　アメリカも、沖縄で起こっている市民運動に気づいていないわけではないんです。だからいま、沖縄以外にもフィリピンなどの多くの場所に米軍基地をつくっているんですね。なのでこれからどうなるかは、見てみないと分からない。

駒込　そこにすごくねじれた構図ができてしまっていて、台湾は中国に脅かされているんだけど、米軍基地は台湾に置かれず、沖縄やフィリピンに置かれるわけだよね。それで沖縄の状況は、なかなか台湾の一般の人には伝わらないわけですよね。そうやってある種、アメリカ政府が考えた役割分担が現実として生じていて、そのなかで実はお互いの状況が分かりにくいようになっている。そこを克服していく必要がある。

呉　その点、台湾はたしかに沖縄よりは優位な立場に立っていると思います。沖縄のいまの状況を打開する道は、わたしはやはり自己決定権から始まると思います。

■日本を民主化することで沖縄問題を解決する

元山　沖縄の場合には、どうしても人口規模が小さいだとか、あるいは敵とみなしている国との距離が近いだとか、資本主義経済のなかで安定した産業があるのかどうかというところで、利用されたり翻弄されたりする部分があると思うんです。今回は沖縄あるいは台湾についての話ですけど、日本のなかでも福島だとか、南米やアフリカのどこかの国だとか、歴史的には同じような例はいっぱいあったはずです。

ただ、そうした状況については、アメリカや日本、あるいは中国やロシアだとか、そういった大きい国、経済力なり軍事力を一定程度もっている国に勝手に決められる側面がある。それに対してこちら側から交渉をして、どこまで折り合いをつけられるのか。沖縄側や台湾側の主張が完全に認められることは少ないかもしれないですけれども、そうした場合にどこがわれわれとして目指すべきところであって、どこまでだったらいまの時点では譲歩できる、折り合いがつけられるか、というふうに段階的に考える道はありうると思うんですよね。

けれど、沖縄側からすると、現状においてそうした自分たちの声はまったく聞いてもらえていないという実感がある。一応、補助金などはあるけれども、それで根本的に沖縄の貧困等の問題が解決しているかといったら、まったくそうはなっていないわけです。そこがすごく難しさを感じる部分というか、いまだけに限らず、過去にもそういったことが起こり続けてきたんだと思っています。

駒込　そういう点でいえば、元山さんにとっては、沖縄の基地問題はもちろん重要だけど、それだけではなくて、民主主義をきちんと日本の社会に根づかせること、選挙で人を選ぶというだけじゃなく、イシューごとに「これは賛成か、反対か」を問う形でやっていくなかで、沖縄が生きる道もつくれるようになってくる、ということになるでしょうか。

元山　おっしゃるとおりです。たぶんどこの国でも中央集権的な統治がおこなわれていると思うんですけれど、一方で、いまはかつての資本主義vs社会主義／共産主義というような、冷戦前の世界観ではなくなってきています。昨日の国会議員との面談でもそういった話がありました。いまの社会の状況では「パッケージで選ぶ」ことがすごく難しくなっているんじゃないか。中身のよく分からない、福袋みたいな形では選べなくなっているんじゃないか。わたしもそう思います。

駒込　政治、経済、文化、それら全部を「社会主義」というパッケージで買うことはできない、このテーマはこれで、ということですね。

元山　たとえば野菜とかも、いいものかどうか一個ずつ選ぶじゃないですか。全部まとめてぽんと「野菜セット」とか「お肉セット」みたいなことじゃなくて、どんな野菜なのか、どんなお肉なのか、そういうのを見て考えて決めるというのがあるべき姿だと思います。そうじゃないと民主主義も限界が見えているというか、現に社会に不信感が湧いてきています。それは日本だけじゃなくて、アメリカでもヨーロッパでも起きていることだと思うんですけれども、そうした状況に対して、問題ごとに民意を問えるような仕組みというのは、ありうるんじゃないか。沖縄と日本の関係だとか、あるいは「台湾有事」のことだとかも含めて、可能性自体はあるんじゃないかな。結果はどうなるか、もちろんやってみないと分からないのですが。

呉　日本を民主化することで沖縄問題を解決するということですね。とにかく日本国民は民主主義的なやり方で、まずはコンセンサスをつくる必要がありますね。そこからです。

ところで、この国民発議制度の導入のためには憲法を改正する必要はないんでしょうか？

元山　わたしたちは改憲する必要はないと思っています。だから最後は諮問型、つまり国権の最高機関たる国会で決定がなされるということになります。

駒込　国民投票に決定権があるわけではないんですよね。

元山　もし国民投票の結果が出たのに日本政府が聞かなかったというときには、有権者なり国民の側から「なんで無視するんだ」と声を上げる。そういうプロセスを経て、「憲法四一条の国会が最高の決定機関であるという文言が国民意見の政治への反映を妨げているから憲法を改正しよう」となる可能性はあるかもしれないですけど、いまのところわたしが共同代表を務めている「INIT国民発議プロジェクト」[10]という市民グループでは、そこまでは考えていない。まずは諮問型でやってみてからでいいんじゃないかなと思いますし、政府が国民投票の結果を無視するのは実際難しいと思うんですよね。

呉　でも、いままでも沖縄では何度も県民投票をやってきているわけですよね。その効果、法的効果はどうだったんですか？

元山　沖縄は人口規模が小さく、日本全体の一パーセントを占めるにすぎない。なおかつ本土からは海を隔てて遠いということがあります。だから沖縄の多数の人びとの声を無視するということが、残念ながら日本ではできてしまっているのだと思います。

呉　法的には政府は無視してもいいんですか？　全然問題ない？

元山　法律の理念的にはそのようなことはだめかもしれないですが、いまのところは裁判所も日本政府の決定を追認していますし、無視してもよいということになっていると考えています。

呉　一パーセントという人口規模はたしかに小さいかもしれないけれど、県民の多数派の意見を無視するというようなことが起きているということですか？　たとえば、台湾の先住民族は全人口の約三パーセントです。でも、もし先住民族が国民投票をやったら、その結果は台湾政府はやはり無視できませんよ。

元山　普通はそうだと思いますよ。

駒込　日本が異常なんですよ、本当に。

呉　何度も県民投票をやったんですよね？

元山　二回ですね、五年前（二〇一九年）が二回目。

呉　そう、五年前。さっきいいましたよね、世論調査を見ているといまの沖縄の人びとには矛盾した心境というか、ジレンマがあるように見える、と。アメリカや日本に対して懸念があるのはもちろんだけど、中国についてもちょっと心配はしている。こういった沖縄の人の心境はいま、政治的に表出されていますか？

元山　沖縄の人が中国を危険視、というか、不安を抱いているという部分はあると思うんです。でも日本の報道が、あるいはいまの自民党政権が、中国を敵対視している状況があるので、そうした心情はメディアにのるような形では表れにくいのだと思います。

たとえば、「中国の海警局の船が尖閣に来ました」というような報道は、ほぼ毎日のことです。中国側は「自分の領土だ」といっているのだと思うんですけれども、ではそもそもなんでそういう問題が生じているのかには言及されない。日中共同声明だとか、あるいは尖閣にかかわるカイロ宣言やポツダム宣言の曖昧さが一つ発端としてあって、こういうことが起きているんだという解説は、滅多になされない。ただ「敵」とされている国が来ているということだけが報じられる。それを見る側は当然、「なんか怖いな」と不安になる。

だから、日本の報道や情報の提供のされ方によって、沖縄だけじゃなく、日本の世論調査も含め、「不安ですか」と聞かれたら「不安です」と答える状況がつくりだされている面があると思います。そのような状況の背景についてもっと解説するだとか、あるいはその問題に対して日本政府が話し合って解決しようという姿勢なり指針なりをもっと示すようにしたら、世論調査の結果も変わってくるんじゃないかと思います。

■権力分立による民主社会の安定化

駒込　投票によって示された民意の無視という点では、宮良麻奈美さんが伝えてくださった石垣の住民投票をめぐる状況がまさにそうであるし、先月から台湾で起こっている青島行動*も、国民党が数的有利にまかせて強行に決議を押し通そうとしたことへの抗議ですよね。

呉　台湾の最近の世論調査では八割以上の人が「自分は台湾人である」と答えていて、そのようなア

---

*青島行動　二〇二四年五月、頼清徳総統就任の翌日から生じたデモ。立法府の行政府に対する権限を著しく強化する法案が十分に審議されないまま国民党・台湾民衆党により可決されたことに対して、「議論がなければ、民主ではない［沒有討論、不是民主］」を合言葉として抗議の意を示した。立法院前の「青島東路」を中心に開催されており、このワードがSNSでシャドーバンニングの対象となったため、「島」を「鳥」に改めて「青鳥行動」と名づけられた。

イデンティティを共有しています。台湾は一つの主権国家であるという点についても、もう逆転できない程度にコンセンサスになっていると思います。ただし、台湾の内部には一つの問題がありまして、国民党はいまだに、いろんな要因によって、中国に対して妥協的な態度をとっているんですね。でも、こういった親中的な勢力は、長い目で見ると、そのうち自然に消えていくと思います。親中的な立場は、長年にわたって草の根の民主主義を築いてきたいまの台湾のなかでは、長くはもたない。それは世論調査を見てすぐ分かります。

ただし、国民党は選挙のときは、「親中」だとはいわないんです。選挙のときに押し出すのは内政問題。国民党は国政選挙にはもう勝てない。なぜかというと、みんなが「国民党は親中派」という印象を強くもっていて、国民党の候補者を総統にしてはならないと思っているから。だから、国民党は地方選挙に力を入れているんですね。そして、地方選挙において、国民党の影響力のなさの解決策となるのは、台湾の地方の派閥と手を組むという方法です。その結果、国民党は地方選挙で起死回生を図ることに成功したんです。その結果としていま台湾の国会で、国民党がわずかな票差でもってイニシアティブを握っているんです。

けれど、先ほどいったとおり、国民党は台湾の民主主義によっていつか自然に淘汰される可能性が高い。だからいま、国民党は国会（立法院）を握っているとはいえ、実は非常に不安定です。なので、国会改革法案を提出して、大慌てで国会の権力を拡大しようとしているわけです。

国民党が国会中心主義に変えようと企てていることについて、わたしは青鳥行動のデモのスピーチで、「これは国会によるクーデターだ」といいました。なぜそんなに慌てて国会の権力を拡大しようとしているのかといえば、それはもう台湾の行政権、つまり総統選では勝てないと分かっているからです。だから、国会を掌握して立法権を通じて政権をコントロールするしか道がない。それが最後の手だ、というわけです。

駒込 あの改革法案が成立すると、本当にちょっとしたことで「立法府を侮辱した」という形で行政を制約できることとなりますね。

呉 「侮辱」もそうですし、立法院に新たに調査権をもたせれば、国家機密や進行中の裁判の記録を見ることができるようになるわけです。立法院は、日本の国会議員と同じように、実は常に財閥と癒着しているんですね。だから、たとえば検察側がある案件を調べようとなれば、実は介入できてしまう。

日本の議会中心主義とは違って、台湾は分権的です。行政権、司法権、立法権、監察権の四権があり、監察院の司るオンブズマンというシステムでは、行政の不正を監視し、市民からの告発も受け付けています。だから、台湾は権力分立をしてお互いにチェック・アンド・バランスをするシステムが核となり、安定したシステムを築いている。

台湾は行政権が強い。そして司法権も非常に強い。監察権だって強い。市民社会も、非常に活発に機能している。だから、改正案の内容もそうですが、中国国民党と台湾民衆党がまともな討論もせず、乱暴なやり方で法案を通そうとしていることに対して、すぐに市民社会が怒りを表出しました。

「復議（再審査）」ってご存じですか？　いまの国会の決定は、可決したとしても、総統が執行できないと判断すれば、「もう一度再考してください」と国会に再審査をさせることができます。もしもう一度国会が可決したら、今度は憲法裁判になります。台湾には憲法法廷があります。今回の場合、そうなれば九割がた、憲法違反という判決が下るでしょう。だから、台湾の分権のメカニズムが機能していることで、こういった強行策は食い止められるようになっているんです。台湾のいまの民主制は非常に強くて、よく機能している。ですから今回の出来事は、台湾の民主制の強靱さを改めて証明するという、ある意味で逆の効果をもたらしたとわたしは感じています。新しい社会運動の時期に入ったということです。

駒込　日本では行政権の担い手である内閣が国会で「お答えはさしひかえます」というようなふざけた答弁を連発する一方、議員内閣制のために内閣を輩出する与党自民党が国会でも多数派ですので、そもそも行政権と立法権の対立みたいなことがイメージしにくい。台湾は地理的にも日本に近い国ですが、大統領制をとっていることを含めて、似ているようで違う、近いようで遠いことをきちんと認識しなくてはなりませんね。

元山　日本は自民党政権が長年続いていることで、三権分立が十分に機能していないと思います。特に沖縄の基地問題をめぐる訴訟については、ことごとく日本政府の決定を追認する判決ばかりが出されています。たとえば、辺野古基地建設では、本来一般私人の権利救済のために存在する「行政不服審査制度」を、国の機関である沖縄防衛局・防衛省が私人になりすまし、沖縄県の基地建設工事の不承認を訴えるという形で悪用する手法がまかり通っています。本来であれば台湾のように緊張関係にあるべき三権が、日本ではずぶずぶの関係になっている現状があると理解しています。

駒込　こうして改めて話してみると、国や地域による歴史の壁はやはり非常に高いのだと痛感します。それでもたとえば、自由法曹団に属する弁護士の方々が呉叡人さんの前著（『台湾、あるいは孤立無援の島の思想』）を読んで、話を聞きたいといって台湾まで会いに行ったように、小さなことをきっかけとして理解が開けていくというか、ちょっとずつ状況が変わっていくことは期待できるのではないかと思います。

呉　あれは非常に光栄なことでした。わたしはずっと前から自由法曹団に憧れていて、ただ台湾独立派であるわたしと日本の左翼では対話の機会を得づらいであろうことも分かっていた。それがいまやっと、変わってきたと感じます。

元山　ほかの国や地域ができていることなのだから、沖縄や日本でも、と強く思いますし、それが少しでも実現できるようにわたし自身も行動しつづけてきたつもりです。しかしながら、それぞれの文脈や人間関係のなかでやっていかないと、なかなか実現にはいたらないという限界も感じています。

　最後に、わたしからも一つ希望的な話をします。二〇二二年八月に韓国の米軍基地調査をおこなっていたのですが、その一環で、韓国のメヒャンニ（梅香里）という場所を訪れました。ここは、朝鮮戦争中の一九五一年から二〇〇五年まで、五四年間にわたって米軍の射爆場とされていた町です。米軍はここで、沖縄の伊江島と同じような、核兵器の模擬爆弾の投下訓練もおこなっていたようです。近日開館が予定されている平和記念館の館長を務める全晩奎《チョンマンギュ》さんという方が、この模擬爆弾が伊江島の「ヌチドゥタカラの家」に展示されていることを知り、わたしに、開館記念展示のために一時的に貸し出しを頼めないだろうかという話をされました。わたしは「ヌチドゥタカラの家」を管理する「わびあいの里」の理事長・謝花悦子さんとつながりがあったので、ご本人に聞いてみたところ、一つしかないので貸し出しは難しいが、実物を基にレプリカを作成することはできるのでは、という話になりました。そしてこの三月に全晩奎さんら関係者が韓国から伊江島を訪れ、その製作に向けて動き出すことが決まりました。

犠牲を強いられた者同士がつながって、それぞれの記憶や問題を交換しながら連帯していくというのは、大きな希望だと感じました。台湾も沖縄も、状況は芳しいとはいえませんが、それでもつながりを続けて対話を継続したいと強く思っています。わたし自身の台湾語・中国語の勉強はもちろん、台湾にも近いうちにぜひ訪れたいです。

駒込　少しずつ変わってきているということですね。今日の話の発端となった「同盟」という言葉にしても、「民主主義」という言葉にしても、あるいは「中国」や「アメリカ」という言葉にしても、こうした問題を話し合うときの共通の語彙なわけですが、それぞれの言葉に託された意味合いや重みは、それぞれの地域の歴史を背景として変わってくる。その歴史を共有できないままに同じ言葉を使っていても、自分の先入観で相手の意図を曲解し、すれ違うことになる。台湾と日本とアメリカをつないで「民主主義陣営」と呼ぶのを聞くと「日本に民主主義なんてない！　アメリカだって怪しい」と腹立たしく思えるわけですが、今日の対談のなかで元山さんが国民発議制度を提唱していることについて、呉叡人さんが深くうなずいている場面では、「民主主義」という言葉が民意を尊重する思想として具体性を帯びて動き出す感覚を味わいました。

ありきたりの結論ともいえますが、「台湾有事」をどうするかという以前に、日本の民主主義をなんとかしなくてはなりません。逆にいえば、これほど民主主義が形骸化してしまった国においては、「台湾有事」への対応について議論する前に、まず住民投票の仕組みを含めた民主的な意思形成の筋道をつくる必要がある。台湾と沖縄と日本の市民社会が連帯する可能性があるとしたら、その先のことだという感想を抱きました。ただし、「要するに日本本土の内部での民主化を目指せばよいのだろう」という話とも違います。台湾や沖縄の現実を意識しながら、台湾も沖縄もともに平和であるような世界をつくりだすために、日本本土が根底から変わらなくてはいけないのだと思います。

今日は本当にどうもありがとうございました。

注

（1）細谷雄一「二一世紀の同盟関係——日本の視座から」『国際安全保障』四四巻一号、二〇一六年。

（2）Rwei-Ren Wu, *The Formosan Ideology: Oriental Colonialism and the Rise of Taiwanese Nationalism, 1895-1945*（二〇〇三年にシカゴ大学に提出された博士論文）。邦訳は梅森直之・山本和行訳『フォルモサ・イデオロギー——台湾ナショナリズムの勃興 1895-1945』みすず書房、二〇二三年。

（3）ＳＥＡＬＤｓ・磯部涼編『日本×香港×台湾　若者はあきらめない』太田出版、二〇一六年。

（4）同上書、二三〇頁。

（5）自由法曹団・改憲阻止対策本部『台湾調査報告書』二〇二四年。

（6）『朝日新聞』二〇二四年五月五日。

（7）「報道者 THE REPORTER」は、二〇一五年に台湾で設立された非営利報道機関。https://www.twreporter.org/

（8）元山仁士郎「米中接近における沖縄ファクターの検討」『国際政治』国際政治学会、二〇二二年。

（9）林景明『台湾処分と日本人』旺史社、一九七二年。

（10）「ＩＮＩＴ国民発議プロジェクト」については以下を参照。https://init-jp.info/

編者あとがき

少し時間を遡ることとなりますが、編者であるわたしと、シンポジウムのパネリストとしてお招きした呉叡人さんとのかかわりに即して、改めて本書の由来を説明したいと思います。

いまから二〇年くらい前のこと、呉叡人さんが二〇〇三年にシカゴ大学に提出した博士論文（日本語版は『フォルモサ・イデオロギー――台湾ナショナリズムの勃興 1895-1945』として梅森直之・山本和行訳でみすず書房より出版）を取り寄せて、京都大学のゼミで学生たちと一緒に読みました。日本の台湾植民地政策と抗日運動を分析した論文は卓見に充ちているいっぽうで、自分の研究（『植民地帝国日本の文化統合』岩波書店、一九九六年）に批判の鉾先が向けられた点について悔しく思う気持ちもあり、ゼミの学生と一緒に台湾の中央研究院に呉叡人さんを訪ねて、議論を挑んだりもしました。

その後も議論や交流を重ねるなかで、日本植民地期の歴史解釈が異なるばかりでなく、そもそも研究の前提となるモチーフや、モチーフの前提となる歴史的経験が、わたしたちのあいだで大きく異なることに気づかされました。自分が日本植民地期の台湾の歴史を研究していながらも、戦後における台湾の経験、現在の台湾をとりまく状況に無知で無関心だったことを自覚し、そこから遅まきながら、台湾の戦後現代史を自分なりに学ぶプロセスが始まりました。

呉叡人さんとわたしは同じ一九六二年生まれです。ですが、直面してきた現実は驚くほど異なります。わたし自身は、日本社会に伏流水のように流れる排外主義や差別意識の根源を植民地支配に見出し、これを克服することを自分の課題としてきました。国家との関連でいえば、「わたしたちの国家」なるものがすでに「ある」ことは前提としたうえで、その国家による暴力を批判することにエネルギーを注いできたともいえます。

ところが、呉叡人さんの場合には「わたしたちの国家」は「ない」ことが大前提です。呉叡人さんが生まれてから大学を卒業されるまでのあいだずっと、台湾では戒厳令が布かれていました。その場合の国家とは、外来政権のつくりあげた、あからさまに暴力的で抑圧的な装置でした。一九九〇年代になってようやく民主化が始まり、徐々に「わたしたちの国家」ができてきたものの、国際政治の舞台では台湾を独自の国家として認めるべきではないという力が、いまにいたるまで強く働いています。

「わたしたちの国家」への希求は、日本社会から見れば古くさい鎧を持ち出そうとしているように見えます。でもそれは、台湾社会から見れば、頑丈な鎧で身を包んだ人物が、武器の前に無防備で投げ出されてきた人びとに向かって「鎧って暑苦しくてね」と愚痴を漏らしているように見えるのかもしれません。わたしはなおもすべての人が鎧を投げ捨てられる世界を目指すべきだとは思いますが、このような現実を知ると、そこにいたる道は複雑に入り組んでいることに気づきます。

自分が呉叡人さんから学んだことを広く日本社会で共有したい。そうした思いから呉叡人さんの政治思想にかかわる著書《受困的思想：臺灣重返世界》（衛城出版、二〇一六年）を日本語に翻訳して、二〇二一年に『台湾、あるいは孤立無援の島の思想——民主主義とナショナリズムのディレンマを越えて』（みすず書房）として出版しました。

この本は、あたかも「籠のなかの鳥」のような状況で台湾の人びとが「台湾人」として自らを自覚し、また大変な困難の末に民主主義を自分たちのものとしてきた過程について記したものです。日本社会では台湾は日本の九州程度の大きさの国としてだけ知られているかもしれませんが、台湾と正式な外交を結んでいるのは二〇二四年八月現在でわずか一二か国です。日本を含む多くの国が事実上の独立国家とみなして国際線のフライトなどを設けているものの、新型コロナウイルス感染症の流行という生命の危険にかかわる事態に直面してもＷＨＯ（世界保健機関）には参加できず、五輪にも「台湾」として出場することはできません。あくまでも台湾は中国の一部だと主張する中国政府が、さまざまな国に対して圧力をかけているといわれています。

中国による軍事的威嚇にさらされている台湾では、沖縄における米軍基地を必要と考える人も少なくありません。ですが、呉叡人さんは、《受困的思想》において沖縄における米軍基地撤廃と琉球人（沖縄人）による自己決定を支持するという姿勢を表明し、台湾は日米への軍事的依存を破棄し、「永世中立」の立場で沖縄と連携して「オルタナティブな国際秩序」を追求すべきだと説いています。台湾社会のなかでは、こうした見解を「あまりに理想主義的」と斥ける人も少なくないようです。そのことを意識しながら、「訳者あとがき」でわたしは次のように書きました。

著者の見解が非現実的なものとして斥けられるのか、それとも「日本」と「世界」に多くの共鳴者を見出して世界を変える力となるのか。それは、著者の課題であると同時に、日本社会と世界の市民社会の応答責任にかかわる課題でもある。

（『台湾、あるいは孤立無援の島の思想』「訳者あとがき」四四九頁）

それ以来、日本社会で自分に何ができるかを考えてきました。第一歩として立ち上げたのが、自主講座「認識台湾 Renshi Taiwan」です。これは、「親日台湾」という一面的なイメージに寄りかからず、あくまで対等なカウンターパートとしての友好を準備するために、まず台湾を「知る」ことを目指した学びの場です。その立ち上げ企画として開催したのが、本書に収録したシンポジウムです。

本書をお読みいただければ分かるように、呉叡人さんの議論は二〇一六年に《受困的思想》を出版したときよりも「現実主義」的な傾向を強めています。中国による台湾侵攻、いわゆる「台湾有事」を現実的に考えざるをえない世界の変化を意識しながら、「永世中立」は不可能だと書いてもいます。ですが、防衛力強化のために民主主義を制約してよいとは書いていません。米軍基地のある沖縄を台湾のために犠牲にしてよいとも述べていません。今日の世界の状況そのものが、呉叡人さんを深いジレンマに追い込んでいるともいえます。では、ジレンマに追い込んでいるのは誰なのでしょうか？傍観者的な「台湾有事」論を越えて、「台湾と沖縄がともに平和であるような東アジア、そのなかでそれぞれの自己決定権が保障されること」（植松青児さんの言葉）を目標としなくてはならないのではないか……。その大前提として、一八七〇年代の「台湾出兵」「琉球処分」がそれまでの東アジア世界秩序を根底から破壊し、台湾と琉球（沖縄）の自己決定権を阻みつづける歴史の起点となったことへの想像力が必要なのではないか……。

「有事（戦争）」の可能性を防ぐのが喫禁の課題であるにもかかわらず、いまさら歴史などという迂遠なことを持ち出すのかと笑われる方もいるかもしれません。ですが、本書に収録した往復書簡のなかで、齊藤ゆずかさんが今日のパレスチナの状況について「「占領」の上に重ね塗りした「戦争」のなかにいるのだ」と巧みに表現しているように、「戦争」という図柄の下地には占領と植民地化が分厚く塗り込められています。同じ往復書簡で張彩薇さんは「「戦争」を貫いて「占領」「植民地化」を見つめることで、初めて軍事の論理を相対化することが可能なのではないでしょうか」と記し、宮良麻奈美さんは次のように書いています。「国家を失い、民族としても透明化されてしまった沖縄だからこそ、わたしにとっての「沖縄とは何か」という目には見えない思想のもとで、その存在を自分自身に証明したい」。

シンポジウムとその後の議論を通じて、ようやく対話の糸口がつかめたという気がしています。この糸口をさらにたぐり寄せるために、これからも対話を重ねていくことが必要です。本書はいわばその出発点として、再び大国中心の議論の陥穽にはまらないために目配りすべき論点を示すものとなったのではないかと考えています。この場を借りて、本書にかかわってくださったすべての方に心より感謝いたします。

なかでも、とりわけ二人の方のお名前を挙げたいと思います。

ひとりは、わたしの序論的な文章で言及した川満信一さんです。川満さんが一九七二年に記した文章に大きな衝撃を受けたわたしは、本書編集にあたって川満さんにご寄稿をお願いする手紙を書きました。一面識のない人間からの不躾なお願いであるにもかかわらず、体調上の理由で難しいという丁重なお返事をいただきました。それならばと、わたしなりに川満さんの文章に触発された思いを書き記す試みを続けました。一通り書き終えてご意見を乞おうと考えていた矢先に、訃報が届きました。無念というほかはありません。ですが、〈歴史〉という苦悩のただなかで川満さんの提起した「東アジア非武装地帯」というビジョンはこれからも多くの人びとを触発し続けてくれるはずです。

もうひとりは、みすず書房編集部の松原理佳さんです。呉叡人さんの『台湾、あるいは孤立無援の島の思想』は松原さんとの事実上の共訳書でしたが、本書も事実上の共編書です。わたし自身は、充実したシンポジウムの記録とその資料とした文章を束ねれば一冊の本になるだろうと安易に考えていました。その後、松原さんの周到な編集作業に接して、その見通しの甘さをつくづくと思い知らされることになりました。たとえば呉叡人さんの講演記録の訳語ひとつをめぐって、呉叡人さんと松原さんとわたしのあいだで膨大な「対話」が展開されました。その楽屋裏的な「対話」の質と量が、この本を手に取ってくださる人びととの「対話」を切り拓く力になるはずだと信じています。

二〇二四年八月一五日　「台湾出兵」から一五〇年目の年に

駒込 武

ムを寄稿。

加藤直樹〈かとう・なおき〉 1967年東京生まれ。ノンフィクション作家。著書に『九月、東京の路上で――1923年関東大震災ジェノサイドの残響』(ころから、2014)、『謀叛の児――宮崎滔天の「世界革命」』(河出書房新社、2017)、『TRICK――「朝鮮人虐殺」をなかったことにしたい人たち』(ころから、2019)、『ウクライナ侵略を考える――「大国」の視線を超えて』(あけび書房、2024)。訳書にチェ・ギュソク『沸点――ソウル・オン・ザ・ストリート』(ころから、2016) がある。

上里賢一〈うえざと・けんいち〉 1944年沖縄県宮古郡城辺町生まれ。琉球大学文理学部国語国文学科卒、東北大学大学院中国文学専攻修士課程修了、同大学院博士課程中退。1976年より琉球大学で教鞭を執り、現在は琉球大学法文学部名誉教授。専門は中国文学・琉球漢詩。第18回沖縄文化協会仲原善忠賞受賞。単著に『閩江のほとりで――琉球漢詩の原郷を行く』(沖縄タイムス社、2001)。そのほか、『校訂本　中山詩文集』(編著、九州大学出版会、1998、第26回伊波普猷賞受賞)、『琉球漢詩選』(注釈、おきなわ文庫、1989 / 2015)、徐恭生『中国・琉球交流史』(共訳、おきなわ文庫、1991 / 2015)、潘相『訳注 琉球入学見聞録』(監修、榕樹書林、2018) など。「沖縄対話プロジェクト」呼びかけ人。

齊藤ゆずか〈さいとう・ゆずか〉 2001年北海道札幌市生まれ。2020年、大学進学のため京都に移り住む。同年にパレスチナ問題について学び発信する団体として「SHIRORU」(しろる) を立ち上げる。現在、京都大学大学院文学研究科博士前期課程1年。専攻は現代史学。

元山仁士郎〈もとやま・じんしろう〉 1991年沖縄県宜野湾市生まれ。「辺野古」県民投票の会元代表。INIT国民発議プロジェクト共同代表。現在、一橋大学大学院法学研究科博士後期課程在籍。専門は日米軍事・外交史。2019年1月には「辺野古」県民投票への不参加を表明した5つの市の市長に対してハンガーストライキをおこない、全県実施の実現に尽力した。2022年5月には沖縄の「復帰50年」に際し、辺野古新基地建設の断念を求め、首相官邸前などで再びハンガーストライキをおこなった。

編者・執筆者略歴

駒込武〈こまごめ・たけし〉 1962年東京都駒込生まれ。東京大学教育学部卒、教育学博士（東京大学）。現職は京都大学大学院教育学研究科教授。専攻は植民地教育史、台湾近現代史。単著に『植民地帝国日本の文化統合』（岩波書店、1996）、『世界史のなかの台湾植民地支配——台南長老教中学校からの視座』（岩波書店、2015）、編著に『生活綴方で編む「戦後史」——〈冷戦〉と〈越境〉の1950年代』（岩波書店、2020）、『「私物化」される国公立大学』（岩波書店、2021）等。訳書に呉叡人『台湾、あるいは孤立無援の島の思想——民主主義とナショナリズムのディレンマを越えて』（みすず書房、2021）。

呉叡人〈Wu Rwei-ren／ご・えいじん〉 1962年台湾桃園生まれ。国立台湾大学政治系卒、シカゴ大学政治学博士。専門は比較史的な歴史分析、思想史、文学。現在、中央研究院台湾史研究所副研究員。著書に『台湾、あるいは孤立無援の島の思想——民主主義とナショナリズムのディレンマを越えて』（駒込武訳、みすず書房、2021）、『フォルモサ・イデオロギー——台湾ナショナリズムの勃興 1895-1945』（梅森直之・山本和行訳、みすず書房、2023）、訳書にベネディクト・アンダーソン『想像の共同体』の中国語版《想像的共同體：民族主義的起源與散布》（台北：時報文化、1999）がある。

張彩薇〈Dyu-Chaibî／ちょう・あやみ〉 1993年生まれ。台湾出身。京都大学大学院教育学研究科博士後期課程。専門は台湾近現代史。主な論文に「廖文毅の「台湾再解放」構想——戦後初期（1945-1948年）における中国民主同盟とのかかわりに着目して」（『歴史学研究』2021年9月号）、共著に駒込武編『生活綴方で編む「戦後史」——〈冷戦〉と〈越境〉の1950年代』（岩波書店、2020）などがある。

宮良麻奈美〈みやら・まなみ〉 1992年生まれ。沖縄県石垣市出身。2015年駒澤大学法学部政治学科卒業。2018年10月、「石垣市平得大俣地域への陸上自衛隊配備計画の賛否を問う住民投票」の実施を求める「石垣市住民投票を求める会」（代表 金城龍太郎）を立ち上げる。「石垣市住民投票義務付け訴訟」「石垣市住民投票地位確認訴訟」原告。馬奈木厳太郎編著『土地規制法で沖縄はどうなる？——利用される「中国脅威論」、軽視される人権』（影書房、2022）にコラ

台湾と沖縄 帝国の狭間からの問い

「台湾有事」論の地平を越えて

駒込武 編

呉叡人・張彩薇・宮良麻奈美・加藤直樹
上里賢一・齊藤ゆずか・元山仁士郎 執筆

2024年10月10日　第1刷発行

発行所 株式会社 みすず書房
〒113-0033 東京都文京区本郷2丁目20-7
電話 03-3814-0131(営業) 03-3815-9181(編集)
www.msz.co.jp

本文組版 キャップス
本文印刷所 三陽社
扉・表紙・カバー印刷所 リヒトプランニング
製本所 松岳社
装丁 木下悠

Printed in Japan
ISBN 978-4-622-09734-1
[たいわんとおきなわていこくのはざまからのとい]